明的洗礼，他将此作为治理国家的原理，一以贯之。这种文明的“国家形式”（国家体制）只能是立宪国家，伊藤打算在这个立宪国家的容器中盛入国民政治的内容。于他而言，所谓立宪国家，应该归结为国民中心的政治体制，此处的国民须是受过教育的文明国民的知识旗手。笔者认为伊藤通过制定明治宪法及后来实践现实的立宪政治，以这三个要素的三位一体（Triad）来雕琢明治国家体制，其最终的样态笔者认为可以称为“知识型国家体制”。那么，不断地追求这一国家形象的伊藤应该被称为“学者型政治家”吧。

以上几点是我想通过本书加以论证的内容，下面进入本书的正文。首先，我将在幕末维新期伊藤的言行中探求上述三要素的萌芽。

伊藤博文(1841—1909)

凡　例

- 1872 年(明治五年)采用太阳历之前的日期,原则上使用旧历。
- 引文中的汉字原则上改为现行的汉字。
- 在引文中适当地标注了标点符号。
- 引用时,对于现在看来不恰当的表达,照录不变,以力求其作为史料的正确性,别无他意,恳请了解。
- 省略了敬称。

一个值得关注的观察与研究伊藤博文的新视角

——泷井一博教授《伊藤博文》中译本寄语

两三年前，畏友泷井一博教授就约我为其《伊藤博文——知性政治家》（日本中央公论新社 2010 年版）一书的中译本写几句话。很高兴，其中译本终于要出版了。

泷井教授这本书的主旨，集中体现在该书的副标题"知性政治家"（日文原文为"知の政治家"）上。伊藤博文作为政治家，当然毫无疑义。但是对于他是一个什么样的政治家，却历来众说纷纭。作者不满意于学界和言论界对伊藤博文的过低评价，主要是针对他所总结的司马辽太郎式的"没有哲学的政略家、没有思想的现实主义者"这种伊藤博文的形象，试图挖掘出政治家伊藤博文所隐藏的思想，认为其思想体现在三个关键词上，即文明、立宪国家、国民政治。

作者在本书中要论证的就是，在自年轻时代就接受了以西洋社会为模范的文明的洗礼的伊藤心目中，文明的国家体制，无非就是立宪国家，伊藤就是要在立宪国家这个容器里加进国民政治的内容，进而将立宪国家归结为以国民为中心的政治体制；反过来，这种体制也要求国民应该受过教育而具有文明的素质。作者强调，伊藤心目中的明治国家体制，就是由文明、立宪国家和国民政治三者组合而成的“知型国制”，因此，不断地在追求这种国家像的伊藤博文，可以称为“知性政治家”。

本书第一到五章，以时间先后顺序，论述了从“博文”的诞生到他与“文明”的相遇、立宪国家的构想、宪法的宣传、立宪政友会的创设及其政党政治的理念，直到明治国制的确立，旨在论证作者心目中作为“思想家”的伊藤博文形象。他明确指出，“与其将伊藤作为政治家，更想将其描述为可以与福泽谕吉比肩的近代日本政治思想家”。而且他总结了伊藤作为思想家与自由民权运动家和福泽谕吉等启蒙思想家的两点区别：第一是伊藤渐进主义的秩序观和世界观，第二是知性的性格。作者认为伊藤的知性是一种“实学”，说他嫌弃思辨的、观念的学问，而喜欢创造便利、在经济上使生活丰富的经验主义的、实用的知识。作者特别指出伊藤与福泽谕吉的区别，认为他不像福泽那样严格分离官民，而是力图以知性为媒介将官民联系起来，使之形成一个公

共圈，以便来自民间的知性可以凝练成为政策知性，而最终可以传递到议会。作者认为伊藤创立政友会的意图就在于使其像智库一样，汇集政治家、官僚、企业家等所有参与国家经纶的人都可以在这里交流知识，而国家本身就是一个可以使知性得以循环的广场，在这里官和民之间的区别被相对化了。

第六章和第七章分别探讨伊藤博文与清末改革和他的韩国统治。伊藤博文如何看待中国及其政治改革，中国的经验如何在伊藤的思想中升华而反映到他的政治构想和外交观中？这些都是值得研究的很有意思的问题。作者认为伊藤的中国观可以一句话概括为“政经分离的中国观”，而1898年伊藤中国体验最大的收获，是其政治理念由此得以深化，其国家构想也被赋予了战略性。关于伊藤博文的韩国统治，作者不只是注意到他是首任韩国统监的一面，同时也提醒读者注意伊藤当时还是日本的帝室制度调查局总裁，在积极从事宪法改革。就是说，在作者的眼里，当时伊藤博文同时指导着两个不同国家的统治改革。那么，这两个国家的改革事业是否有关联，大概中国学者很少关注到。简而言之，作者认为伊藤就任韩国统监有两个目的，一个是贯彻其“文明”理念，一个是抑制国内军部的势力，想通过向统监授予军队指挥权来夺取军队的统制权。在作者看来，伊藤的目的在于抑制已经习以为常的帷幄上奏的权限，以

阻止军部对内阁的介入。正因为如此,在作者看来,对伊藤而言,韩国统治也可以说是日本国内改革的问题。难怪作者在后记中为伊藤对民族主义认识的不足这样解释:在伊藤看来,随着文明化的进展,民族主义这种非合理的感情将自然消解,在文明的统治理念中,随着制度的完善,在日本实施统治和在韩国实施统治,并没有什么多大的不同,认为日本人和韩国人并没有本质的差异,都是同样的他者,好像都是可以相互理解的伙伴(partner)。

以上是泷井教授在书中力图阐明的主要观点,该书的主要目的,是为伊藤"正名"。其基本思路是按照既坚持文明的政治理想,又注意现实的社会政治状况、渐进务实地推进改革的"制度进化论者"的面貌来描述伊藤,因此,伊藤的形象在这本书里基本上都是正面的、积极的,由此得出"国民政治家""代表近代日本的民主的政治家""孤高的政治家""被遗忘的思想家"这些总体评价也是合乎作者的推理逻辑的。

泷井教授的这本书出版之后,在日本学界获得了好评。2010 年出版当年就获得了日本"三得利学艺奖"。时任日本防卫大学校长的五百旗头真教授在对该书的评语中最后这样说道:

> 当今东亚的历史已经峰回路转,我们正在见证中国和韩国强劲的发展势头。1945 年一度沉没的日本

> 也在战后作为经济国家得以再生，但是短暂的隆盛之后，正面临着衰退的不安。在这样的状况下，使已经成为遥远存在的明治建国者伊藤博文重放光彩，掀起这种研究的高潮，是件可喜的事。伊藤博文是对于不断流转的事态做不厌倦的现实思考的高手，同时又毕生追求“文明”的理想而不停跋涉，对他的认识之旅，我们期待可以从该书获益良多。

几句话，大写意地描绘出了该书出现的时代背景。追溯最新的伊藤博文研究潮流，伊藤之雄教授在2009年即伊藤博文殁后一百年之际出版的《伊藤博文：创造近代日本之人》（讲谈社）无疑是其中的重要一浪。泷井的书如其在后记中所述，乃是他十五年来伊藤研究的“集大成”之作，而伊藤之雄正是他攻读博士学位后研究伊藤博文的恩师。泷井评价其恩师的著作是伊藤博文的定本正传，其权威性无人能及，说正因为有这种权威的著作做基础，全面描述了政治舞台上和家庭中的伊藤博文的整体形象，自己反而轻松了，可以放手去发掘作为“思想家”的伊藤博文的可能性。伊藤之雄的著作2015年被收入讲谈社学术文库再版，在文库版的后记中，伊藤推介了泷井的著作，并将其与自己的著作进行对比，指出与自己的囊括其公私生活、涉及其整个生涯的传记相比，泷井的著作是以制定宪法及公式令等制度为中心论述为近代日本形塑的伊藤；对于伊藤博文这个人物，自

已的著作虽然是以其知性为前提，但主要重视其“刚凌强直”的性格，而泷井的著作则强调其“知性政治家”的侧面。伊藤之雄同时也提到泷井是自己在京都大学法学研究科最初的学生之一，从他研究生时代开始一直共同深化伊藤博文研究，以此告诉读者对伊藤博文的基本评价，他们两人是相同的。如果说日本学界有一股重新评价伊藤博文的研究潮流的话，那么可以说伊藤之雄和泷井一博师生二人就是使这股潮流高涨的弄潮儿。伊藤之雄《伊藤博文》的中译本（李启彰、钟瑞芳译）2019 年已经在台湾发行了两版（远足文化出版事业有限公司），他 2016 年在中央公论新社出版的《元老：近代日本真正的指导者》也在社会科学文献出版社有了中译本（2019 年）。泷井一博《伊藤博文》的中译本也即将出版，这对于我们全面了解日本学界重新评价伊藤博文的思潮，又提供了一份核心的样本。其中译本能够顺利出版，对读书界而言是件幸事。读者如何反应，也是我非常期待的。

我说的该书的出版值得庆幸，当然并不是说我完全认可书中的观点。如伊藤之雄在《伊藤博文》一书的前言中所言，伊藤博文的形象很大程度地受到时代的影响。对历史人物的评价，都难免受到时代的影响，对历史影响越大的人物越是如此。比如福泽谕吉，对其思想评价的历史几乎可以说就是日本近现代思想史的缩影。伊藤博文也属于这种

“大人物”，更具多面性，而且处在激荡的明治时代这一日本历史的转型期，其影响涉及近代日本的方方面面，对他的评价可以说直接与对明治时代的评价、日本近代化的评价紧密相关。随着历史的发展和世界局势的变化，相关评价不可能不变化。因此，对这股新的研究潮流，我们也要历史地看。

泷井教授的这本《伊藤博文》原版虽然以“口袋书”的形式（日语为“新书判”，接近于我们的小三十二开本）出版，但是作者不只是把自己的成果作为面向一般民众的通俗的启蒙读物，而是作为即便对学界而言也具有揭示未知世界意义的学术研究著作来对待的。该书的后记中提到对北九州大学小林道彦教授的感谢，不仅感谢小林教授在该书相关章节的写作上给予了重要的启示，而且引用了小林著作《日本的大陆政策 1895—1914——桂太郎与后藤新平》（南窗社，1996 年）后记中关于理想的学术论文即“刚性结构的论文”的说法。小林在该书的后记中记述了其恩师佐藤进一先生对他的激励和鞭策，要求自己“写刚性构造的论文”。泷井将小林在这里对佐藤先生所要求的“好论文”“刚性结构的论文”的理解再次传达给了读者：

> “好论文”，是由实证所证实了的理论形成的环环相扣的紧密联系，这种联系中的任何一环出现问题的话，论文的整体构造就可能同时崩溃，“刚性结构”的论

文就是指贯穿了这种紧张感的论文。

简单地说，就是史实和论证的每一步以及由此形成的理论结构都要无懈可击。该书是不是这种“刚性结构的著作”？作者的这种学术自律和期待，同样是令人肃然起敬的。

当今一般中国人对伊藤博文的了解，大概在于他是近代日本的宪法之父、明治政府的元勋、有影响的政治家。但是这种影响基本上都是负面的，认为他策划和炮制的明治宪法是“世界近代史上罕见的专制主义宪法”，同时“是日本推行殖民扩张主义政策的决策人”。甲午战争期间，“他作为内阁首相，是唯一参加大本营会议的文职大臣，直接参预、策划和指导了这场战争。‘攻占威海，略取台湾’的作战方针，就是由他提出的”。（杨栋梁、乔林生：《日本首相评传》，天津古籍出版社，2012 年）因此他“是制造日本侵略中国和朝鲜的元凶”“罪魁祸首”，“最后被朝鲜爱国志士击毙，罪有应得，死有余辜”。（张子申、薛春德：《历史的耻辱柱》（一）、（二），解放军出版社，2009 年）而且，日本对中国发动侵略或一旦有军国主义复活的迹象，追根溯源，就很容易追溯到伊藤博文这里。比如九一八事变之后，就有人分析指出：“日之谋我，乃明治维新以来的传统政策也！而这次发动又为师承伊藤博文的大陆政策派中之急进的；甚至急到事前绝无通牒，所谓‘不宣而战’；世界史无理取闹的事件，

恐无有甚于此者!”(园丁:《破题儿》,《艺园》周刊,第1卷第31期“抗日救国特刊”,1931年7月27日。此篇还刊有伊藤博文的照片,说明文字为“日本侵略中国的首领伊藤博文”。)近年钓鱼岛争端再起之后,又有研究者比较安倍晋三与伊藤博文的对华政策,指出:“在以钓鱼岛为由头制定对华军事战略方面,安倍则是二战后日本首相中最像甲午战争罪魁祸首伊藤博文的一个。”(刘江永:《安倍晋三与伊藤博文对华政策比较研究》,《史学集刊》2014年第1期)当然,也可以找到为伊藤博文唱赞歌的例子。比如北京沦陷区伪政府教育局办的半月刊《好朋友》杂志,1941年9月1日发行的第43期上就发表了署名为“市立师范初二马惟一”的短文——《日本明治维新的大功臣伊藤博文》,以“伊藤博文是日本一个最大的政治家,是明治时代维新的功臣,恐怕大家都已听说了吧”开篇,结尾感叹:“啊!伊藤先生是如何的伟大呀!于短促的时间中,一手完成今日的日本,先生的质能、苦心,值得我们敬仰与注目。”联系到当时政府的性质和办刊的宗旨,这类言论的出现也就不足为奇了。总之,这些认识都是历史地形成的,自有其历史的合理性。

就我个人而言,对伊藤博文虽然没有深入的研究,但阅读次数较多也印象最深的还是为签订《马关条约》李鸿章和伊藤的谈判对答。所谓“外臣别著伤心史,海上春帆过马

关”(郁曼陀《挽日本枢相伊藤博文》诗句。《东方杂志》第8卷第1号,1911年2月),每次掩卷都感慨万千。王芸生曾经以“老奸巨猾”来形容谈判中的伊藤(1932年大公报版《六十年来中国与日本》第二卷,三联新版改为“刁滑”),而日本战败后重光葵在投降书上签字时的“丑态”也使人回想起伊藤在《马关条约》谈判时的“厚颜”与“凶狠”(若虚:《伊藤博文的厚颜》,《胜利》周刊第11期,1945年11月3日)。百余年来,伊藤当时的“横蛮骄狂、颐指气使”所造成的屈辱感,令人难忘。(唐振常:《难忘春帆楼屈辱》,《世纪》1995年第2期)影响广泛的王芸生著作所据《中日议和纪略》和《日本外交文书》(第28卷第2册)所载当时的《会见要录》,中日两种版本在行文上虽有出入,但是伊藤的“气势”及其对台湾恨不得早日入手的执念历历可辨。日本明治维新已经过去150年,中国学界对近代日本的研究也在不断细化与深入。2018年南开大学举办了“明治维新与近代世界”国际学术研讨会,我们也邀请了泷井教授来参会,相信他也某种程度地感受到了中国学界的状况和动态。

顺便提一下,泷井教授在《伊藤博文》出版一年之后,又编辑出版了《伊藤博文演说集》(讲谈社学术文库,2011年)。编这本资料集的目的,如其在“解说”中所言,是要从伊藤的言论中“找出一贯的理论和体系”,以说明他是“抱有基于独自的世界观和国际意识的不可动摇的国家理念的”,

“一言以蔽之，他不是以权力斗争为第一义的政局型‘政治家’（politician）而是专心于国家构想和政治理念的追求与实现的‘知性’的‘政治家’（statesman）”。期待出版界能够尽快将这本演说集也翻译出版。还有，值得一提的是泷井教授这本《伊藤博文》在 2014 年被翻译成英文出版了（*Itō Hirobumi* ：*Japan's First Prime Minister and Father of the Meiji Constitution*. translated by Takechi Manabu, edited by Patricia Murray Abingdon. Oxon：Routledge, 2014）。其中有一些中文翻译或不好表述的重要用语，如“知の国制”，英文翻译为 knowledge-based state，“知の政治家”英文翻译为 statesman of knowledge。有兴趣的读者可以参考。本文将该书日文版原著的副标题“知の政治家”译为“知性政治家”也参照了上述伊藤之雄《伊藤博文》的中译本。

泷井教授是一位非常严谨、认真、很有责任感的学者，这本《伊藤博文》作为学术著作，如前所述，的确是他十几年辛勤研究的结晶，我更愿意把它看成是作者现实关怀的体现。什么样的政治家才是理想的政治家？理想的政治家，应该具有哪些资质？首先，我们来看看他反对什么样的政治家。他提出了几种政治家的类型以便与伊藤博文相区别，即“拒绝与反对势力对话而只考虑用压抑或笼络来对付的藩阀政治家、只会政谈式地辩论的自由民权家、以刹那的

煽动来捕获民心的现代民粹主义的政治家”。(《伊藤博文演说集·解说》)有自己的国家构想和政治理念，为了实现自己的政治理想能够充分注意到现实的政治状况，能务实、渐进、勇敢地推进社会变革以实现政治目标的有思想的政治家，才是理想的政治家。泷井教授在伊藤博文身上发掘了这些素质，不惜冠以“思想家”或“政治思想家”之名。有思想的政治家与思想家或政治思想家之间，当然是有区别的，泷井教授的这种“矫枉过正”，也自有其良苦用心在吧。是否也可以理解为这是“把自己惋时抚事的感伤寄情于自己的学术研究之中”(何兆武评陈寅恪语，见《联大师友杂记》)了呢？伊藤博文，说到底还是一个政治家，如德富苏峰所言：“他是因政治而生、为政治而生、与政治共生的，这不正是作为政治家的伊藤的长处所在吗？”(德富猪一郎：《我的交游录》，中央公论社，1938 年)

寡闻所及，中国学界和读书界至今还没有一本由中国学者或作家撰写的研究伊藤博文的学术专著或传记著作。这真是件令人遗憾的事。泷井教授的这本《伊藤博文》中译本出版之前，在中国内地最畅销、可能也是唯一的一本传记，是久米正雄的《伊藤博文传》的中译本。该书作为“伟人传全集”的一种，1931 年由日本改造社出版。1935 年商务印书馆出版了梁修慈的中译本，中译本的《译者自序》中一方面肯定伊藤对于近代日本的贡献，开篇第一句便指出“伊

藤博文是日本最有名最伟大的政治家”，同时也强调：“当中日战争时，夺取我台湾，均是由他策划的。至于灭亡朝鲜和合并的事情，更是他的阴谋和实行，自不待说，同时日本之所谓大陆政策，也是基于他的发动的。关于以上各点，本书述之如绘，故本传之于中国，实含有重大的关系性，观这传记亦足以知其对于中国的策略和手段为如何矣。尤其是在于中日关系紧迫的今日，本传更值得我们的研究也。”该书后来又有 1937 年世界书局的周容译本；2003 年，团结出版社出版了林其模的插图译本，2007 年又以《伊藤博文时代》为书名改版发行。周译本和林译本均无译者序，林译本在书后增加了简短的《伊藤博文年表》。

我们也看到了伊藤博文的重要著作《帝国宪法皇室典范义解》已经由法学博士牛仲君翻译成中文出版了（《日本帝国宪法义解》，中国法制出版社，2011 年），这个中译本实际上也已经透露出了中国学者对伊藤博文认识的新变化。译者序的开篇第一段就很能说明这一点，虽然有点长，容我将整段抄录在这里：

> 伊藤博文其人，中国人是不陌生的。稍微了解些近代史的都知道，带给中国无比伤痛的中日甲午战争就是在他当首相时发动的，他更把苛刻的《马关条约》强加给了我们。在伊藤的领导下，日本基本上实现了丰臣秀吉所描绘的侵略设想“欲先征服支那，必先征服

> 满蒙，欲先征服满蒙，必须征服朝鲜”的前半部分。他先是通过甲午战争独霸了朝鲜，又通过日俄战争获取了俄国在中国东北的不平等权益，为之后日本发动全面侵华战争打下了基础，因此很多人把他看作是一个不折不扣的贪婪的侵略者，也有人称其为“日本的“俾斯麦”。但是，当我们从深层次去考察日本为什么能够打败中俄，成为近代史上东亚唯一实现现代化的国家时，就会发现，伊藤博文作为日本著名政治家，明治维新后的一系列政治改革背后都有其身影，特别是他领导编纂了影响深远的1889年《日本帝国宪法》，因此被称作日本明治后三杰之一和“明治宪法之父”。某种程度上，这些政治改革对历史的影响甚至超过了对外侵略战争，正如很多历史学家所指出的那样，中日甲午战争与其说是中国败给了日本的坚船利炮，不如说是腐朽没落的清政府败给了日本自明治维新后“脱亚入欧”的一系列政治改革。（牛仲君：《日本帝国宪法义解·译者序》）

近代日本国内政治改革与对外侵略战争的关系、甲午战争的性质及其评价，这些都是日本近代史研究的大课题。对伊藤博文的观察和认识，从对外战争的侵略者到近代国家的建设者的视角转化，在这一点上，牛仲君所述与泷井教授的《伊藤博文》有异曲同工之效。这种转化，简单一点说，

大概也还是局限于“元凶”和“元勋”之间的转化。实际上，伊藤博文《宪法义解》汉译本早在1907年就由东京的东亚同文书局出版了汉译本，其译者署“前东京控诉院判士、法律学士平岛及平”。不知何故，伊藤博文为该书所写的序文，时隔百年之久的这两个译本都没有收入。对学术史感兴趣的朋友可以去考证一下。我倒是对1889年该书初版时所附这篇伊藤手写序文卷头所钤印章“插花舞女”很感兴趣，起初怀疑这“插花舞女”是出自宋代陈思《书小史》中引唐朝人评价东晋书法家卫夫人的书法“如插花舞女，低昂美容”，以表示伊藤在书法上的自负。我的书法家朋友芥堂对伊藤的书法评价并没有那么高，而且此闲章“舞”字不合篆法，认为表达的应为其所追求的是舞女在绚烂舞动之后专注插花时的娴雅、静美，从而推断此印所揭示的心态或正与曾国藩“百战归来再读书”的况味相类。作为一种解读，是否准确，也录在这里和大家分享。

我曾经总结日本研究的“南开经验”有三个传统，即人本主义、爱国主义和国际主义。从人本主义、人格本性出发，如何看日本就是如何看自己；从爱国主义、国家利益出发，如何看日本就是如何看中国；从国际关系、世界大势出发，如何看日本就是如何看世界。对历史人物的评价，大概也有个人、国家和世界这样三个维度。在“文明人的‘文明’和野蛮人的‘野蛮’往往很难分别高下”（吕叔湘：《文明与野

蛮・译者序》)之际,在地区、国家间利益竞争、冲突弥漫的现实世界,想对一个有影响的历史人物做出具有更大说服力的评价,需要不断变换视角、综合权衡三个维度进行谨慎考察。元勋也好、元凶也好,其"善恶"需要从东亚甚至世界的共同经验来理解、反思。吸取教训、化敌为友,这样才有欣赏"插花舞女"的心境,才能达到"美美与共"的境界。

我们可能不一定完全赞同泷井教授的《伊藤博文》一书中的某些观点,但是泷井教授的研究视角与方法,相信一定可以引发人们的思考。很抱歉,中译本的译稿还没有来得及细看,期待该书的出版,能够对中国的学术界和读书界产生积极的影响。

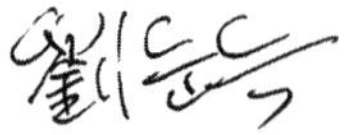

庚子小雪第二候

于南开大学日本研究院

(本文以《伊藤博文是什么样的政治家?》为题发表于《读书》2021 年第 1 期。发表时有删节。)

中译本自序

于我而言，拙著《伊藤博文》能够翻译成中文出版是一件非常荣幸的事情。

本书中所提出的看法与目前学界所熟知的伊藤博文形象有着相当大的不同，较之于伊藤博文政治家的身份，我把他看作是一名学者，特别是日本宪法及立宪政治设计师进行了考察。因此，本书原本的副标题被命名为“学者型政治家”。这一观点对一般人脑海中的伊藤博文印象产生了巨大的冲击。这一尝试虽然受到了一些争议，但是也获得了不少高度评价，于是本书获得了很高的学术荣誉（如三得利学艺奖）。

由于我所关心的重点是伊藤博文的学者身份，所以在书中完全没有触及他的政治活动，特别是让中国读者心怀芥蒂的1894年甲午中日战争。相反，关于伊藤博文与中国的关系，我详细地论述了他在1898年戊戌变法期间访问中国的经历，明确了他的中国观和对中日友好关系的构想。

本书的中文翻译有部分删减和调整，感兴趣的读者可以进一步参阅日文原著或者它的英文版 *Itō Hirobumi : Japan's First Prime Minister and Father of the Meiji Constitution*（Routledge, 2014;2016年出版了袖珍版）。

本书中译本是华东政法大学魏敏老师、北京第二外国语学院张晓明老师、大连交通大学周娜老师不懈努力的结果，如果没有他们扎实的语言能力与认真负责的态度，就没有我们今天所看到的这一成果。对此，我首先向三位老师表示诚挚的谢意。其次，我还想感谢为中译本作序的南开大学刘岳兵教授。最后，本书已经引发了日本对于伊藤博文形象的再讨论，因此，我希望本书中译本的出版，能够让伊藤博文这位在近代日本具有典型意义的人物得到中国学界更加深入的研究。

泷井一博

2020年10月10日

前　言

日本国会矗立着三尊伊藤博文像。

一尊位于国会议事堂中央正门后的中央大厅的一角。大厅的四角各有一个像座，分别立有伊藤博文、大限重信、板垣退助①的铜像。有一个像座虚位以待，一般被解释为是未能选定第四个人，或是表示政治还未完成，或是要鼓舞后来的议员们——要他们有朝一日与这三人比肩而立于此处。

第二尊位于建筑外参议院的前庭。铜像高十一米，巍然耸立。这座铜像是1933年为表彰伊藤而成立的春亩公

① 译者注：大限重信(1838—1922)和板垣退助(1837—1919)均是日本明治时期的政治家，二人于1898年组成限板内阁。

追颂会(“春亩”是伊藤的雅号)于 1936 年建造的,最初建在议会外苑,那一带原来是伊藤公纪念公园,后来捐赠给当时的贵族院,移至院内。

那么,还有一尊在哪里呢?其实,第三尊并不是作为实物存在的,是看不到的,但作为“影子”矗立着,位于国会议事堂的尖塔顶端。据说修建国会之时,设计者设想议事堂的顶端是伊藤博文的像。铃木博之的《日本的“地灵”》一书中有如下记载。

议事堂的尖塔有个原型。这个原型便是伊藤逝世后的 1911 年在神户市中央区大仓山公园内建造的伊藤像的像座。伊藤的铜像主体在战争中为上缴金属而被撤走,像座则仍残留在公园内。这个铜像的像座是京都帝国大学工学部建筑学科第一代教授武田五一的作品。武田的弟子中有一人是国会(当时是帝国议会)议事堂的设计者之一——吉武东里。吉武在设计议事堂时一定学习了大量帝国议会诞生的历史。那时他大概认识到在日本引进议会制度过程中伊藤博文的重大作用。可以推测,吉武调查了伊藤的相关史迹。于是,他遇到了自己的老师武田设计的大仓山公园的伊藤像。这个像座应该很适合装饰新议事堂的顶端吧。就这样,产生了那个尖塔的构思。也就是说,在设计者吉武的设计中,那个尖塔上矗立着伊藤博文的身影。更深一层

地说，他把祭祀伊藤的灵堂的理念寄托于议事堂。借用铃木本人的话，“伊藤博文的身影在那里。其用意在于向聚集到国会的议员们无声地展示先人伊藤博文竭尽全力地谋划国政之路。这就好像是国家规模地表达‘memento mori（勿忘人终有一死）’”。

在国会，有如上“三尊”伊藤像。尽管第三尊可能有献殷勤之嫌，但一个人的人像在一国的立法机构被安放在多处，这非同寻常。参议院前庭的铜像原本矗立在议会外苑的一角，如上所述，那里曾被称作伊藤公纪念公园，这个公园以及那个铜像在现在的议事堂落成的同时揭幕。这尊铜像就好像是与议会的建筑成套建立的一样。

近代日本的议会政治和伊藤博文这个名字的联系是如此之紧密。若是说吉武翻阅议会的历史时一直感受到伊藤博文的影子，也没有什么不可思议的。其结果，吉武在伊藤的影子——不，是灵魂的下面设计了议会。

学界对伊藤的消极评价

的确，伊藤博文的名字在论及日本议会制度的形成时是不可绕开的。他是制定《大日本帝国宪法》（《明治宪法》）、在日本开设议会的政治家，作为首位内阁总理大臣，他的名字无人不知。晚年，他作为首位韩国统监，是日本帝

国主义吞并韩国的象征性人物。他代表了继明治维新三杰——木户孝允、大久保利通、西乡隆盛之后的下一代，他与他们一并被公认为明治史上最著名的人物。

但是另一方面，学术界在高度评价伊藤功绩一事上表现出强烈的消极倾向。在历史学方面也有很深造诣的法哲学者长尾龙一对此论述如下：

> 根据通俗的历史知识，制定明治宪法的中心人物是伊藤博文，他于明治十五、十六年赴德国学习宪法学，并依此起草了宪法。但是历史学家却对此观点不以为然，认为这是外行的观点，他们被伊藤表面风光的活动蒙蔽了。真正的立法者另有其人，他是将明治十四年的政变引向德国式宪法导入论的胜利，起草了“岩仓大纲领”，确立了后来的宪法框架，最终居于起草工作中心拟定了原案，宪法完成后又执笔了官方注释书《宪法义解》（以伊藤之名公开）的井上毅。（长尾龙一：《历史碎片探寻》，第 91 页）

社会普遍的知名度与专家的评价之间具有明显落差的现象并不少见，伊藤博文的情况也不例外。正如长尾准确地总结的那样，伊藤的社会声誉很高，而学界对他的评价却未必如此。那些对伊藤的追捧被“嘲笑为外行论”，不仅如

此,应该如何在历史上确定其地位仍有诸多疑惑。下面举的例子清楚地表明了这一点。这是引领当今日本近现代史研究的坂野润治与司马辽太郎曾经进行的一段对话。

> 坂野:“我是无论如何都理解不了伊藤博文的,因为他总是在两个清晰的对立面之间活动。即便是用整个明治历史,也难以勾勒出伊藤博文的形象。”
>
> 司马:“到底是‘大政治家’,表现得十分灵活。”(司马辽太郎、坂野润治:“日本这个国家”,第35—36页)

坂野明言“理解不了伊藤博文”。连他这样学识渊博的专家都束手无策的难题人物就是伊藤博文。他与司马对话的几年后,在与长尾龙一的对话中,坂野对伊藤又做出如下论断:

> 伊藤自身像白纸一样,能够看清趋势,跟随代表趋势的人物,比如有时跟随大久保,有时跟随井上毅,能够比较自由地变动,然后下次又是与自由党。因此,我无法写伊藤博文。如果是井上馨,一直贯彻英国模式的稳健的议院内阁制,自上而下地推行民主化,其贯彻的主张始终一致。井上馨如是。大隈虽然也有过转向,但是,是因为有所主张而转向,而伊藤博文的转向甚至是看不出来的。(大石真等编:《宪法史的趣闻》,第143页)

以上这段引文也直截了当地指出伊藤的无言论。就笔者的

理解来说，西南战争后大久保利通政权确立之时，伊藤追随大久保，为他的开发独裁路线充当帮凶。大久保死后，立宪运动继续向前推进，伊藤赞成井上毅提倡的超然内阁主义的普鲁士型宪法路线而获得宪法制定者之名。在议会建立后，他又联合了本应是死对头的民权派自由党，并以该党为基础创立了立宪政友会，向政党政治家转型。伊藤如此这般地顺应潮流，如同变色龙一样，这大概就是坂野评论他缺乏作为政治家的一贯性的原因吧。

司马辽太郎的“不理解”

如上所述，学术界对伊藤的评价并不高。并且，同样的情况也见诸小说领域。前面所提到的司马辽太郎道破了伊藤的“灵活性”，那么，在司马文学中伊藤是如何被描绘的呢？他的代表作《宛如飞翔》是这样评价伊藤的：

> 伊藤不具有西乡和木户般的作为政治家的哲学性。正因为如此，不仅同时代的人，后世之人也觉得他身上欠缺魅力。
>
> 不过，尽管他身上缺少哲学性，但在政治这个恐怖的权力战场上的作战能力，他比西乡和木户都强。（《宛如飞翔》第二卷，第 278 页）

总之，无哲学的政治家、无思想的现实主义者，这正是司马心中的伊藤形象。的确，司马认为“政治上的完全的现实主义者不过是二流以下的政治家”，“政治家拥有怎样的理想决定着这个人的品质”，他评价“伊藤总是在理想与现实之间进行着调和”。可是，将其与上面的引用相对照，便会发现有些奇怪。说他“总是在理想与现实之间进行着调和”，那么驾驭现实的伊藤的“理想”性到底是什么呢？司马的笔并未触及这点。与坂野相同，对司马来说“伊藤是理解不了的”人物吗？至少，上面引用的坂野的话中提到，即便是写明治史，伊藤也不会出现，这在司马那里也是如此吧。

如上所述，对于代表学术界和国民文学的两位历史学家来说，既模糊又难以评定的人物便是伊藤。附带说一下，伊藤的这一形象在他生前就被公认了。他肆意地行走于藩阀政府、政党、枢密院、宫中等政界各处；他判若两人般地与昔日政敌大隈重信、陆奥宗光、星亨等人结盟，他转变速度之快令周围的人哑然、愤然，这些都常常被人们谈论。据说明治天皇早看透了他这种善变的性情，称“伊藤虽有才智，但时常改变自己的主张，无法贯穿始终”。（津田茂麿：《明治圣上与臣高行》，第 745 页）以在第二次众议院议员选举时大规模地干涉选举，以及在初期议会期的强硬民党对策而闻名的品川弥二郎，在因不平等条约问题而沸沸扬扬的

第五议会期间，极力说服伊藤坚决处置在野党势力，但伊藤的“壁马主义”与他的“马车马主义”相左，这令品川不满，“（伊藤）兄陷入圆滑主义，并不预先订立一定的方针，而是顺应时势的变化而提出主张”。（《高桥是清自传》下卷，第43页）伊藤的性格，既有缺乏决断的优柔寡断，又有对政敌暗送秋波、八面玲珑主义，此类证言不胜枚举。

本书的课题是描绘这个随机应变的政治家伊藤。我自知才疏学浅，难以书写深奥至极的伊藤论。最近学界重新评价伊藤博文的趋势得到了认可，笔者想以此为契机，利用这些成果来展开另一种对伊藤博文的解释。①

下面，我将在本书中挖掘政治家伊藤博文潜在的思想。为此，作为关键词，我想设置三个视角——“文明”“立宪国家”“国民政治”。伊藤年轻时受到以西洋社会为模范的文

---

① 倾力引领对伊藤博文重新评价的是伊藤之雄的一系列研究成果：《立宪国家的确立与伊藤博文》（吉川弘文馆，1999年）、《立宪国家与日俄战争》（木铎社，2000年）、《伊藤博文——创造近代日本的男人》（讲谈社，2009年）。这些研究论证了，在时代条件下伊藤博文看似没有主见、变动的言行中，存在着基于确立和稳固立宪国家这个一贯信条的国家运营大计。伊藤之雄的研究是从广泛搜索原始史料的实证的政治外交史的立场进行的。对此，本书紧贴伊藤之雄的研究所指出的伊藤博文立宪国家的理念，尝试阐明其内在思想。本书提到司马辽太郎认为缺乏思想性是伊藤博文的特性。然而，正如伊藤之雄的研究成果阐明的那样，在伊藤博文的心中一直毫不动摇地屹立着立宪国家这个理念。接下来，可以说现在到了应该重新追问伊藤的思想性的地方了。

第一章　与文明的际会

1　“博文”的诞生

松下村塾入学及老师被处死

伊藤博文于1841年(天保十一年)9月2日出生在周防国熊毛郡束荷村(今山口县光市大和町),父亲林十藏,母亲琴子。伊藤乳名叫利助。父亲十藏虽然出生于农户,但为了生计来到萩①,带着全家做了主君伊藤家的养子,列于

① 译者注:萩,位于日本山口县北部、临日本海的城市。

武士的末席。十藏的主君伊藤直右卫门是被称作仲间[①]的下级武士，按明治初年的划分还算不上士族，是被称作“卒族”的身份。

1857年(安政四年)2月，伊藤因担任江户湾的警卫而由长州藩被派往相模国，在那里他与前来赴任的上司来原良藏因缘际会般地相遇了。来原是木户孝允的妹夫，他注意到伊藤，对他很是照顾。这个时期，伊藤在寄给家乡的信中写道：“吾请御支头来原良藏先生教吾读书，此番吾必精进。”(《伊藤传》上，第19页)在同一封信的末尾写着：“我衣服也变短了，对祖母大人〔伊藤的养祖母〕、母亲大人应如是说，吾饭量很大，高大很多，真是好笑。”(《全集》①“书翰”，第117页。《伊藤传》登载的信件中，此处仅被抄录)其表述让人不禁莞尔，从中可以瞥见一个知识欲旺盛的少年逞强的霸气之心。

同年9月伊藤卸任，来原给吉田松阴写了介绍信，伊藤带着介绍信回藩。伊藤一回到萩就即刻拜访了松阴，他申请进入松下村塾，继续学业。下面的这封信大概是伊藤在相模国任职时写给熟识的同年级友人的，可以想见他们二人均受到了来原的熏陶。字里行间令人联想到伊藤刚刚进入松下村塾时发奋的样子。

---

① 译者注：仲间，武士的仆役长。

> 此处日下文学兴盛，无一人不读书，松本（松本鼎）先生尤为热衷，兴建一所名为松下村塾的私塾，吾于此昼夜读书。悉闻兄台亦读书求学。定不疏忽，吾思此乃重要之事。（《全集》①“书翰”，第 118 页）

众所周知，吉田松阴的松下村塾是曾培养了久坂玄瑞、高杉晋作、前原一诚、山县有朋等众多幕末维新志士的私塾。伊藤也是其门人，他与松阴的关系如何呢？松阴在安政大狱①中被处死刑，当时伊藤恰巧被木户孝允派遣在江户当值，他与木户等人一起领回了松阴的遗骸。

不难想象，老师面目全非的样子会给多愁善感的青年的心灵带来巨大的冲击和感慨。此后，伊藤在长州藩士发起的攘夷运动的基层暗中活跃。以参与对被称作“航海远略策”的积极的开国主义及幕府公武合体政策的谋划者长州藩直目付②长井雅乐的暗杀计划（未遂）为始，继而参加了 1862 年（文久二年）12 月由高杉晋作等发起的火攻品川御殿山建设中的英国公使馆行动，数日后他误信了国学者塙次郎（忠宝，塙保己一的儿子）正在调查废帝典故的传言，与山尾庸三一起将其斩杀。从这一点来看，伊藤是历代总理大臣中，唯一一个在战场以外杀人的人（除去据传因醉酒

---

① 译者注：安政大狱，指 1858—1859 年大老井伊直弼镇压反对派的事件。
② 译者注：直目付，官职名。负责监察家老等要员的工作。

对妻子施暴而致其死亡的黑田清隆)。

吉田松阴对伊藤的评价

松阴死后,伊藤是这样一位出色的暴力主义者,支撑其行动的是松阴晚年基于尊皇攘夷的讨幕思想。或许松阴知道自己的主张不为藩主所容吧,他仍然期待继承他衣钵的志士们能够汹涌而起("草莽崛起"),伊藤则是这些"草莽"中的一员。但是另一方面,这师徒二人的禀性却极为不同,因此,不久伊藤便如同画了个大大的抛物线一般,离开了松阴。

众所周知,松阴评价伊藤是"交际家"。(1858 年 6 月 19 日写给久坂玄瑞的书信,《吉田松阴全集》⑥,第 43 页)此外,松阴谈到伊藤,有这样一段评论:"他是个小差役,却很愿意跟着我的弟子一起玩。虽才劣学稚,然质朴无华。吾颇爱之。"(同前⑥,第 61 页)松阴虽认可伊藤用功学习且爽朗,却认为他是愚直的无名小卒。正如"交际家"这一评价所表达的那样,松阴或许认为伊藤会成为擅长交际的官吏,但他一定没有想到伊藤会成为位列于处理国家经纬地位的人才。

另一方面,伊藤是如何看待松阴的呢?后期,他对于松阴是这样评说的。"松阴既非攘夷论者,亦非讨幕论者。"但是,"他太过激了。令政府头疼。据说有些事情政府已经很清楚了,松阴却浑然不知地进行"。这就是说,松阴是相当

于现在的政党首领一样的人物。伊藤还说:“当时的攘夷论完全出自精神,并非出自政略。”(《全集》③“直话”,第43—44页)

与此相反,伊藤在同一个谈话中提到了长井雅乐。伊藤说长井有这样的观点——“日本无论如何也要取得一致,开国也好,锁国也罢,在公武合体的基础上,如果不确定其中之一,那么就既不是真的开国也不是真的锁国,总之谋求日本的一致才是重点。”伊藤对此见识非常赞赏,他评价说:“那个时候的人当中,他是看得相当清楚的。”(前书,第44页)

比起过激的精神主义者松阴,伊藤对冷静地思考日本的前途并为此注重政治策略的长井表现出共鸣。这段回忆坦率地指出了伊藤的政治个性为何。这一时期的政略,与其说是政治性谋略的含义,不如解释为政策性的思考吧。随着本书论述的推进,我们会清楚伊藤的政略是一方面避讳贯彻精神论的言行,一方面维护自己的政治理念,煞费苦心地在政治的世界中调整诸势力的利害。在这个意义上,伊藤与松阴是无法相互理解的两种精神世界,伊藤之所以成为伊藤,可以说是从摆脱松阴的影响开始的。

偷渡赴英

来原和松阴引领伊藤通往求学的世界,对伊藤来说,他的下一个大的转机是偷渡去英国。攘夷运动正酣之时,长

州藩秘密地筹划派遣藩士赴西洋留学。其意图在时任藩政中枢的周布政之助的如下表述中说得很清楚：

> 吾于长州，欲求一器械。所谓器械乃人之器械。今熟思世态之发展，尊王攘夷不肖说，虽为诸藩舆论之趣处，此唯一旦日本之武示于彼。后必至各国交通之日。到时，若不熟知西洋之事情，必为我国一大不利。故作为其时使用之器械，欲遣野村弥吉、山尾庸三二人至英国。(《周布政之助传》下，第 722—723 页)

于是，长州藩领导班子要求他们成为接受西洋文明的“人之器械”，违反国家禁令派遣五名青年远赴英国。这五人除了引文中提到的野村弥吉、山尾庸三外，还有井上馨、远藤谨助及伊藤。松阴为请求渡欧事宜，登上佩里①停泊在浦贺的舰船。正如上面引用的周布的话，攘夷思想家中有不少人并非轻率地抨击洋夷，而是知悉敌情并摸索与他们为伍之路。因此，众多志士的心中，既有攘夷的热情又有想要见识广阔世界的愿望，伊藤也很早就再三表明了留学海外的志向。1861 年初，伊藤在写给来原的信中写道：“我去年以来怀有学习英学的愿望。”第二年他在给友人的信中又说：“非常希望赴英〔赴英国〕。”(《伊藤传》上，第 84—85 页)

---

① 译者注：Matthew Calbraith Perry，美国海军军人。1853 年 7 月，为使日本开港，他率东印度舰队到浦贺，向日本幕府提交美总统的亲笔信。

英国留学中的长州五士(左起：井上馨、远藤谨助、野村弥吉、山尾庸三、伊藤博文)

伊藤实现夙愿，踏上赴英之旅是在 1863 年(文久三年)5 月 12 日。出发前，伊藤写信给家乡的父亲——“今日之急务在于详悉彼之实情，且不熟知海军之术便无法达成，以三年为限，学成方可归”(《伊藤传》上，第 97 页)——告知远行的动机。

经历了 4 个多月的海上航行之后，伊藤和井上于 9 月 23 日到达伦敦。二人与先期抵达的野村、远藤、山尾重逢，自此由五名长州藩士组成的日本首次西洋留学开始了。他们五人今天被惯称为“长州五士”，他们的故事成为幕末史中被人们津津乐道的史话之一。他们的事迹在当时留学的伦敦大学学院(University College London)也得到彰显。如今，在这所大学的院内竖立着长州五士的石碑。

这五人在日本明治维新后的近代国家建设中，分别

留下了他们个人的足迹。山尾除了作为工部卿为工学教育的发展做出贡献,还从事完善残障者教育方面的工作。远藤成为财政官僚,特别是任造币局长时为近代货币制度的完善竭尽全力。野村弥吉即井上胜作为铁路之父,指导了日本最早的铁路新桥—横滨间的线路等各种铁道建设,铺设京都—大津之间的铁路时首次实现了全部由日本人施工。

然而,他们中的另外二人——井上馨和伊藤博文后来则作为元老政治家而出类拔萃。有一天,这二人非常惊讶地在《泰晤士报》上看到长州藩炮击外国船及萨英战争的报道,他们为主张藩的攘夷政策是无益的而匆匆踏上回国之旅。前面提到,伊藤在给父亲的书信中说预计留学三年,却仅仅半年就结束了。

"交际家"伊藤的诞生

伊藤在英国的留学就这样极为短期且有头无尾,关于他滞留期间的状况也缺少资料,因此难以评估这第一次远行的意义。即便如此,我想这次偷渡留学在多个意义上对伊藤来说是一个很大的转机。

首先,说些消极的话,匆匆结束留学是侥幸的。伊藤与井上在国难之际留学归来,他们是带着这种声誉回国的,不仅对藩的官吏,他们甚至被允许对藩主直接建言反对攘夷。

考虑到伊藤的出身，可以说这种待遇是破格的。他们的劝说虽然未见成效，但后来下关炮台被四国舰队占领的惨败则无论如何都提高了二人所持新见解的必要性。他们对内迅速地以西洋的见闻、经历为基础极力主张开国主义，对外亲自与外国舰队对手交涉议和，伊藤的声望在藩政之中大大地提升。如果此时他没有回国，留在英国继续勤奋学习的话，可能会很有才干，但恐怕不过是一介技术官僚。可以说，从英国匆忙回国竟促成了松阴预言的"交际家"伊藤的诞生。

英语学习

另一个积极的成果是英语能力的掌握。如上所述，伊藤原本就期望学习英学。作为一个希望通过获得知识而突破出身限制的青年，他尽管被攘夷的气氛吞没，但仍对眼前的所谓洋夷这个他者背后的广阔世界无法置之不理。渡洋是他被来原和松阴点燃的向学心驱使的必然结果。

到达伦敦后，一行人受到了詹姆斯·马地臣（James Matheson，英国一手掌握东亚贸易的怡和洋行社长）的关照，搬入伦敦大学学院的教授、化学家亚历山大·威廉姆逊（Alexander W. Williamson）家中。在马地臣的斡旋下，他们得到了威廉姆逊这个监护人，并在他那里学习了英语和礼仪礼法。

如前所述，远藤、山尾、野村后来在英国接受了真正的技术教育，而伊藤和井上则很快就结束了留学归国。他们在英国至多只滞留了半年，究竟其英语能力能掌握到何种程度，当然会受到质疑。尽管如此，有一点是肯定的——此时的伊藤至少具备了与西洋人交流的胆量。这一点在伊藤回国后，外国船队攻击长州藩时的讲和谈判中，他独自承担藩与欧美人之间的谈判工作一事上得到了印证。

然后时间再往后推移，还有证言说，他作为岩仓使节团的副使再次远渡西洋时，不仅在旧金山的欢迎会上代替岩仓大使自信满满地用英语发表演讲，晚间还外出至热闹的街区到处游玩（伊藤真一：《谈谈父亲伊藤博文》，第41页）。这或许既可以说不知恐惧是伊藤与生俱来的资质，也说明他对于西洋的人和文明没有过分的热衷和尊崇之心。可以推测这些表现正是他那时留学英国的产物。

实际的英语能力

关键的英语能力究竟如何呢？在伦敦大学学院的特别资料室（UCL Library, Special Collections）里，保存着一些威廉姆逊遗留的资料。其中，威廉姆逊夫人的日记摘抄中有如下一段：“普罗沃斯路（Provost Rd.）的伊藤来信了。他和野村、远藤离开了那里，他们去跟长兄汤姆一同过圣诞

了。”(1863 年 12 月 30 日条目。Ms. Add356，A484)

伊藤从逗留地给夫人写一封短信，这不仅可以推测他与威廉姆逊家交往亲密，还能看出他积极使用英语的态度。关于伊藤的英语，虽然同时代有人揶揄其不合语法，但与他接触的欧美人却一致赞赏。例如，前述岩仓使节团从日本出发前，英国公使馆举行了招待使节们的晚宴，公使馆的弗朗西斯・亚当斯在给本国的报告中提到“伊藤的英语很流畅”。亚当斯还评价伊藤“是聪明且有能力的人，很容易与外国人融洽相处，不仅与上流阶层的人”。从前述使节团中伊藤的举止来看，这个评价是很敏锐的。(Beasley，*Japan encounters the barbarian*，p. 161)

伊藤也自认为英语能力不错。伊藤是丸善的常客，他很喜欢购买新刊的洋书。并且，据说他经常在通勤的马车中阅读购买的洋书和英语报纸。这种姿态在当时的人们看来是摆样子，认为他是在显示自己独特的做派，对此嗤之以鼻。但是，伊藤的阅读好像并非装门面。据说德富苏峰有一次与伊藤同乘马车，被伊藤告知托尔斯泰的《复活》出版的消息。伊藤还告诉过津田梅子“这是了解美国的最好的书”，然后将托克维尔的《论美国的民主》的英译本交给她。

另外，伊藤常常与外国媒体单独会见，是当时在海外最为人熟知的日本政治家。虽然有些误导，“日本的俾斯

麦”的别名自1880年代起就已经在西洋各国通用。[①] 人们认为伊藤在海外的这种盛名源于他与外国媒体的频繁交流，也由于他不需要翻译加入经常直接应对采访。不仅仅是口语，还有前面提到的伊藤写信给寄宿家庭的威廉姆逊夫人，伊藤一生对于用英语写信似乎没有任何抵触，他的亲笔英文信函如今散见于欧美的公文书馆等地。这些是他执笔与欧美的学者、政治家联系的信函。笔者至今也发现了若干信函，[②]尽管其中没有复杂的措辞，但文章的表达朴实且郑重，极易读懂。能够看出伊藤的英语很地道。

---

① 长年在日本生活、将欧洲近代医学带给日本的欧文·巴尔兹也这样称伊藤(《伊藤传》下，第919页)。此外，著名日本学者菲利普·弗兰兹·冯·西博尔德的儿子、对日本的外交政策作出重要贡献的亚历山大·冯·西博尔德，还有东京帝国大学历史学教授、竭尽全力将兰克史学传授给日本的路德维希·里斯，他们也在写给伊藤的悼词、评论传记中形容伊藤为“日本的俾斯麦”。可以想见，对于德国的知日派文化人、受雇外国人而言，将伊藤与俾斯麦比肩是被广泛流传的。即便在英国，伊藤亦作为“俾斯麦”而闻名。1883年为调查宪法访英之时，《泰晤士报》报道伊藤“被称作日本的俾斯麦”(3月3日)。这或许是称伊藤为俾斯麦的最早的例子。此外，1909年听闻伊藤被暗杀的消息后，某驻日英国外交官在其日记中记录，伊藤“是日本的俾斯麦、克罗默(Evelyn Baring, 1st Earl of Cromer，统治埃及立下功劳的英国殖民地行政官)”(奈良冈聪智：《从英国看伊藤博文统监与韩国统治》)。

② 拙稿《捷克残留的伊藤博文书信——探访布尔诺的“褚梅茨基书信”(1)》；“同上(2·完)”；《再访“格耐斯特书信”》。

渡英与人格形成

如上所述，可以说伊藤是少有的富有英语能力的政治家。这始于1863年（文久三年）最初的英国之行。在那里他获得了基础的读写、会话的素养，更为重要的是培养了把外国人看作是与自己同样的人的见识。并且，他在日本教育作用下的人格形成也达到另一个新境界。日本的教育给伊藤带来的大概是：即便出身卑贱对知识的吸收并无差异的身份制度的相对化。而在当地学习的英学，使他能够克服攘夷主义这种夜郎自大的国家主义。这是他也将此前在日本受到的教育相对化的独特境遇。

如此，伊藤通过获得知识，摆脱了受到身份、藩限制的狭窄的秩序，获得了更加广阔的世界性视野。这个情况可以说体现了“知识就是力量”。

伊藤的名字“博文”来自《论语》——“君子博学于文，约之以礼，亦可以弗畔矣夫（君子广泛地学习文化知识，用礼来约束自己，便可不离经叛道了）。”（雍也篇）据说这个名字是高杉晋作起的，伊藤以此通报姓名始于1869年（明治二年）到大藏省供职之时。但是，广泛地学习知识，以及自立的“博文”的诞生，应该说是从这个最初的留学开始的吧。

2　对制度的眼光

伊藤的文明观

偷渡去英国留学培养了伊藤与外国人交流的能力，这使他作为“交际家”被认可，超越身份地活跃在藩政治的最前沿。西洋文明对他来说是难得的出人头地的杠杆。

但是，不仅如此。后来，作为韩国统监统治韩国期间，他说“本人到此赴任欲使韩国成为世界的文明之国”（《集成》⑥〈上〉，第 247 页），把自己比作文明的传道士。仅仅把这句话当作伪善的发言的话则有轻率之嫌。伊藤自年轻时见识过西洋文明以来，一贯把新文明视作理念吸收，并将其融入血液之中。他掌管国政之后，作为他施政的指导原理的仍然是，向国民普及文明的恩泽，使日本成为文明国家而自立。后面我们将探讨，即便是晚年统治韩国，也一定是基于这一点。

伊藤年轻的时候对新文明有多么着迷？让我们列举其例证。以下引用的是落款为 1871 年（明治四年）6 月 20 日的伊藤写给木户孝允的书信。在此之前，伊藤曾就立法与行政分离的统治机构改革向木户建言，二人之间展开了激烈的争论。这封信是后来他写给木户的辩论信，其中有如下论述：

> 盖人生之在此世人各殊想考，议论遂不出于一辙，天之使然也，强而不曲乃现今文明各邦之风习乎。然随人之意衷使遂人之意见时，则争而至失极，礼教国律之制限可有之。（《木户文书》①，第243页）

此处论述了，人各有想法，因此，争论层出乃天之使然，不强行改变他人的思想是如今文明国家的风习。尽管如此，如若对人们各自的意见放任处之，便会百家争鸣，国家颠覆，故而，礼仪教育及法律限制是必不可少的。

这里清楚地表现出伊藤的文明观。其要点可以归纳为以下两点。其一是个人的思想信条及其表达的自由，其二是存在规定秩序的制度。在此我想特别强调的是后者的制度问题。其实对于伊藤来说，文明不过就是制度。他在晚些年的发言中，做出如下的阐述：

> 国先有组织而后国始动。欧罗巴诸国即是如此。此等诸国有活力。故其势力即成世界之势力，其思想即为世界之思想。然东洋之半面已死。皆因东洋国家无组织。无组织之物安有生命乎？（1897年4月，在台湾的演讲，《全集》①“文集”，第213页）

在此，划分东洋和西洋的指标在于国家的“组织”，即制度。制度，是给予国家生命，并使其运转。将这段与前面介绍的写给木户的书信放在一起考察，便会清楚，对伊藤来

说，所谓制度，不单单是对每个个人自由的约束，而是通过协调来实现更高一级的国家活动。并且，对这种制度的信仰自明治初期开始激励着伊藤。于是，在明治维新后不久，伊藤提出了若干制度改革的提议。伴随着维新，伊藤完成了从交际家向“立法者”（让-雅克·卢梭）的蜕变。下面，我们将考察伊藤在明治初年的制度构想。

对美国的憧憬

1868 年（庆应四年）1 月，伊藤被任命为外国事务官。伊藤在长州藩因作为外国通而成名，在新政府也首先在外务领域奠定地位。同年 6 月被任命为首任兵库县知事也是这个趋势。坐拥对外贸易港口神户，在当地负责海关业务、居留地监管，处于日本外交的最前线。

伊藤从事这项职责的同时，也反复思考新政府的制度构想。他在担任知事期间，于 1869 年（明治二年）1 月起草了制度改革的建议书，这就是俗称兵库论的国是纲目。其内容由六条组成，第一条提出君主政体；第二条陈述将“政治兵马的大权”归还给朝廷；第三条陈述与世界各国互通友好；第四条主张为国民消除身份高低之别，并赋予其“自在自由之权”；第五条提倡普及“世界各国的学术”；第六条宣传国际协调劝诫攘夷。就本书关心的问题来看，第五条“使全国的人民达到世界万国的学术，可扩充天然之智慧”尤其

引人深思。他在此处大声疾呼让国民学习“世界有用的学业”，从而像欧洲各国那样实行文明开化的政治，以“革新皇国数百年流传的积弊，可开天下之耳目”，为此，希望在东西两京设立大学。从这里可以看出他晚年的“学者型政治家”的端倪。

原本这个建言的重点另在别处。如第二条，伊藤主张将各藩的政权归还朝廷。如果“政令法律一切若非皆出自朝廷”，国民的文明化便没有希望。这一条的意图在于支持前一年 11 月姬路藩主酒井忠邦提出的版籍奉还的建议。在得知这一建议不久，伊藤也声援并建言“苟令我国与海外各国比肩，实行文明开化之政治，天性同体之人民贤愚得其所，上下平等同浴圣明之德泽，唯使全国之政治一并归还”。（《伊藤传》上，第 416 页）

详细说来，这个时期最占据伊藤内心的，不仅是政权的统一，还有民心的归一。这也可以换种说法，即创造国民。1868 年（庆应四年）1 月 5 日，大政奉还后传说德川庆喜反扑，伊藤写信给木户孝允，陈述他关于新的政体的理想：

> 美国独立之时，与我日本形势相异，本国的人民甚至没有兵权，凭借人心一致，打垮如此强敌，全民万众一心保国，乃至今日之强盛。然况我国拥戴绵延数千岁之天子，竟忘却其大恩，行阿谀之事，以致丧失机会，实乃无人心者。（《伊藤传》上，第 332 页）

伊藤在此引用美国独立的典故,强调每个人都肩负国家的责任,“人心一致”才是兴国的原动力。与美国相反,伊藤接着说:在我们长州藩,“生为长州人而不把德川当作仇敌的就不是人民”等言论肆虐,如此我们就无颜面对被称作夷狄的美国人。此处伊藤要表达的是:长州人也好,德川也罢,皆应该“去私而回归公平”。正如美国各州超出各自地域,创建合众国这个更大的政治共同体,我们也应该摆脱幕藩单位的意识,建立日本这个“公论”。为此,不可或缺的是“人心的一致”。这正是要创造出日本国民。

明治初年的伊藤为美国建国的历程而着迷,设想着制度之事,以美国为样板,反复斟酌国民国家日本的国家体制。1870年(明治三年),伊藤得到了亲自访问美国,观察其政治经济制度的机会。当时身为大藏少辅的伊藤,为调查财政币制而申请赴美考察,获得批准,被派往该国。此次派遣促成了伊藤的制度观的飞跃。关于这一点,下面我们接着考察。

冒进的革新官僚的面孔

1870年11月起至次年5月,伊藤离开日本,远渡美国。以此次调查为契机,1871年5月,日本最早的货币法——《新货条例》被制定。① 以此,在以银为主轴的东亚

① 以下关于《新货条例》的制定及其历史性意义参照了山本有造《从两到元》,27页以后。

经济圈中，日本很快打出了加入欧美一派的金本位国的“快拳”。极力主张这个转换的就是伊藤。12 月 29 日，伊藤刚到美国不久便向日本提出货币铸造法的相关建议。其中，关于以金为中心，做出了如下说明：

> 以方今文明欧洲诸国硕学多年之经历，确定金货本位之议略归于一辙。〔中略〕今若有创立铸造新货币之法的国家，无疑必以金货为本位。是以观之，我国今日铸造货币宜基于他邦从来之经历，或应折中学者之议论，效法最适当之正理。然若不以银货为本位，则必不得已至现今全国之损害的实验之时。若非如此莫如确定金货本位。(《伊藤传》上，第 537 页)

为何要采用金本位制？回答很明了，因为这是文明国家的制度。伊藤说，今日想要创立新的货币制度的国家，必以金货为本位，而不以银货为本位，只要不产生大的损害，日本就该如此。这是多么朴素的对西洋文明的憧憬，伊藤思绪激动，全力以赴，他不仅寄出了如上的建议书，甚至派随行的吉田二郎中途回国，让他再去说服政府要员们采用金本位制。伊藤的这些努力奏效了，政府颁布了确立金本位制的《新货条例》。

今天，关于此时引进金本位制是如何评价的呢？被指责最多的是冒进性、突然性。这首先被理解为是欲“使万国

普通货币与本位价格相同”，树立“万古不易的一大基础”的伊藤的理想主义，与以先于欧洲各国决定金本位制为“痛快事”的本国当局者幼稚的国家主义相勾结的产物。（山本有造:《从两到元》，第 79 页）

这个时期的伊藤，沉迷于文明，无疑具有主张急进改革的“青年将校”的一面。前面介绍了伊藤在给木户的书信中阐述了文明为何物。如前所述，伊藤从美国回国后主张立法权与行政权立即分离，木户对此当头棒喝，说这是“知远，而未详知皇国情形。故话虽在理，然事实上未图其缓急”（《木户日记》②，第 52 页）的急躁论，此封书信实乃二人间相互辩论之后不久的辩白书。

渐进主义的胚胎

如此，明治初年的伊藤是不停地宣讲急进改革的爱国志士性质的新进官僚。但是，在伊藤的内心还存在着与此截然相反的现实判断，有必要在此一并说明。虽然《新货条例》具有急进性，但也有论说指出其中也存在着与内外金融环境的连续性，即近世后期的币制特别是万延币制改革后江户幕府末期的币制，本来就显示出向金本位制的收敛倾向。而且按照伊藤的提案选择金本位制的话，1 美元＝1 日元＝1 两的两与日元的关系作为“历史的偶然”而成立，其中还存在着从两到日元的顺利转换这一政策判断。经济史

家山本有造曾说过，《新货条例》中采用金本位制，在性急的国家主义性构想的背后与近世的连续性若隐若现。（山本前书，第 27—28 页）。

这种对连续性的重视源于对现实的认识，成为后来政治家伊藤的基本态度。他一面坚持文明政治的理想，一面盯着现实政治的社会的状况，渐渐地推进改革，这是他作为“立法者”的姿态。乍一看，金本位制的提议仅仅体现在他过激的理想中，但是这背后孕育着日后伊藤之所以成为伊藤的渐进主义的思考。

作为伊藤的这种渐进主义意图的体现，有这个时期他强烈主张设立发行银行（Bank of Issue）的提案。1872 年（明治五年）11 月国立银行条例颁布，成为日本近代银行制度的起步，这是以美国的制度为范本的。有人指出，与采用金本位制相同，这里也有伊藤的强烈意图。

伊藤的提案是这样的。在美国，有若干叫作国家银行（国法银行）、获得纸币发行许可的民间银行。日本也可以效仿这个制度，促成以发行纸币为目的的民间银行的设立，将向这个银行发行的国债作为向政府的抵押来委托，以此赋予其银行券发行权。如此，伊藤设想在民间银行自由的金融市场中推进货币交易，通过这种方式实现现行政府发行的不兑换纸币的回收及正币兑换的银行纸币的流通。“渐以纸币兑换为国债，半年后一半新纸币兑换为金银币，

一半变为国债,通用之纸币皆仅与会社之纸币相成,实则使信证之纸币不异真货也。"(《伊藤传》上,第527—528页)我们可以认为,这个议论体现出伊藤很重视货币制度的渐进性生成和稳定。

伊藤的构想最终以失败告终。发行的银行券立即被兑换为正币,基本没有在市场流通。这成为"恶币驱逐良币"的格勒善法则的典型。但是,在此我想提醒注意的不是这个经济史上的严酷事实,而是此时伊藤所表现出的制度的渐进性生成论。

开设议会的深谋远虑

所谓渐进主义的制度观,在政体改革中也可以看出其萌芽。1871年(明治四年)8月,伊藤从美国回国后,他还写了反对接二连三的一系列官制改革的意见书。官制改革与前一个月里断然实行的废藩置县改革相连动,引发了中央统治机构的重大变动。除天皇亲临,设立正院作为总揽国家大事的内阁外,还设置右院处理实际的行政,设置左院商议立法。这就是说,此前伊藤对木户建议的立法权与行政权分离的统治体制被设立了。

但是,伊藤对这时同时进行的大藏省的编制改革表示很大不满,现在还留有抗议的书函。伊藤于6月上旬效仿"具有获得会计良方美誉"(《伊藤传》上,第577页)的美国

财政部的官制，提出了大藏省组织案，而实际的组织改编并没有反映出来，他很愤慨。他的异议涉及诸多，其中，下面的陈述值得关注：

> 自大藏省出纳之所，皆政府之公款，出自日本全州各所之租税。故一钱之出纳亦不得疏忽。〔中略〕如今目下，虽为要紧的票据，却堆埋于各寮各司的书匣中，失之亦不顾。本应是结成出纳的簿册，获知全州会计的基本单据也仅付之一小册，失之时无法再推知之。若如此之状，经数十年，如何得知当时会计出纳之证。他日扩大开化之进步，若由国民派出代理莅临议院，并质疑当时的账目，到那时大藏卿以何账本何票据调查其支出，回答国民呢？(《伊藤传》上，第580页)

据我管见，这是伊藤国会开设论的最早例子。他在这里主张，到有一天“极大地扩大开化进步”之时，必须召集国民的代表开设议院，审议过去一段时间的国家财政，为此有必要从现在起好好保存政府的公款出纳记录。

从上面可以看出，伊藤不仅着眼于眼前的统治机构改革，还为将来开设议会深谋远虑，并为此扎实地着手现在能做的事情。他一方面主张急进的政府改革，还兼具朝着文明国家的理想而渐进地前进的视野。并且，这个文明国家意味着聚集自由的个人，形成一个国民的整体，共同协力担

负国家制度的国民国家。

如前所述，只有这样的渐进主义，才是形成后来的政治家伊藤的本质的东西。其中的一个契机是，1870 年(明治三年)的美国之行。在国民国家的理念和渐进主义方面，这个时期的伊藤是以美国为样板酝酿自己的国家构想的。

3　从急进到渐进——岩仓使节团之体验

洋洋得意的副使——伊藤

到 1871 年(明治四年)，伊藤对西洋文明着迷，积极吸收其精髓为日本所用。他并非只是胡乱地追求西洋文明的理想的样子。他通过调查美国的国家银行，对货币制度的逐步形成的想法做出敏锐的反应。但是总的来说，这个时期的伊藤是对文明的理念有些沉醉的冒进的革新官僚。

使伊藤由冒进主义者向渐进主义者转变的契机是 1971 至 1973 年跟随岩仓遣外使节团出访欧美各国的经历。在这个历史上著名的明治国家派遣的文明考察团中，伊藤以副使的身份再次访问了美国等西洋国家。

其实，派遣这个使节团本来也是伊藤的提议。伊藤于 1870 年 12 月在华盛顿执笔关于货币制度的建议书，翌月他在该地再次提出了建言。这是关于次年修改与西洋各国的条约交涉期限的。在这里，伊藤“以在世界开化各州所到

之处的人理与政体为根据”,“比较在东西各州遵奉的各国之诸条约书”,力主应制定修改条约的指针。(《岩仓文书》⑦,第 332 页)并且,主张由政府选出优秀的人才,将他们派遣至西洋各国,调查修改条约。于是,“在明年修改之时,人理公法皆可与开化之诸邦比肩,成为洗却故习的一大纪元之运”,应“巩固十分之独立不羁自守自立之大基本”。(《岩仓文书》⑦,第 336 页)

他说应修改条约,一举与进步各国比肩,以此革新旧习。这些说法可以说是蛮勇之辞。这样的提案当然不会就直接促成岩仓使节团,但不管怎样,做出上述提议的伊藤成了使节团的中心成员。他一定会觉得很得意吧。

关于伊藤在岩仓使节团中的表现,以前拙著中曾有详述(《文明史中的明治宪法》)。船于 11 月驶出横滨开向美国,在船上伊藤炫耀着他得意的英语,垂训洋式厕所的礼节,在海上为消磨时间异想天开扮演模拟裁判,审判调戏女留学生的随员。包括岩仓在内的使节们都没有留洋的经验。他们没有办法,只得依赖曾两度留洋、自幕末与欧美人交涉斡旋的伊藤。但是,他的举动却招致团员厌恶,令人反感。团员佐佐木高行将他对伊藤的反感写在日记中:“伊藤,就是那个才子,全无副使的样子,令吾辈吃惊。然在当今之世,只有这样的人,才横行于世而得势。”(《保古飞吕比》⑤,第 245 页)

岩仓使节团于旧金山(左起:木户孝允、山口尚芳、岩仓具视、伊藤博文、大久保利通)

抵达美国之后,伊藤仍然聒噪不止。12 月 14 日,他在旧金山的欢迎会上发表讲话,堂而皇之地作出如下发言,对维新以来的开化政策夸夸其谈:

我国民,或读,或闻,以及赴外国视察,大抵获取了海外诸国现有之政体、风俗、习惯等一般性知识。如今,日本全国都了解外国的风俗习惯。今天我国政府及人民最热烈的希望在于要达到先进国家享有文明的最高点。鉴于此目的,吾等采用了陆海军、学术教育诸制度,伴随着外国贸易的发展,知识自由地涌入。我国的改良虽在物质文明方面很迅速,但国民精神层面的

改良还有很大差距。(《伊藤传》上,第 625 页以后)

在演讲的结尾,伊藤总结说:“我国国旗中央的红色圆形,已经不是封印帝国的封蜡,将来在事实上会成为其本来寓意的初升朝日的尊贵徽章,跻身于世界文明国家之列,移动至前方乃至上方。”这个演说因此被称作“日之丸演说”。高桥秀直指出使节团里洋溢着“一种盲目乐观症”。派遣前的废藩置县这个大改革的成功令当时的政府指导者们情绪高涨,在他们中间充斥着对本国改革前途的乐观、自信,其最高表现便是日之丸演说。

的确,在伊藤自身,这种盲目乐观症是天生的乐观,这与他开放的气质相结合,似乎进一步高涨。在美国期间,他“大把花钱,四处游玩”,还沉溺于高价购物和夜间游玩。他儿子的这段评价与前文的论述如出一辙。

委任状事件

伊藤旁若无人的举止最甚的是修改条约交涉中的飞行事件。1872 年 2 月进入华盛顿的一行,遵从美国务卿费什(Hamilton Fish)的建议,改变方针,立即进行修改条约的交涉。日方将使节们转向这一方向的正是伊藤。他大肆炫耀“将出色地修改条约”(《保古飞吕比》⑤,第 291 页),为了带去交涉所需的全权委任状,他与大久保利通一起暂时回国。

然而，在华盛顿等待他们从日本返回的是使节们决定回归最初预定计划的愤怒的目光。在伊藤和大久保回国期间，岩仓等人被英国、德国的外交官告知，与列强签订的条约中所规定的单方面最惠国待遇，即便只与美国一国修改条约，给予美国特权，其他缔约国将自动地无需任何抵押地享有同样的特权，这是不平等条约的关键。岩仓等人闻此而愕然。

6 月 17 日，伊藤等人到达华盛顿当日，岩仓具视写信给日本的三条实美太政大臣——“众议所归之处，以会同条约为良法，尤不可据各自条约。”(《外文》⑤，第 64 页)他说众议一致认为择日与各国共同召开条约修改会议这个既定方针最好，不可逐个与到访国家个别地进行条约修改的交涉。大久保、伊藤以及从日本偕同来美的寺岛宗则给外务卿副岛种臣写信汇报一行的情况：“复前议，今般拜赐国书将不向欧洲各国提交。去年决定尊奉国书之事，使节一行永久滞留当地皆因上述，甚后悔。”(《外文》⑤，第 67—68 页)一行人被禁足四个月，这对于他们来说确实是一个徒劳的结果。

以上就是有名的岩仓使节团的委任状事件。对伊藤来说，是往脸上抹黑的事件。如上所述，明治初年以来是伊藤醉心于美国的建国历史及其制度的时期。据推测，此次草率行动也夹杂了这样的情绪。

木户孝允的愤怒

对于伊藤的抢先，最为愤怒的是木户。伊藤自身后来重返美国后，正如他自己所说："（木户）公对吾辈的态度改变了。"（《伊藤传》上，第709—710页）此后，伊藤与木户之间产生了芥蒂，不得已而同行。这也是伊藤的回忆，在德国滞留期间，青木周藏、品川弥二郎曾提议"你和木户之间总是不融洽，我们想出面调停"，却遭到了伊藤的拒绝——"我不赞成，关于我与木户公之间的关系，就不劳烦你们了。"（《伊藤传》上，第711页）

想来，上面的谈话表明了两点。第一，两人的关系在1873年（明治六年）4月访德之前就已经不睦了。第二，伊藤不希望有第三者调停他和木户之间的关系。这恰恰说明他把与木户之间的关系看得很特别。让我们回想一下上节引用的伊藤写给木户的信。正如信中表现的那样，伊藤与木户有时争论激烈，惹怒木户。对伊藤来说，木户曾是可以毫无忌惮地谈论意见的兄弟。基于这种关系，伊藤处理这次不愉快也是与木户感情素来失和的延长，他大概自负他们之间根本的盟友关系不会为此事而动摇。

这也可以理解为伊藤的装腔作势。但是，需要注意的是，此时的伊藤尚未垮台。在美国的有始无终原本应该成为关乎政治生命的失败。然而，在后面的行程，伊藤果然稍

微收起了鼓噪，渐渐地恢复权力。伊藤的这种好运有多个重要因素。

第一，在修改条约交涉事件中，大久保被卷入，成为“共犯”。如果只是伊藤一人的话，也许会多少受到些处分，为了拜赐委任状他与大久保一起回国，难以仅制裁伊藤一人。若牵连大久保，基于大久保在使节团内部的地位，此次派遣本身便有可能受到挫折。

第二，木户在使节团内部的权威并不太高。众所周知，此时的木户因痔疮、牙疼，再加上想家，身心俱不安稳。因此，容易情绪化，往往会屈从于周围。这大概导致他对伊藤的愤怒相对难以引起共鸣。

第三，是伊藤自身心理的变化。在美国失态之后，他或许期待凭借其天生的乐观的思考再卷土重来，但是，这有别于迄今为止急进论者的余热冷却前的佯装雌伏。他以此番失败为契机，完成了向新的政治理性人物的蜕变。这是伊藤作为渐进主义者的新生，基于这种变化，他与木户的关系也得到了修复。下面回顾一下这个过程。

“基督教改宗论”之真伪

1872 年(明治五年)7 月 14 日，大使一行抵达伦敦。这距伊藤等人在华盛顿汇合不足一个月。木户的愤慨当然还未消除。此时，曾在德国留学的青木周藏拜访了木户。青

木敬服于德国,他想同滞留在欧洲的木户接触,努力在日本建立起德国关系网。

在青木的自传中,记载着那时在伦敦发生的木户和伊藤间的一幕。某日,伊藤也在场,木户对青木讲,在美国有当权者建议接受全体国民都皈依基督教,他询问说:“我等一行诚惶诚恐,奏请陛下率先皈依基督教,然后在朝大臣高官大员亦相继改宗,至国民也逐渐效仿之。若如此,有人认为这无论在政治上或列国交际上都是权宜的。关于此事,贵说如何”。于是,日方就有人提议,为了实现修改条约,处于与西欧列强对等的地位,需与欧美各国相同,成为基督教国家,为此,应先请天皇入教,然后政府高官,再推至普通国民,以此顺序进行改宗。

对此,青木陈述了欧洲因宗派分裂而引起战乱的历史,回答说:“关于奏请圣上,劝说普通国民进行政略性的改宗,国内将随处可见骚乱滋生。”然后,木户转向伊藤一喝:“留欧的学生与留美的学生相比,其学问理应赅博深远、理路井然。况且,还未尝赴美留过学的人胡乱听信该国的宣教士或轻浮的政治家的言论,猝然描绘一种空想,轻举扰乱国家,真是不胜惶恐。青木先生的论述与足下平生的主张正相反。足下所言,予恐难信之。”伊藤面色发青,然后从那里退席。(《青木周藏自传》,第41页以下)

历史通眼中伊藤著名的基督教改宗论果真是事实吗?

青木的自传中,追逐功名的意图十分浓厚,上述引用流露出他炫耀自己在德国学习成果的用心。加之青木与伊藤性情不合,需慎重对待其记述的可信性。

内心自由的保障

实际上,伊藤对于宗教持有怎样的见解呢?我们从1873年(明治六年)1月2日伊藤写给大隈重信、副岛种臣的书信中可以窥探一二。(《伊藤传》上,第684页以下;《大隈文书》①,第240页以下)伊藤在信中汇报说,他遍访各国,观察各国的意图,发现他们难以摆脱对日本因东洋旧有的习气而嫌忌基督教的顾虑,他们担心无论法律如何,日本会执着于旧习,在政治上做出偏颇的处置。并且说这种普遍的情感正波及外交的议论。基于此,他主张默许信教,"唯默许教法之事,应在法律上以不予区别为主"。

伊藤接着补充说,仅仅在事实上默许的话事情是不会有进展的。他认为,西洋各国比日本人自己更熟知日本的国情,他们清楚地知道布告牌上写着禁止基督教。因此,即便对西洋人说默许基督教,对方仍无法信服。再进一步说,虽有禁令却不遵守,"国威何以立乎?又应以令诚心赤子安心之训为耻"。"在保有独立权力国家的法律中,在其本国的领海内,其法力所及之处,内外人民无差别。唯本国人民

获得其法权的保护,较外国民更优厚而已。”但是,对此,如今的基督教禁令却导致默认外国人信教,而压制日本国民信教的相反事态。就这样,伊藤为消除这种颠倒而暗中谋求废除该令。

如上所述,伊藤的宗教论是承认信教的自由,其特征在于以贯彻国家主权的立场而展开。在此我们回忆一下前面引用的1871年6月20日他写给木户的书信。伊藤在信中威风凛凛地痛骂木户:“人生之在此世,人各殊想考,议论随而不出于一辙。”他认为保障各人内心的自由才是文明国家的常态。与这个逻辑同出一辙,伊藤认为信教是个人精神上自由的问题,而显示出放任的姿态。并且,重要的是,即便青木自传中所说的木户与伊藤在英国争执属实,后来伊藤也一直主张个人精神上的自由这一信念。①

然而,与这封写给大隈、副岛的书信同一时期,青木也就基督教策略问题写信给日本。(《木户文书》①,第44—45页)信中提出禁令照旧、默许信教的策略,这与伊藤的主张截然相反。可以看出,伊藤与青木在宗教问题上的观点有很大差异。

---

① 山崎浑子:《岩仓使节团的宗教问题》,第128、143页。

革心——调查政体、学习制度

如此，伊藤在美国表现失态之后，他后来在欧洲各地并没有改变他一直以来的开明的姿态。尽管如此，他在欧洲各地详细观察当地的政情，建立起新的文明观的支柱。同样在写给大隈、副岛的书信中，伊藤说："法国的共和政体也未固定，总统以一人之力维持今日之无事。德相俾斯麦也因与各部大臣意见不合，而辞去宰相一职。"正如此处清楚地表示的那样，伊藤在欧洲留意到其政治体制的不安定。在这封信之前，伊藤在给井上馨的信中有如下表述：

> 当今法国政府之景状据悉颇多梗阻，总统之地位焉能相保无事。或另选他人乎？又或回归立君政体乎？议论纷纷，动辄人心再生内乱，难计形势。（1872年12月6日的书信，《井上馨文书》628－8）

无论是总统还是俾斯麦这个政治领袖，都绝非建立了磐石般的地位。伊藤目睹了文明的政治出乎意料的脆弱。此时，伊藤大概又重新想到制度的重要性吧。实际上，伊藤三月份一入德国，便从事了政体的调查。国会图书馆宪政资料室所藏《伊藤博文相关文书》中，保存着伊藤在德国期间记录的日志。其中，有一篇题为"政体及政府"的关于普鲁士议会制度的调查记录［"伊藤博文手记外游日记"《伊藤文书（二）》

文件部一]，可以反映他学习的痕迹。从此能够看到伊藤与他以前欢闹的举止诀别，又静下心来开始学习制度了。

在这个革心的背后，一定会有在游历各国时一直专注于调查各国政体的木户的身影。让我们看看伊藤于6月2日写给井上馨的书信，木户即刻从那里出发赶赴日本，伊藤请求他到达之后与其进行充分的讨论。信中内容如下：

> 木户翁游历中学习颇多，且熟知各国形势，对前途之事定有预料，又对迄今为止之变动等可有不充分随意之处乎。到达后您可将迄今的事情原委直接说出。（《伊藤传》上，第725页）

从字面来看，伊藤将木户奉为高一等的位置。实际上，翻阅木户的日记，那里清楚地记载着从美国开始，英国、法国、德国在所到之处他都调查了各国的政治制度。即1872年（明治五年）1月22日写下“余新岁仓促建言，天下之诸侯、华族、有司五条誓约定亿兆之方向。然至今日坚定、根本之律法未定。故向欲调查此行所至各国根本之处之律法及政府之构造等的何（使节团随员何礼之）下达指令①”（《木户日记》②，第142页）之后，“政体书调查”字样散见于

① 值得注意的是，木户将“五条誓约”（五条御誓文）理解成为“天下诸侯华族有司”的东西。从政治礼仪的观点解读五条御誓文的历史意义的研究参照John Breen，“The Imperial Oath of April 1868-Ritual，Politics，and Power in the Restoration”。

木户的日记之中。他命令部下翻译美国宪法、英国的重要法令，提交关于议会的议事情况的报告，在法国、德国对那里的著名学者莫里斯·布洛克、鲁道夫·冯·格耐斯特(Heinrich Rudolf Hermann Friedrich von Gneist)进行调查。

伊藤见到木户此状，一定会有些思考吧。他自己也对议会制度进行调查，给井上馨写信说前面的那些话，他通过木户重新回归到制度的政治家。他还在给井上的信中说“蒙您关怀，诚愿无突然变迁等”，“吾唯祈尽量徐徐行事”，反对日本留守政府急进的改革(1873 年 6 月 2 日书信，《伊藤传》上，第 725 页)，这可以看作伊藤名副其实地向渐进主义者转身的宣言。

修复与木户的关系

由于伊藤内心的转变，他与木户的关系也确实得到了修复。下面说一个象征此事的插曲。木户于 1873 年 4 月 1 日从圣彼得堡出发，离开同行的其他人，率先回国。在途中，他走访了罗马，看到西洋文明渊源的遗迹群，他深受感动(《木户日记》②，第 362 页以后)。木户将这种感动写了下来，寄给伊藤一人。伊藤读了之后，自己也来到了罗马，他在给木户的回信中这样回应：

> 意大利诚乃开化之发祥地，除建筑之外，令人瞠目

之物无数，阁下定相当勤勉，想必已经一览无余了。（5月12日写给木户的书信，《伊藤传》上，第718—719页）

伊藤与木户一样，深深感叹于罗马的文明风貌。这也被记载于伊藤写给继木户之后出发的大久保利通的书信中：

很遗憾您在欧期间未能走访意大利。两千年历史的遗迹、宫殿、寺观等极为雄伟，令人惊叹之物不可枚举。（5月19日写给大久保的书信，《伊藤传》上，第721页）

诚然，罗马并非成于一日。伊藤不仅看到了文明表面的光辉，视线所及还有其背后悠久时间的积累，此时他已经没有理由严厉拒绝木户了。木户于回国间隙再访罗马，他在那里与伊藤汇合。木户在日记中写道，从伊藤处"获悉本邦之近况"，二人之间除了有对西方文明的远古的追思，一定还有如何推进日本今后改革的议论。6月7日，木户出发回国的前日，在马赛收到了伊藤的来信——"收到伊藤来信。青木的书简传信亦到达。"（《木户日记》②，第391页）从这段记述中，可见木户与伊藤之间亲密程度的恢复。

西洋文明不足为惧

如上，伊藤虽然在美国触及木户逆鳞，但他在欧洲成功地化解了木户的愤怒。不过这并不是伊藤有意要讨好木户，而是由他自身内心的变化带来的和解。受到木户的敦

促，伊藤在观赏罗马遗迹的时候，到达了与木户相同的境界——“暂且抛开皮肤上之事，非发自骨髓之进步，则今日之开化亦他日之损害如何乎。”(1872 年 11 月 27 日，木户写给渡边洪基的书信，《木户文书》④，第 424 页)

尽管如此，我们需要指出，这种心境并非痛感并惊愕于与西洋文明的本质的差别。使团一行在罗马的时候，岩仓大使对伊藤说：“迄今视察各国状况，我国自然不及如英、美、德、法般的强国，只恐即便是二流三流国家，其文化之隆盛亦非我国所能及。我等如何研究此等，终无实际采纳之计划，恐辱此番欧美巡视之使命。”对此，伊藤回答：“阁下无需担忧，阁下之任命，唯将目睹之事情如实复命而已。至于对我国应建设文化的取舍安排等，我等虽不能及，仍会尽力，切勿担心。”(《伊藤传》上，第 724 页)

在伊藤心中，他坚信西洋文明不足为惧。其根据何在？这大概便是维新以来开化政策稳定的事实。明治国家初期的改革路线是，给予日本一种动力，使其具备作为文明国家的制度框架。日本开化并比肩于西洋列强，这绝不是做梦。但其顺序需要慎重。正如西洋文明从罗马以来的兴亡中孕育出来一样，日本也有同样的历史蓄积。数年之后的成果证明，这并非对开化的妨碍。接下来继续要做的是，推进开化政策，使其触及“骨髓”。就这样，伊藤带着开化主义理念和渐进主义方法回国了。

第二章　立宪国家构想
——明治宪法制定前史

1　通往引进立宪政体之路
——至1880年宪法意见书的提出

征韩论

1873年(明治六年)9月13日,伊藤同大使岩仓等人一起回到日本。伊藤等人回国后,挡在他们面前的是留守政府推动的急进的改革政策。

众所周知,在日本这种形势的变化下,副使大久保和木户离开使团一行,匆忙回国。大久保与木户的关系并非良好,但对于使节团出访期间留守政府的急进的开化政策,二

人的政见一致，即渐进主义。正如上一章考察的伊藤相关内容，可以说这是使节团干部的共同见解。使节团一行都学习到了所谓文明之地的开化，是扎根于各国的历史和社会并开花的，其路途、制度也因各国国情不同而多种多样。

使节团持这种渐进主义，与留守政府之间紧张的关系爆发在这一年 10 月的所谓征韩论问题上。新政府成立以来，韩国一直拒绝日方建立邦交的请求，留守政府内讨伐韩国的声音高涨。8 月 17 日留守政府内定派遣西乡隆盛赴韩，随后得到了天皇的批准。但是，有人指出他们预料到西乡赴韩会导致日本与韩国开战，于是岩仓回国后对此再行磋商。①

伊藤 9 月与岩仓一起回国后，被卷入风云急变的政局旋涡之中，他往来于岩仓、木户、大久保三者之间，为团结反征韩派而奔走。这就是松阴认识的“交际家”的生动面貌。但是，我们应该看到，在这种活动的背后活跃着“制度的政治家”的激情。在此基础上，我们接着追踪这期间伊藤的动向。

岩仓回国后，10 月 14 日和 15 日召开了再磋商的内阁会议。结果是派遣西乡获得支持。因“担心西乡辞职会导

① 对于这个再磋商的理解，征韩派与反对派之间不同。征韩派只把它看作是谋求事后承诺的机会，反征韩派则期待岩仓回国后的反扑。关于这一点及政韩论的问题参见高桥秀直《征韩论政变的政治过程》。

致军队暴动”，三条改变了主张（高桥秀直：《征韩论政变的政治过程》）。岩仓等使节团团队暂时被击败，但正如岩仓给伊藤的信中所述“即便不成事亦尽人事”（10 月 15 日岩仓写给大隈、伊藤的信，《伊藤传》上，第 755 页），他们当即开始反扑行动。政府分裂，处于夹缝中的三条陷入精神错乱，结果人事不省。

三条的昏厥对反对派是有利的。因为他不能工作，由岩仓担任代理。岩仓提议就派遣的是非上奏天皇，请天皇裁定，然后他亲自做宫中工作，以便自己反对派遣的主张被采纳。24 日天皇下命，西乡等征韩派参议①下野。

就任参议兼工部卿

如上所述，伊藤在这个政变的舞台背后为打败征韩论而奔走。因此，他煞费苦心地居中撮合木户和大久保。人们一致将政变后实质的领导者寄期望于木户和大久保，但二人之间却出现不和。伊藤大概想改善二人的关系，看准清除征韩派参议之后的时机，意图稳固政府的体制。在征韩论过激的 10 月 20 日，伊藤拜访木户，告诉他岩仓和大久保的动向。木户日记中记载：“尽悉内阁纷争之实情。听闻

---

① 日本明治政府初期的要职。1869 年官职改革时设置于太政官中，1885 年施行内阁制度而被废止。

岩、大久之决意，吾心渐慰。”(《木户日记》②，第 435 页)伊藤以其口舌之力，使木户的心中萌生对大久保忧国的连带感，对眼前的伊藤愈加信赖。这一天，木户给岩仓发信，推荐伊藤做参议，信中写着“伊藤博文乃孝允十余载之知己，正如您所了解，他性情刚直不阿，近年专用心于沉实，他细案精思之力在我友人中亦罕见”(《伊藤传》上，第 762 页)，丝毫感觉不到岩仓使节团时的失和。可以看出木户对伊藤甚至怀有敬服之意。

第二天 21 日，伊藤继前日到访后再次拜访木户，告诉他征韩派又将奋起，岩仓回应了再行磋商，“忧心再磋商之艰难，为天下不堪悲慨。博文亦号泣数刻”。(《木户日记》②，第 435 页)伊藤悲愤慷慨、涕泣的姿态，一定会令木户重新审视参与治理国家者的资格。于是，伊藤于政变后 25 日就任参议兼工部卿，他作为新政府的中心人物在名、实两方面都得到了认可。

木户和大久保的宪法意见书

看起来是伊藤尽周旋之力而获得阁僚的地位，不过，更重要的是从此他的“制度政治家”的本领得到发挥。11 月 19 日，参议们召开内阁会议，选任伊藤和寺岛宗则作为政体调查的负责人(《大久保日记》②，第 214 页)。所谓政体调查，是为引进立宪制度而进行的调查。历经巡游欧美之

后，岩仓使团一行认为若要作为文明国家自立，采用立宪政体是必不可缺的。其代表便是木户和大久保两大巨头所著的两个宪法意见书。正如在上一章看到的那样，木户在外游历中热衷于对各国制度的调查，回国后立即起草并上奏关于宪法制定的意见书。另一方面，大久保于11月执笔意见书，委托伊藤从事政体调查。

两个宪法意见书一眼就能看出存在显著的差异。特别是木户的意见书，他向伊藤提出“建国之大法若无专制主义则无法立之”(《木户日记》②，第453页)，是宣传天皇独裁的宪法论的产物。与此相比，大久保的意见书指出“定律国法即君民共治之制，上定君权，下限民权，至公至正，君民无私”(《大久保文书》⑤，第186页)，强调君民共治。令人意外的是，以开明家自居的木户主张独裁论，而给人专制政治家印象的大久保却承认民众参加政治。

但是，这种差异可以说是表面的不同。如果仔细观察，两个意见书中有同样的基调。那就是“民主”和“渐进”。两者都追求促成民众开化的国民政治体系，木户不过是以其为目标作为渐进的策略来主张独裁，大久保也认为为了君民共治，根据本国的历史，应结合国民开化渐进地实现。

如此，无论木户还是大久保都具有了西洋体验，都将采用立宪体制视作不可缺少的课题。然而，二人并没有亲自着手解决这个问题。大久保较之建构制度更专注于发展振兴

产业，木户回国后便受到身心不适的困扰，难以持续地工作。于是，在二人的授意下，伊藤作为政体调查的专家登场。

以渐进主义设计制度

伊藤被任命为政体调查专员，他随即向木户征求意见。木户告诉伊藤，“若仅政体上变换，虽其形美丽，毕竟人智悬隔，如欧洲文明政府之事，实际难从，防轻举率行之弊，制度一致，只祈尽归稳健”（《木户日记》②，第 452 页），“渐进步开化文明之域，望祈驰形而不误实”（同，第 454 页），传达了渐进主义思想。

大久保也表达了同样的方针。伊藤担任政体调查专员之职后，大久保向他表露了自己的见解。这便是前述的大久保宪法意见书。伊藤后来谈到，“与之急剧之变动，当然非保国之所以。然将来所期之事，乃遵循我国人情、风俗、时事，树立宪之基”，即“是渐进主义的立宪政治论”。接着，伊藤追忆说，世人都说大久保是专制家，他才是很早就倡导立宪政体的有权威的一个人（《大久保文书》⑤，第 203 页以后）。

于是，所谓调查政体的任务，该课题其实是以木户和大久保的渐进主义信念为基本，在此基础上提炼具体的制度设计。伊藤在接受这项工作 10 天后，11 月 29 日便早早地给出了一定的回答。这天，他给木户写了如下的书信：

> 就政体论我也正与寺岛二人调查中。首先，下设地方官集会之事，上扩麝香间①，注意不使人数过度增加。(《木户文书》①，第258页)

这个方案提出召集地方官设下院议会，将皇族华族组成的天皇的咨询机关麝香间稍加扩张，组成上院。其间经历了这样的过程，首先是大约一年后的1875年(明治八年)1月的大阪会议，同年4月获得逐步建立立宪政体的诏书，经过6月地方会议，然后7月设置元老院。被称为木户最后的盛大舞台的开设两议会，其起源正是伊藤的政体调查。

对三条实美的愤然抗议

伊藤自己对这个政体改革论也非常自负。1873年(明治六年)11月末阐述之后，佐贺之乱、出兵台湾、木户辞去参议等难题接踵而至，政局混乱。为了克服这些，再次准备制度改革，需要如上所述改革大阪会议②期间的木户-大久

① 译者注：麝香间祗候，在日本旧制中给予华族、亲任官(天皇亲自签署任命的最高等官员)以及明治维新中的有功者享有的特殊资格。

② 译者注：大阪会议指1875年1—2月期间，在参议伊藤博文和在野的大藏大辅井上馨的周旋下，参议大久保利通与在野的木户孝允、板垣退助等人在大阪进行的一系列秘密政治会谈。会谈达成思想协议：(1)为准备将来开设国会，设立元老院；(2)为巩固审判基础，设立大审院；(3)为疏通民意，兴办地方官会议；(4)同意将内阁与各省，即参议与卿相分离，木户与板垣作为参议回到政府。

保体制，而伊藤也在此期间专心致力于基于该方案的渐进的改革。

1874 年 6 月，华族会馆作为华族的研究讨论机关成立。最初，伊藤好像确实把它看作为麝香间扩张的制度。当伊藤看到“会议之条款”被从该设置规则中删除，明确呈现出像“学问所”那样的面貌，便愤然抗议三条：

> 吾见会议之条款被删除之主意，与学问所或博物书库馆建设类似，不甚符合愚见。毕竟会同之举出自协议，虽非国制，政府默许之又诱导之，此乃上意，将来之期望乃实现立法上院之体，自今默许其开设。（1874 年 4 月 23 日伊藤写给三条的书信，《岩仓文库》⑥，第 76 页）

信中的意思是：华族集会的机关是协议的结果，虽然不是国家体制上的，但是它一旦被开设，若以成为立法府上院之意集结的话，大概可以获得政府的默许，进一步还可以诱导其意向。从中能够看出伊藤的渐进主义和自然生成的制度观。可以说这如实地表现伊藤对制度的想法。

后来，1875 年颁布了渐次树立立宪政体的诏书，其中一个阶段是前面所说的创立地方官会议和元老院。然而，关键的宪法制定却被搁置了。这是由于西南战争、木户病故、大久保遭暗杀等事件连续动摇了体制。直到进入 1880

年(明治十三年),政府内部的立宪运动才觉醒。这一年,天皇命令各参议制定引入立宪制度的意见书。其中,伊藤提出了下文所列之方案(《伊藤传》中,第 192 页以后)。

伊藤的宪法意见书

他主张的第一点是现存元老院的扩张论。伊藤说,“国会尚未可随即建起”。他认为,开设国会以实现君民共治意味着“国体的变更”,“实乃旷古之大事,切莫操之过急”。他提倡“渐进之道”,提出首先扩张元老院,从华族广泛选出元老院议官。继承大阪会议精神,遵循木户、大久保等“先辈之遗愿,步渐进之辙”。

第二点是设置公选检察官。从国民中选出会计检察官,让其熟悉国家的财政实务。伊藤说,这个检察官的“权限仅限于专门检查会计,不许其干涉用财之大政。这一方面是为了公议财政之路,另一方面使人民熟悉实务,具备经验”。伊藤应该是打算通过在地方官会议设置这个岗位,首先对财政的决算功能赋予民意,然后逐渐实现财政的民主管理。

第三点,伊藤提出“请求以圣裁断,定天下之方向”,并以此结束其稿。为了平息过热化的自由民权运动提出的开设国会的要求,天皇再次明示“渐进之义”的重要性。

以上伊藤的这些见解,与下节即将介绍的大隈的宪法

意见书相比较，可以看出这仅仅是微温的、保守的、维持现状的策略。然而，事实上，其中清楚地表现出伊藤自经历岩仓使节团以来孕育的渐进主义哲学。可以说，伊藤坚持了1873年(明治六年)征韩论政变后其总结的渐进性议会制导入案。

然而，现实的政情超出了伊藤的认识，持续沸腾。次年，以大隈重信提出宪法意见书为开端的事件，令明治宪法史发生了大转折，即所谓的明治十四年的政变。

2 明治十四年政变

酿成物议的大隈意见书

1874年(明治七年)1月，以在征韩论中败北下野的板垣退助为首，向政府提交了设立民选议院建议书。自此以后，谋求开设国会的自由民权派的运动势头高涨，民间的立宪知识也稳步地提升。耳中充斥着他们对自己说“渐进、渐进”的声音，此时应该说时机已经成熟。

在政府内部，对这种时势尤为敏锐的是大隈重信。大隈曾经是参议，他被要求制定宪法意见。他提出的意见书引起了很大的反响。这就是明治宪法史上大书特书的明治十四年政变。让我们来看看其中原委。

事情的开端是1881年(明治十四年)3月大隈重信提

交了宪法意见书，倡导英国式的议院内阁制。正如前面提到的，当时担任参议职的人都被要求以书面形式提出自己对制定宪法的意见。大隈也就此提出他的意见，但他的提出方法和内容这两点引起了物议。

首先，关于提出方法，大隈提交意见书时，贯彻秘密主义，人们怀疑他可能是通过负责这个问题的大臣有栖川宫炽热仁亲王向天皇密奏的。对于这一点，有人特别愤怒，这就是伊藤。大隈、伊藤，再加上井上馨，他们于这一年的1月在热海围绕将来日本宪法的应有状态进行了仔细讨论。从伊藤的角度来看，他应该在此跟大隈确定了合作。尽管如此，大隈对伊藤隐瞒了向天皇上奏宪法意见的想法，这被伊藤视为背叛(坂本一登《伊藤博文与明治国家形成》)。

另一方面，从宪法史上来看重要的是大隈意见书的内容。6月有栖川宫私下将意见书的内容给右大臣岩仓具视看，岩仓具视被此内容打击。大隈在意见书中提出次年举行国政选举、两年后开设国会的急进论，并且以英国为样本，立足于政党政治，实行议院内阁制，由在选举中获得多数的政党组织内阁。

岩仓将这个意见书给井上毅看，请他提意见。井上是代表明治的法制官僚，是明治宪法实质上的起草者。井上立即进行调查，回答说："前日获赐秘书(大隈意见书)后，吾潜心熟虑，欧洲各国尤其如德意志，绝非如英国般将十分之

权力赋予议院，不过立法之权而已，并不将行政之实权亦付与之。”（6 月 14 日井上毅致岩仓书简，《井上毅传》④，第 338 页）收到此信，岩仓命令井上制定对抗大隈的宪法意见书。于是，7 月 5 日岩仓向政府提交了由“大纲领”“纲领”等组成的一系列宪法意见书（岩仓宪法意见书）。这与大隈的正好形成鲜明的对比，他不仅提倡以德国普鲁士为样板，采用钦定宪法体制，还率先提出了广泛的天皇大权、当预算案未能通过议会表决时执行上一年度预算制度等后来的明治宪法中所规定的事项。以上大隈宪法意见书事件可以说是明治十四年政变的第一幕。

开拓使转让官有物事件

接下来的第二幕是开拓使转让官有物事件。这个事件的起因是，开拓使（为开拓北海道而设置的政府机关）欲将以政府资金修建的各官有物以出格的价格转让给一个民间的公司。这个民间的公司与政府一位有权势者（黑田清隆）关系密切，以这次政府的处理为契机，社会上掀起了大规模的反政府运动。

政府方秘密地在背后操作这件事，为什么转让处理一事会泄露至社会，为了寻找这个问题中的“犯人”，政府虎视眈眈。其中嫌疑最大的是大隈。大隈心系政权交替，采用了英国式政党政治，他作为嫌疑人而引人注目并不奇怪。

大隈力主的政党政治论原本就是开展批判政府的自由民权派所主张的。伊藤从岩仓那里看到大隈意见书之后不久就推测“大隈之建言恐非出于该氏一己之考案之中。对此尚存狐疑”。(7 月 1 日写给三条实美的书简,《三条家文书》188—12)实际上,大隈将小野梓、矢野文雄、犬养毅等民权派青年知识分子作为自己的部下征募进政府,组成了政策研究集团。于是就有传言煞有介事地说,大隈通过这些人脉与在野的自由民权运动相勾结,企图颠覆政府。

大隈意见书成为导火线,被开拓使事件点燃,引发了明治十四年政变。10 月 11 日,政府屈服于高涨的弹劾政府的呼声,决定中止开拓使转让官有物。然而,政府与此同时也罢免了大隈重信的阁僚职务,将其驱逐出政府。这被称作明治十四年政变。重要的是第二天公布的开设国会的天皇告谕,由此,以天皇的名义将预定 1890 年开设国会之事公之于众。

于是,明治十四年政变在政府自身为制定宪法和开设国会设定明确的时间表,以及即将诞生的宪法内容采用效法德国(普鲁士)的方针两个方面,成为宪法史上划时代的事件。然而,普鲁士果真成为明治宪法的模板了吗?或至少说成为唯一的模板了吗?为了说明这个问题设定的有效性,下面我们将探讨明治十四年政变的第二年,毅然决然的伊藤在欧洲进行的宪法调查。

3 旅欧宪法调查

去柏林

1882年(明治十五年)3月,伊藤博文从日本出发,远渡欧洲。此番伊藤出差的名目是“调查宪法”。前一年,伊藤收到开设国会的告谕,为了摸索日本应施行的宪法,到欧洲各国进行调查。

如今伊藤作为明治宪法之父名声盖世,我们对于他亲自远渡欧洲,进行一年多的调查这一英雄事迹并不觉得奇怪。然而,看看同时代的声音,此次对伊藤的派遣,无论官民都觉得疑惑。大部分人的反应是,难以理解伊藤作为政府的第一要员,在此冗繁之际为什么会长期不在日本,为调查宪法的条文而远赴欧洲。这样的事情可以派遣负责的官员,或委托当地的外交官。这些意见出自政府内部以及民间的报纸。

的确,伊藤赴欧的目的不仅仅止于调查宪法的条文。关于这件事,他有明确的表述。在出发之前,他接到天皇的敕命——“去欧洲立宪各国,与当地政府及硕学之士接触,观察其组织及实际的情形”。(《伊藤传》中,第253页)可见,调查的最终目的不仅有宪法这个国家的框架,还有其具体内容,那么实际的调查是怎样的呢?我们一起简单地看

看伊藤在欧洲的行踪吧。

伊藤首先把德国作为目标。前一年的政变结果是政府确定了德国化路线，他自然访问了德意志帝国的首都柏林，在那里他向柏林大学的公法学教授鲁道夫·冯·格耐斯特(Gneist)求教。

然而，这里的调查进展得并不顺利。据说当时格耐斯特对调查十分消极。调查团中有人说，格耐斯特在最初的会见认为宪法是民族精神的表现，应立足于民族的历史。他说他自身对日本的历史不了解，是否能有用，他十分不自信。这在当时的德国是主导的历史法学的命题。格耐斯特是历史法学派的统帅弗里德里希·卡尔·冯·萨维尼(Savigny)在柏林大学进行讲座的继承者。格耐斯特继承了萨维尼的衣钵，他教诲说，法与语言和习俗一样，是植根于民族精神的历史的生成物。

旅欧中的伊藤博文(1883年)

然而，伊藤远渡重洋而来并非为了学习这样

的学理。伊藤重新振奋起精神，为了与格耐斯特的谈话，也为了获得调查的线索，他去听了格耐斯特的弟子艾伯特·莫斯逐条解释普鲁士宪法的讲义。但是，这些好像并未能使伊藤满足。这个时期，他在从柏林寄回日本的信中慨叹语言不通（伊藤虽然英语很好，却不会德语），对调查的进展表现出极大的不安，申请延长滞留时间。① 伊藤担心赴欧就这样以失败告终。

格耐斯特与施泰因之别

伊藤的情况发生变化是从8月到访维也纳开始的。伊藤与维也纳大学的国家学教授洛伦茨·冯·施泰因（Lorenz von Stein）会面，施泰因向他阐述行政作为国家行动原理的意义，伊藤从施泰因的国家学（Staats-wissenschaft）中获得了很大的启示。这是在柏林从格耐斯特和他的弟子艾伯特·莫斯的宪法释义讲义中无法期待的。伊藤在给日本的信中说，能够与施泰因这位"良师"相遇，"心中暗感死亦得其所"。（8月27日写给山田显义的书简，《伊藤传》中，第303页。同11日写给岩仓的书简，《伊藤传》中，第297页）

---

① 7月1日写给井上毅的书信，《续秘录》第40页。7月5日写给井上馨的书信，《井上馨文集》628－9。8月4日写给山县有朋、井上馨、山田显义的书信，《伊藤传》中，第282页以后。

在维也纳和柏林的调查有何区别呢？第一，如上所述，施泰因和格耐斯特（莫斯）的讲义内容存在差异。伊藤寻求的不是对宪法中所写的具体条文的理解，而是立宪国家的整体面貌和实行宪法后国家运行的方针。针对这个问题意识，施泰因的国家学更加亲和。

另一个是伊藤在柏林经常听到对议会制度的敌对发言。伊藤与格耐斯特第一次面谈后，他在给日本的信中写道：格耐斯特之说是“颇专制论”的。据伊藤信上说，格耐斯特“认为纵令设立国会，国会如若置喙兵权、会计权等，不久会成为祸乱的催化剂，故最初设立为甚微弱者为上策”。（5月24日写给松方正义的书简，《伊藤传》中，第271页）

同样的见解，德意志皇帝也曾表达过。8月28日伊藤获赐陪同威廉一世进膳，当时“意外地”听到“不会祝贺日本天子召开国会”。据伊藤说，皇帝还口谕“若日本的形势不得已而开国会，要好好注意，稳定国家，然无论发生何事，切莫做出不得国会许可而征收国费的下策”。（9月6日写给松方的书简，《伊藤传》中，第314页以后）

德方的这种反应，与其说是对日本的文明度存有疑虑，倒不如说是出于对本国议会政治的痛苦经验。围绕着议会承认军费的效果，1862年发生了有名的普鲁士宪法争端，伊藤访德期间，帝国议会审议烟草专卖化法案，议会内是“评价甚低”“难以和解”的状态，俾斯麦故意找茬，躲在自家中。

(5月24日写给松方的书简,《伊藤传》中,第271—272页)

德意志皇帝和格耐斯特给伊藤的建言从侧面体现了德国政治议会的这种现实。从德方来看,他们一定是觉得议会制度在自己这里都如此艰难,自然不会让日本人去推行。

但是,尽管有这些建言,尽管伊藤准确地观察到烟草专卖化问题令俾斯麦苦恼,他对于引入议会制度却并不踌躇。伊藤关于议会和共同管理整治的构想,始终如一。因此,伊藤所关心的是,如何移植议会制度才不会发生免疫不良的情况。

对施泰因的国家学心悦诚服

在这一点上,施泰因的讲义很切合伊藤的志向。他的国家学主张"宪政(Verfassung)基于其最本来的概念,无行政行为则无内容,行政在概念上若无宪法则无力"。施泰因认为,Verfassung(议会制度)与国民参加政治的原理作为体系不可或缺,但只有被利害关心左右的、缺乏安定性的政治方能行使。而作为补充议会制度、实现国家的公共利益的体系,Verwaltung(行政)尤为必要。对待如此论说的施泰因的国家理论,伊藤十分佩服。回国后,伊藤大肆宣扬施泰因的存在,后来接连不断地有日本的政治家、官僚、学者、留学生等向奥地利的施泰因蜂拥而来,求教于他,产生了"参拜施泰因"现象。

伊藤于 1882 年 8 月在维也纳见到施泰因之后，曾一度返回柏林，9 月再访维也纳，至 11 月 5 日他聆听施泰因的讲义。结果，他说“单宪法之事早已充分”（10 月 22 日伊藤写给井上馨的书简，《伊藤传》中，第 320 页），“仅调查一点儿宪法毫无作用”，他认为“纵令如何设立好宪法，若未开设好议会，施治不善，其成绩自然无可见。若欲施治善良，必先确定其组织准绳”。“确定”施治的“组织准绳”，自然是指“确立政府的组织行政的准备”。（《续秘录》第 46—47 页）

由于邂逅施泰因，伊藤不仅对立宪体制的整体，而且对其制度的根基——行政幡然领悟。在藩阀政府内以“制度的政治家”而自负的伊藤，十分渴望施泰因的国家学。然而，他没有局限于施泰因的影响。通过施泰因，伊藤收获了这样的观点，制度因知识而成立，因知识而运转。这一点将在下节详细论述。

后来，伊藤再次在柏林听莫斯的讲义，直到次年 2 月 19 日。离开柏林之后，伊藤于 3 月 3 日赴伦敦，在那里进一步展开约两个月的调查。

伊藤在伦敦也精力充沛地从事调查。这从他写给井上馨的信件可以看出，信中说：“我在英国滞留约两个月。每日从事调查，彻头彻尾，尽获要领。然宪法政治之事，愈习得愈觉其难。”（1883 年 4 月 27 日书简，《井上馨文书》628 - 7）然而，关于伊藤在英国调查的实情，因无史料，我们并不清楚。

因此,此时宪法调查的意义,目前为止包括笔者在内,仅就德国和奥地利的格耐斯特和施泰因的影响著有论说,①为此,本书在后文将就他在英国调查的成果提出假说。

5月9日,伊藤离开英国,作为日本的全权大使出席俄国沙皇亚历山大三世的即位典礼,然后于6月26日从那不勒斯回国,8月3日抵达日本。调查旅行历时一年半。前文提到出发前对他的派遣曾引起政府内外极大的异议,而伊藤带着制定宪法的巨大自信归来了。

4 宪法制定期伊藤的思想
——国家体制的知识构造

颁布宪法

《大日本帝国宪法》,即所谓《明治宪法》,于1889年(明治二十二年)2月11日颁布。当天,东京街头变为国家庆祝的空间。关于当时街巷的情景,以御雇外国人②为主留下了各种各样的证言,在此我们回想当时的市井之声吧:

> 不管怎样,我目睹了宪法颁布。那真是相当热闹。

① 推测在英国调查的重要性的研究有岛海靖:《伊藤博文的立宪政治调查》。

② 译者注:御雇外国人指,从幕府末期到明治时期,为发展振兴产业,引进欧美的先进技术、学问和制度而雇佣的外国人,以欧美人为主。

> 啊，我那时只有九岁，所到之处的商店都开启四斗樽[①]的酒桶，宛如节日一般。醉酒的人到处都是，日本全国都如此。随后又举行了隆重的凯旋庆祝活动。（齐藤隆介:《工匠们的故事》，第36页）

此时，日本的全体官民都沉浸在手握通向文明一等国的通行券这一喜悦之中。

以这样的国家威信制定的《明治宪法》，究竟具有怎样的历史意义呢？一直以来，它都被看作是徒有其表的立宪主义（Scheinkonstitutionalismus）的产物，规定强大的君主大权，弱化议会的权限，刻有对近代化反动特征的印记。然而，直到1920年代，议会政治在这部宪法下进行，实现了英国那样的两大政党制和政党内阁制，这是历史的进程。这对于宪法之父伊藤来说，是意想不到的事态。本节开始在这一点的基础上解说宪法制定期伊藤的宪法观。此时重要的是，"宪法"（constitution）并不仅仅被视为法典，而是从国家构造的侧面（国家体制）、政治姿态的侧面（宪政、议会政治）来考察。

国家整体的构筑

首先，考察作为法典的constitution。从条文来看，第

---

① 译者注：四斗樽，可装72升的酒樽。在日本，18升为一斗。

一条规定天皇之位万世一系，是神圣且不可侵犯的，这个表述规定了宪法神权的天皇绝对主义的性质。神权的侧面姑且不论，[①]提供一系列君主大权等宪法各规定的模本的是普鲁士宪法（1850 年）。其背景中，有明治十四年政变。在此，大隈提倡的英国模式的宪法案遭到排斥，岩仓和井上毅推动的德国模式被选定，宪法的起草方针就此确定，这可以说是《明治宪法》理念上的成立。

然而，第二年伊藤博文赴欧调查宪法，这赋予明治的 constitution 新的侧面。日语的“宪法”是英语、法语的 constitution 以及德语的 Verfassung 的译文，据说这是在这次派遣伊藤时法定的。但是，与日语的“宪法”所联想的事物所不同，constitution 和 Verfassung 是极为多义的概念。在被称为“宪法”之前，指事物的构筑、制定，或构成、构造等（拙稿《伊藤博文的立宪设计》）。

---

① 极大地影响了宪法起草的德国人法律顾问赫尔曼·罗斯勒（Hermann Roesler）对第一条的文言“大日本帝国乃万世一系的天皇之统治”持批判态度（吉麦斯：《日本国家的近代化与罗斯勒》，第 129 页以后）。然而另一方面，宪法颁布后不久，就其内容被征求意见的欧美有识之士大部分都对第一章关于天皇的规定表示赞成（参照金子坚太郎《欧美议院制度调查巡回记》）。当时的背景是处于国民主义（国家主义）的思潮中。它正如在本书中提到的那样，是与历史主义结合之物，宪法也被认为是国民精神的产物，是历史性生成的产物。因此，所谓没有传统的国民文化印记的宪法，对于当时的欧美专家而言是令人怀疑的，反言之，有必要明示这种传统性。在此意义上，明治宪法的第一章的确可以看作是爱德华·萨义德所说的东方主义的产物。

并且，正如前一节所见伊藤的宪法调查，确实是超越“宪法”，是以国家的整体的构造为对象的。如前所述，伊藤听了施泰因的讲义后，他看透了宪法之类不过是一张废纸，重要的是行政。这个意见在伊藤回国后进行的行政组织的改革中登场。

确立国家体制的各项改革

他首先着手的是宫中改革。当时的指导理念是，确立宫中、府中之别。那个时候，明治天皇30多岁，有作为青年君主的威风。此后，发生了天皇亲政运动。这个运动要委托天皇直接执政。伊藤对此表示反对，他不期望由君主一个人的意愿来左右政治，首先实施宫中和府中相分离的改革，封锁了天皇亲政运动（坂本一登：《伊藤博文和明治国家形成》）。

接着，1885年（明治十八年）12月，以引进内阁制度为首，进行了行政机构改革。其结果是，伊藤就任首任内阁总理大臣。在此之前，当过大臣的栖川宫、三条、岩仓等人都限于皇族华族，今后无论是何等身份，只要是国民谁都可以就任大臣之职，这在形式上变为可能。

进而，伊藤着手改革大学制度。1886年构建了被称作帝国大学的新的高等教育体制，这便是今天的东京大学。他将帝国大学定位为征募国家行政精英官僚的体系。配合

此体系，还在帝国大学法科大学——今东京大学法学部——之中，建立国家学会组织。所谓国家学会，是今天仍以东京大学研究生院法学研究科的研究人员为中心运营的学术组织，当时是在伊藤的支持下，作为日本最初的政策智囊团而被创立的。

1888年（明治二十一年）创立枢密院。这在当初，是为了审议宪法典、皇室典范的草案而设立的，伊藤更进一步将其定位为天皇的政治行为的咨询机关。如上所述，他欲将宫中从政治中剥离，把天皇封闭于其中。但是，《明治宪法》规定，天皇在形式上是统治权的总揽者，是主权者。作为这样的主权者，天皇行使政治意义的决策时，须到枢密院，在那里通过审议。枢密院是伊藤将天皇的政治活动制度化、秩序化构想中的一环。

对以上一系列国家构造改革起到画龙点睛作用的是1889年（明治二十二年）《明治宪法》的颁布，可以说，凭此宪法，立宪国家的局面完备了。

如此看来，伊藤在《明治宪法》制定期，不仅为了狭义的宪法，而是将其作为一个阶段，为了确立更广义的国家体制而煞费苦心。我想从构成上述国家体制的各要素中抽取一个，借以更加立体地呈现伊藤在这个时期所描绘的国家的形态，这个要素就是帝国大学。

大隈重信的挑战

伊藤设置立宪体制，他认为在此之前，适合国家体制的新知识的制度化必不可少。至此，他已经考虑到国家是以知识为基础而成立的。令他有此认识的是在宪法调查中听到的施泰因的讲义。从此观点出发，我们再重新讨论一下施泰因国家学的意义。

伊藤原本就是一位热爱知识的多面的政治家。他认为人须以知识立身，以知识获得社会的认可。可以说这个思想植根于他自少年时期起的体验。如前章所述，伊藤自身是出于对新知的憧憬，破除世俗的禁锢而立身的。

对于这样的伊藤来说，身为政治家而招致极大的身份危机的是明治十四年的政变。① 如上所述，当时大隈展开了凌驾于伊藤之上的宪法构想和制度构想。这些足以动摇“制度的政治家”伊藤的根基。然而，还不止这些。大隈的

---

① 实际上，政变后伊藤的精神状态极不安定。伊藤被派遣至欧洲，于他而言也有静养的意义。井上馨于 1881 年 11 月 23 日对佐佐木高行等人说明情况：“近日伊藤亦痛心至极，神经病发作，每夜不眠，饮酒一升，方渐就寝。如今情况，颇难治愈，然若幸得一年欧洲之行，乃好机会也。”（《保古飞吕比》⑪，第 22—23 页）井上馨于 1882 年 1 月 11 日伊藤离开日本前不久，给他的书信中写道：“肯祈饮酒务必小心。”（《伊藤文书〈塙〉》①，169 页）又在 4 月 6 日伊藤出发后的第一封信中写着“贵体安适，旅途顺利，当减少饮酒，呼吸鲜活大海之空气，君之病疾亦随之速愈”（同）。他格外挂念伊藤的健康状况。

构想对于“学者型政治家”伊藤来说，意味着巨大的危机。因为此时的大隈正用伊藤的拿手绝活，稳步推进集结知识分子和制度化。

大隈自做官起就将优秀的知识分子收至自己的麾下，努力扩大影响力。列举这些人的话，除农商务卿河野敏镰、驿递总监前岛密之外，还有如下少壮官僚。即，矢野文雄(统计院干事兼太政官大书记官)、牛场卓藏(统计院少书记官)、犬养毅(统计院权少书记官)、尾崎行雄(同上)、中上川彦次郎(外务权大书记官)、小野梓(一等检查官)、牟田口元学(农商务权少书记官)、小松原英太郎(外务权少书记官)、中野武营(农商务权少书记官)、岛田三郎(文部权大书记官)、田中耕造(文部权少书记官)、森下岩楠(大藏权少书记官)等人。这些青年才俊知识分子大多在福泽谕吉的庆应义塾学习，经大隈的斡旋而到政府就职。大隈考虑引入英国流的政党政治，作为辅政工具，他为实现自己的构想，选择庆应义塾出身的青年学生作幕僚，以备后用。尾崎行雄供职于统计院时，听大隈的亲信矢野文雄说：“受时势发展的促使，内阁也掀起了开设国会论，大隈参议等人希望在明治十六年开设国会，并且已经为其着手准备。若开设国会，需要有多数政府委员说明国务，趁现在从民间选拔人才进政府，让他们联系政务两年。”(尾崎行雄：《咢堂自传》，第74页)政府惊愕于大隈急进的宪法构想，自然对大隈招揽

知识分子的做法心存疑惑。当时的太政大臣三条实美也写道:“大隈氏建言以来,专于侵入福泽党之气脉内部之事,有众人愤激之模样。”(1881年9月6日三条写给岩仓的书简。《实记》下,第753页)政府方发动政变,封锁大隈的急进宪法论,不仅是对大隈一人,也是不得不将政府内部的福泽一派一气肃清。

“政论型知识分子”对“科学型知识分子”

但是,这并未根本地解决问题。被放虎归山的大隈一派,与立宪改进党成立东京专门学校(后来的早稻田大学),公然加强了与政府的对抗。“一手政党,一手学校”,以这种形式企图在私立学校培养政治人才,这就是为政党发掘人才的体系。以大隈的心腹小野梓在东京专门学校中的讲义为例,有如下评价:

> 小野先生的讲义宛如政治演说。除却财政的原理,大谈政治。如此这般,将学生之风气引向政治辩论,实乃非常之举。〔中略〕全校学生约两百人,全是年少锐气的政治家。(《早稻田大学百年史》①,第474页)

可以说,反政府势力的再生装置在此完整齐备。这对藩阀政府来说,是极大的威胁。同时,政府一定也会反省培育政治精英的主动权一直由私立学校掌握。并且,可以想

见比别人更加痛感这一点的，不是别人，正是伊藤。土屋忠雄指出："明治二年的'国是纲目'以来，伊藤想的是，怎样才能确立近代统一国家、法制国家的机构和组织，以及形成其中的教育行政、学校制度的理想状态，怎样的教育才能培养出与这样的国家相适应的人。"（土屋：《明治前期教育政策史研究》，第 274 页）

前一章也曾提到，在"国是纲目"中有这样的表述——"速令人们学习广博世界有用之学业"，为此"新设大学，可一改旧有之学风"。对伊藤来说，新的国家应由习得"世界有用之学业"的新人类来肩负，为此，他很早就设想开办作为知识机构的"大学"。

如前所述，大隈的大学计划由此对伊藤来说是极大的挑战。加之，二人在知识分子"质"的问题上的见解存在差异。用一句话概括，大隈所集结并培育的是"政论型知识分子"。前面引用的小野在东京专门学校授课的情况清楚地说明了这一点。与此相对，伊藤的设想是"科学型知识分子"。并且，用这个"科学"来克服"政谈"才是伊藤最关心的事。

伊藤在 1879 年（明治十二年）提案的"教育议"中论述，为了应对维新后的不平士族和欧美过激思想抬头的问题，再次组编高等教育不可避免，他在这里还说明了用科学"暗消"政谈。

训导高等学生，宜向科学推动之，不应诱其政谈。政谈之徒过多，非国民之幸。因今之势，士人年少且稍有才气者竞相成为政谈之徒。〔中略〕今矫正其弊，宜拓宽工艺技术百科之学，做子弟，欲就高等之学者，应专期实用，精微密察，累积岁月，专一志向，而暗消浮薄激昂之习。（《伊藤传》中，第153—154页）

对井上毅的畏惧

然而，事态与伊藤的提议正相反，变得愈加严重。“政谈之徒充斥都鄙”这一状况，加上大隈推波助澜，到了1881年（明治十四年），已经侵入政府内部。伊藤在此时期曾谏言：“今日傲慢的书记官等，颇多以急进论等，时有迫近之事。”（《保古飞吕比》⑩，1881年3月4日条，第105页）

对于政变后大隈的东京专门学校的动向，伊藤当然比其他政府官员更加敏感。对于伊藤来说，担忧的种子不仅在外部，内部也存在。明治十四年政变虽然具有国家构想的霸权之争的性质，但早就有人指出，那时真正的主角不是伊藤和大隈，而是井上毅、小野梓（山室信一：《法制官僚的时代》）。面对这些学习了西欧的国家论、政治理论的知识分子的抬头，可以想见伊藤为了稳定自己的权力和加强领导力，他深感有必要掌握凌驾于这些新兴知识分子之上的

立宪政治。

的确，这个时候政府已经知悉普鲁士型立宪君主制，智者井上毅是其中的倡导者。正是他击碎了大隈的急进论，劝说伊藤担任起草宪法之职，是政府的理论家。但是，井上的存在并不能令伊藤安心。这么说是因为井上经常越过伊藤行动，对岩仓、井上馨等人颐指气使。如此，井上意图让整个政府改向自己的普鲁士流宪法构想。

对于伊藤也如此，他巴结井上馨，并通过井上馨之口对执意于元老院改革的伊藤的宪法观进行批判，督促他“尽快学习德意志之宪法”。（1881 年 7 月 27 日井上馨写给伊藤的书简，《伊藤文书〈塙〉》①，第 165 页）井上毅在暗中活动下，为了实现他的普鲁士型宪法构想，要把伊藤作为自己的马前卒。不难想象，在伊藤的眼里，井上的这些活动已经超出了他作为官僚的本分。不仅是对以小野为首的在野理论家，对于井上这种体制内知识分子在政治上的突起，伊藤怎能不伤脑筋？可以推测，驯化他们这些知识分子，确立支撑自己权力的知识的体系，是伊藤出国进行宪法调查时的悬而未决之事。

从施泰因国家学获得自信

如上所述，对于伊藤来说，他个人的要求不仅是要克服大隈—小野一线，还有岩仓—井上一线的宪法构想。可以

想见，他出国的决定背负着相当大的成本和风险，在此背景中，他政治上的动机起到了很大的作用。要从大隈—小野和岩仓—井上两者的夹击中穿越过去，追求第三条道路的立宪制，留在日本是不会有出路的。否则只能永远追逐小野、井上。要对抗抬头的政治知识分子，实现独特的立宪国家的理想，有必要暂时离开日本，尽快访问德国，学习那里的国家论。在此意义上，到欧洲进行宪法调查，不仅是作为宪法起草者的镀金，还具有特别的实践意义。

对应伊藤这个要求的是施泰因的国家学。如前所述，伊藤渡欧之时对政府内外的政治知识分子的崛起深感畏惧，与施泰因邂逅之后，他很快就称这些知识分子为“蠢货书生”，[①]高调宣告自己获得了克制他们的论说的“道理和手段”。他炫耀自己对于立宪制的学识：

> 实乃误信了英、美、法的自由过激论者的著述而已，将其视作金科玉条，几乎呈倾覆国家之势，此乃今日我国之现状，今得挽回之的道理和手段。（1882 年 8 月 11 日伊藤写给岩仓书简，《伊藤传》中，第 296 页）

---

① “在日本的蠢货书生不辩物质之如何，只翻译书中之字义，是乃何国之宪法，政府之组织，非如贻误众愚，据其国之沿革，熟知其事之实迹，亦辨别付其理否之抵触等议论，得闻明了之讲说，此乃颇乐享之事。”（《秘录》，第 307 页）

伊藤如此自信是依据什么呢？一言而概之，极有可能是他获知了民权派所倡导的宪法论在欧洲已经是过时的了。在野的反政府势力所依据的主要是以卢梭为首的上一个世纪的社会、国家理论。但是，在他们中间主导的是作为反体制势力的抽象的自然法思想，因此表现出对于议会主义冒进的信仰，促使其正当化。然而，伊藤在欧洲发现事态发展了，由这个抽象的自然法论转换至历史主义的思考。1882年（明治十五年）9月6日，伊藤在写给松方正义的书信中有如下表述：

青年书生渐啃读洋书，苦思书上之理论，将其视作万古不易之定论，若欲施行之于实地，则为浅薄肤浅之见，却置自国之国体历史于度外，无人之境地创立新政府，不过一般之陋见。（《伊藤传》中，第310页）

的确，在当时的欧洲，社会契约论等假设的——因此是抽象的——理想论的社会理论衰退，逐渐为揭示具象性的历史主义和实证主义取而代之，后者成了学问的指导理念。这一指导理念的意义不是对个体的进一步抽象化，而是将各种规定的社会要素看作认知对象。在德国也是这样，过去的理想主义的哲学被赶下学问的宝座，历史学、经济学、社会学各学科成为主流。在这种倾向之中，施泰因认为作为阶级对立体系的社会以其独特的法则展现出来，他还影

响了卡尔·马克思，是在德国的社会主义思想史、社会学史上占据独特地位的人物（施泰因：《社会的概念和运动法则》）。

如此，伊藤自负已经摄取了欧洲最前沿的政治思想和社会认识，"彼改进先生〔大隈〕之举动，实乃可怜"。（9月6日写给松方正义的书简，《伊藤传》中，第310页）他气焰高涨至精神上的复苏。

聘请施泰因的最大目的

然而，在他显示出的自信背后，还有一个理由。伊藤通过施泰因重新思考，"以将来我国的治安为目的，确定教育之基础"。这尤其显现出，在立宪制之前先设立支撑其的知识机构，即将大学建设为供给政治精英的国家机构的方向。这是伊藤策划邀请施泰因到日本的最主要原因。8月23日伊藤在写给井上馨的最早建言招聘施泰因的书信中言明"就日本的形势，需要阐明之处在于确定大学之基础，端正学问之方向"（1882年10月24日写给三条太政大臣的山县有朋建议书，"雇佣施泰因氏"），这一点在接下来寄往日本的书信中被反复提出：

> 小生此封写给井上外务卿的信中，几度劝说将奥国学师施泰因氏招聘至我国之事。若朝议雇佣此师，

支配大学，确定学问之方向，相信实乃矫现今之弊，为将来得良好结果之事，这毋庸置疑。（1882年8月27日写给山田显义的书简，《伊藤传》中，第305—306页）

前书提及聘任施泰因博士之事，不知阁下如何考虑。小生德意志所见学问之根底，益觉此等人物乃我国所需要。此人至日本主要实地策划学校的创立、组织、教育的方法，就现政之法度情况就任于政府的顾问，则不只获得眼下之便宜而已，又使百年之基础牢固。（1882年9月23日写给井上馨的书简，《伊藤传》中，第318页）

可以清楚地看出伊藤的施泰因招聘案是与大学改革案联动的。伊藤的这个立场是一贯的。他催促招聘的承诺，又给日本写信说：

许可聘任施泰因之后，聘任为政府的顾问，改革学问上的体系之事，亦请从旁协助，矫正人民之精神，只能从学校根本改正。（1882年10月22日写给井上馨的书简，《伊藤传》中，第320—321页）

“矫正人民之精神，只能从学校根本改正”一句，可以看出伊藤干劲十足。施泰因虽然谢绝了伊藤的邀请，但提出了如下对策，表明了在大学改革方面给予帮助的意思。

> 余从旁帮助我处留学的贵国青年书生，不仅为其入大学之门而周旋，余将以学友之身份奖劝彼辈之学事。于此，余自为日本书生在欧洲修学之事作一个中点，作产生他日贵国成立大学的元资之媒介者。夫欲谋智识之发达，莫若兴大学。若贵国振作大学之教育，则其洪益必自波及东洋诸国。余怀此志已久。唯未实际试之。（1882 年 11 月 15 日施泰因写给伊藤的书简，《伊藤传》中，第 329—330 页）

信中说设立大学是不可避免的，为此，自己将起“媒介者”的作用。并且说，如此这样向东洋推广大学的理念是自己多年的梦想。能够感受到，施泰因在这个问题上热忱非同一般。这二人能够意气相投，正是通过大学论，现在已经十分明了。①

走向“立宪领袖”

这样，伊藤通过施泰因，对将大学作为国家机关，作为国家体制必不可缺的要素进行改革的构想大开眼界。他曾在政治的知识分子勃兴的旋涡中无法掌握制定宪法的主动权，现在他的胸中充满了自信，相信自己能够凌驾于这些知

① 大学论存在于施泰因国家学的基础，关于这一点，拙著《德国国家学与明治国家体制》有详细论述。

识分子之上，他带着这个自信回到日本。他心中所惦念的，首先是以大隈为头目的在野反政府势力，同时也指向政府内部的官僚知识分子。伊藤从维也纳写信指摘日本政府德国学的智囊罗埃斯勒："我常常发现罗埃斯勒的学说向自由倾斜。"(1882 年 8 月 27 日致山田显义书简，《伊藤传》中，第 305 页)此处不难看出他发掘出与罗埃斯勒不同的其他德国学偶像的满足感。此时，伊藤获得了能够与其他既有的德国学对抗的"道理和手段"。

如此，伊藤对立宪制的认识跨越性地提升，出色地完成了作为立宪领导人的变身而回国。对伊藤来说，旅欧宪法调查是向"立宪领袖"脱胎换骨必不可少的经历。

国家体制的知识构造

《伊藤文书》中留存着施泰因国家学的讲义笔记，其中有如下一节：

> 培育官吏，使其成为稳固的政体之基础，是大学的职责。故，大学与政事相关，使之有紧要目的，唯教授其学术为目的则仅实现目的之一半，不能称为具备完全的主义。("施泰因氏讲义笔记"上、下，《伊藤文书》234—1、2)

在施泰因看来，大学应成为"稳固的政体之基础"的国家机构。正是大学生产知识和知识分子，才使国家的行政成为

可能。换言之，革新国家体制必须要创造作为其前提的知识阶层和知识装置。施泰因可以看作是这种知识的存在形态——“国家体制的知识”——的强有力的空想家。并且，以施泰因为媒介，伊藤吸收了这个“国家体制的知识”思想，不仅作为“设计制度的政治家”，作为“学者型政治家”也获得新生。由此产生的历史现象是伊藤宪法调查。

5　超然演说——宪法成立与政党政治

钦定宪法的意义——主权不可分论

伊藤得到施泰因这个老师，领会了国家体制、行政以及作为它们基础的国家体制知识后归国。如前所述，此后，他致力于确立行政。

不过，这个时期伊藤关心的问题不仅仅是这些。他同时也关注在立宪国家的形式中，包裹着怎样的政治内涵。他寻求的政治的内涵是什么呢？是所谓的国民政治。以行政为中心整备国家体制，伊藤认为应该在这个国家体制的容器中注入国民政治的精神。这是他超越老师理论的独特的境界。因为这一点在宪法发布后的演讲中论述得很清楚，笔者想以此为素材，考察他所希求的立宪政治的精神，明晰《明治宪法》制定时伊藤思想的全貌。

宪法颁布后，伊藤为了普及宪法，做了几个演讲。最有名的是1889年（明治二十二年）2月15日对府县会议长进行的演讲。在此之前三天，当时的首相黑田清隆发表了演讲，与黑田的这个演讲相同，伊藤的演讲阐明了政府超然政党施政之事，这作为超然主义的宣言经常被引证。但是，实际上伊藤在现场的陈述更加含蓄。因此，在此我想再次考察这个已经被讨论得很充分的有感觉的演讲。

伊藤在开头说，“此番颁布之宪法，不言自明，乃钦定宪法”（《伊藤传》中，第651页），强调这个宪法是由天皇亲自制定，赐给臣民的。“此宪法实乃由天皇陛下之仁惠赐予臣民之物。”（同前）

《明治宪法》追求的最大特色在于其钦定性。就此，伊藤如是说：

> 今以我宪法制定之体式与其他立宪诸国之宪法相比较，其间存大差别之处。乃第一章内君主之大权，即表明主权，他国之宪法中未见其例。而其然之所以，一考便可了解。抑自我日本国开辟之始，以天皇亲开，天皇亲治，载之于宪法之首条，实可谓适应我国体。是乃较他国宪法其构成体裁大不同之所以。（《伊藤传》中，第652页）

其中强调日本国是天皇构筑、天皇统治的国家，因此，只有天皇才是日本国的主权者。说明为了支持这一点，宪法首

先在第一章写明主权归属于天皇，采用了与他国不同的条文构成。此处伊藤的口吻，好像在说天皇即国家。实际上，伊藤认为“如我国依据开辟以来的历史和事实，主权在于君主即王室，尚无主权移至他处之事实，且无应移动之道理”。（《伊藤传》中，第654页）他如是说：

> 主权归一，不应分割，只要存在一个君主，国家官吏之行动皆为主权。故，行政各部机构之活动，不过是主权的委任权，绝非固有之物。故，官吏之行动在于委任权，行政各部机构分支派，各有定分，不拘于独立运转之机能，归一之主权为君主总揽。以之假令开议会，为公议舆论之府，主权唯存于君主一身，不可遗忘。（《伊藤传》中，第655—656页）

伊藤补充自己的观点说，这种主权归一论批判曾盛传于世的孟德斯鸠式的权力分立论，是被今天的欧洲接受的议论。也就是说，如今是将国家比定为人体的有机体的思想占主流地位。根据此说，精神的本源是头脑的专有，与此相同，“讲主权的学者，概皆应持主权不可分割，无不倡导主权归一者”（《伊藤传》中，第655页）是说这种趋势。这正是与日本的国体吻合的想法，因此，日本宪法在第一章率先写明主权的不可分割性。

于是，伊藤自负《明治宪法》才是先获得并体现最先进

的国家理论的。这是主权的不可分论、归一论,在日本这个旗手是天皇。“在日本,基于开辟以来的国体,保上元首之位,希望绝不将主权移至民众”(《伊藤传》中,第656页),提倡主权的不动性。施政也“皆以之为至尊,总揽其纲领”(《伊藤传》中,第653页),提出天皇亲政。原本政府是“天皇陛下之政府”,“我政府应由主权所在进行支配、活动”。(同上)

政党政治不可避开的根基

看看《伊藤博文传》所收录的演说内容,那里呈现的正是天皇主权的专制国家的辩证。然而,伊藤的议论还有后文。下面我将从记载了当天伊藤演讲全貌的《东京日日新闻》的报道中回顾其后续的展开。伊藤继续宣扬超然主义,其中有内容表现出超越了俗解的超然主义的认识,这一部分没有被收录在《伊藤传》中。

伊藤说:“设宪法,开议会时,产生党派,是在人类群集之上不可免之数。”(《东京日日新闻》1889年2月19日。以下从同一报纸引用)此处可以明显地看出,伊藤认为宪法施行后的政党政治化其本身是不可避免的。① 他观察到,

① 他已经在1882年到欧洲进行宪法调查时明确说过。“政党是若有议会便会自然出现的,并非如今日我国之现状。我国之现状非政党,乃蕴含结徒党,以众力削弱君主权,又摧毁其之意者。若明言之,乃反逆党。”(8月27日写给山田显义的书信,《伊藤传》中,第304—305页)

在其根基宪法政治便是利益政治。也就是说,保障国民参加政治的宪法政治是国民主张自己的利益并基于此保障进行政治活动的政治方式。

这里重要的是将这种利益政治导向何方。接着前面的引用,伊藤作出如下论述:

> 他日以国家之政事付臣民代表之议决,其利害非一府县之利害得失,则应延展为全国之利害得失。故,苟帝国议会之议员非代表选举自己的一部分臣民,乃代表全国之臣民,毫不踽踽于乡里之利害,洞察全国之利害得失,非以良心判断之觉悟不可。

“我代表选举区民诸君赴议会。然抵议会后,我非诸君之代表,而作为全国民之代表行动”,这是埃德蒙·伯克著名的“对布里斯托尔选民的演说”中所言。① 这一段伊藤后来很喜欢,并引用了它,我们明确了这个基础在当时就已经确立。尽管每个议会政治家都背负着特定的利益,伊藤期待他们在议会这个公论的场所最终成为国民的利益的代理人。

---

① 伯克的发言如下。“议会只代表一个利益,即全体成员的利益,是一个国民的协商会议,因此,在此不是为了地方的目的,也不是听从地方的偏见,而应该以为了全体普遍的理性集合的共同利益为指针。各位确实是选了一个代表,但是当你选择他之后,他就不是布里斯托尔的一员,而是英国议会的一员”(伯克《美国论·对布里斯托尔选民的演说》,第92页)。

虽说如此，这样放任议员各自的操守只不过是理念上的。伊藤接着说了如下的话，谋求分割议会政治与政府：

> 至其意见互异，势必生党派。盖议会又于一社会兴起党派之事虽在所难免，一政府之党派甚不可。

急进论的否定

伊藤在这里考虑的大概是他在宪法调查时的老师施泰因的国家理论吧。形成施泰因的学说特色的是国家和社会的二元论。据此，社会（Gesellschaft）是由以营利为中心的个别的特殊利益构成的，而国家（Staat）是共同体全体的普遍利益的体现者。换言之，为了从欲望体系的人类社会之中解救出公共的价值，从关心私人的利益中确立中立的国家活动是必不可少的。与此道理相吻合，伊藤也指出“毕竟党派在民间，虽结果无可奈何，愚以为以此波及政府是难事”。“所谓政府，其为彼之党，此为我之党，不应有庇护自党之事。”

于是，伊藤一面担保民间层面的利益自由竞争，一面盛赞政府举世无双的状态。可以说这正是超然主义的主张。然而，不应忽视伊藤下面展开的议论：

> 遂欲以议会政府即政党组织内阁难免为最至险之事。盖虽力主党派之利者不少，既定一国之基轴为政

治而据公议之府要养成充分之力。若缺此必要，容易动摇国家之根本，若有此事将来之不利竟如何。

由此可以看出，伊藤博文否定的是政党内阁即将实行的急进论。他说现在政党定一国之基础，成为承担公议之府还为时尚早，并非因为议会政府排斥其自身。也就是说，将来实现政党内阁，在伊藤的头脑里未必排除其可能性。换言之，如果为了实现"为政治而据公议之府"需要"培养充分之力"的话，则能充分认可政党内阁的余地。并且，在伊藤看来，宪法政治应有的状态正是他追求的方向。因为对他而言宪法政治正是所谓的国民政治。关于这一点，我们将从他同时期的发言中加以论证。

6　作为国民政治的宪法政治——对皇族、华族演讲

对华族的演讲

在宪法颁布前后，伊藤在公开场所进行的演讲不止这些。两天后的 2 月 17 日，他对法官做了关于《明治宪法》下司法权和行政权之关系的演讲，指出两权居于独立不羁的地位，通过司法权牵制行政权的干预。(《东京日日新闻》2 月 2 日)伊藤对华族层的立宪启蒙也煞费苦心，1888 年(明

治二十一年)12月8日、1889年2月26日及27日他三次在华族同方会等场合演讲。[①] 另外,国立国会图书馆宪政资料室收藏的《伊东巳代治相关文书》中,留存着在宪法颁布的第二个月的3月,伊藤漫游关西时在大津、京都进行演讲的草稿。

在此我想从其中列举的是,《伊东文书》收录的标作1889年2月27日、题目为"对各亲王殿下及贵族"的演说(文件部104)。在上述文字中,值得关注的是这个演讲将亲王和贵族聚集起来,伊藤对以皇族及曾经的主权阶层为中心的华族,坦率地陈述宪法政治应有的样子。如前所述,这一时期的伊藤博文对于华族立宪主义的启蒙充满了热情。而华族作为皇室的拥趸,是承担明治宪法体制的重要组成部分。于是不难想象伊藤博文也想尽力发挥华族的政治作用。报纸所刊登伊藤博文的演说将华族的政治作用描述成从议会、法院的牵制对超然自由行政活动的论证。但是,这与伊藤博文的实际意图截然不同,相反他要论述的是国民主体的民主政治。因为这个史料一直以来未曾被提起,下面将详细地探寻其中的内容。

---

① 其中,12月28日和2月26日的演讲分别以"主权及上院的组织""关于宪法的演讲"为题刊登在《华族同方会演说集》第四号、第五号。关于2月27日的演说,后文另述。

何谓国体

首先,伊藤从称赞日本的国体特质开始:

> 在日本,至今日之历史所传之处,主权者乃万世一系的皇统统治,人种亦如斯持续。尤翻阅中古之历史等,虽或有朝鲜的人种等加入,先大数之部分乃开辟以来人种之扩散。

日本国开辟以来,大体上由单一民族构成,由万世一系的皇统统治,这是皇国史观。然后说这样的国家在世界上是无有类比的。因为其他国家中,没有未经历过王家的交替和民族的变换的。

伊藤虽提出了如上典型的国体论,但应注意的是下面的论述,他从同时代的历史视角对日本的国体(伊藤用的是"国柄"一词)进行了比较。

> 如今日,日本的学者与外国无交通之时刻,常常只日本独尊,将外国说成野蛮之状,然与其说其他野蛮,独我国开化并以为贵,莫若说本国生来存续至今一以贯之,这样足以夸耀于世界。

这里虽提出万世一系的国体,却并非局限于其卓越性,而是表现出在认识到与国际社会的相关性的基础上,加深理解其特质的姿态。伊藤与幕末期的神国论的攘夷思想,以及

这个时期仍有一定势力的儒教的保守主义划清界限,与外国各国构建开放的关系,以此近代的独立国家形象为前提。所谓伊藤的国体论,是为了辩证在这样的国际社会中能够自主地且协调地行动的独立国家的方便吧。阅读下面伊藤的发言,这个想法会得到肯定:

> 日本是这样的世界上无以类比的国体。此世界无以类比国体之国家与今日世界万国开交通,其交通由上及下有各种各样,然无论何种,据此关系皆于我取之有利。须保护己、发展己。

进化向何方

无论怎样,伊藤标榜与国际社会广泛结交,通过这个增加国家利益。他听到有人担心,若这样全面地与海外进行交通,不久日本的国体便会发生变化,对此,他以如下的论述进行反驳:

> 假令生变亦必定有改变之事端,皆保护我,发展我,不被他侵,以与外竞争而保己之独立位置,仅方便起见,未有改变我“体”。因其改变又感到内部改良进步之必要。

此处能够读出伊藤的进化论想法。也就是说,在伊藤看来,国家的“体”不会因与外界的接触而变化成其他的,而

是应该通过与外界相互作用，自然地改良，这可以视作渐进的进化论。进一步说，伊藤认为就身体而言，相比外部，内部的变化才是问题所在。其内部是什么呢？伊藤在此强调的是国民的精神状态。引导国民至更加文明，这是决定国家的进化的重要因素。

> 与他国竞争，以保独立之地位，不令国威受损，须提高人民之学力，增加人民之智识。其结果，于一国之力量，大显国力之发达，此乃自然之结果。

这里说，如今对外国各国大开国门，决定日本的国际竞争力的是国民的文化生活水平。“置人民于愚昧，有碍于增进国力，须得人民之智德并进，提高学问之根基，以增加国力为基础。”若与从前的论点相结合，为了提高国民的智力，国家可以遵循自然的进化方向。

那么，伊藤在进化的方向构想怎样的政治体制呢？我们看看他关于这一点的论说。

> 发展人民之学力智识，引导至文化，其结果人民亦会研究并获知己之国家为何物，己之政治为何物，他国之政治为何物，他国之国力为何物，他国之兵力为何物，因此，知其所以则必须支配所知。若其支配方式不佳，其人民为能区分是非善恶之人民，无以令治一国之事。

于统治者而言，人民的开化是双刃剑。开化知识不仅增强国力，还会带来对现实统治的批判精神。但是，伊藤提倡以这样的人民为基础的政治样态。因为，人民的开化对文明各国而言，是“普通的道理”。

何谓支配

那么，在具有开化知识且兼具批判精神的国民面前，该如何改变统治的方法呢？伊藤以“不可置物于暧昧模糊之间”做引子，论述如下：

> 君主则须在君主之位，有君主之权，统治一国。臣民明确臣民应尽的义务。此乃于宪法政治上必要之事。

如此，有必要划定治者与被治者的权限和义务。只有宪法才能实现这些。伊藤又接着说：

> 可支配的是君主，即一国的主权者。其行动所依为何？所谓其权力，须由各种政府机关发挥。然其组织构造如何，规定权力之行使程度、行使方法依据其组织构造乃宪法之妙处。

宪法之下，统治者的统治不能肆意而为，其权力的启动和运用受到宪法规定的限制。所谓不暧昧模糊的统治，这正如上面的说明，即权力受宪法制约、其运用受到限制的政治。

走向国民中心的政治

伊藤对皇族、华族进行的演讲表现出的逻辑是：为了加强国家的国际竞争力，国民的文明成熟必不可缺，其结果是立宪政治不可避免。伊藤对他们这些政治的特权层，不仅宣传位高则任重之理，还劝说他们应提高被统治者（臣民）的政治地位，这才是应有的政治样态，并恳请他们对此作出让步。

这里一点没有显露出坊间通用的伊藤的超然主义姿态。他主张的是国民中心的政治。有教养的国民提高政治意识，关心国家的统治形态，这是自然而然的、理想化的。这样，激发国民的政治活力，在国家整体的统治构造中，制定秩序的框架是立宪制度。

对于这样的格式化，伊藤上面的这些主张仅限于启蒙专制主义的“为了国民的政治”，他虽然认可国民参加一定的政治，另一方面也许会引起质疑，他为了保障天皇、藩阀政府的政治统治权，对国民设置了立宪制度的门槛。

然而，在此不应忽视的是伊藤提出的“国民”的内涵。再重复一遍，伊藤将国民的不断开明作为增强国力的基础。并且，他认为统治的样式也应随之变化。仔细考虑，“为了国民的政治”不久便会发展为“国民的国民政治”，这个可能性一定已经进入他的视野了吧。至少切断这种方向的理

论，在此前介绍的他的议论中并没有发现。

转向应有的国家体制

下面我们整理一下本章的论述。伊藤在《明治宪法》制定时，认识到 constitution 是一个复合的概念。他超出形式的 constitution（宪法）理解，讨论国家的实质的构造，进而追求在这个构造中注入国民政治的精神。从下一章起我们将考察其结果，1900 年（明治三十三年）伊藤自己结成政党，名为立宪政友会。有政权担当能力的政党诞生了，发展为战前两大政党中的一翼。伊藤创立的政友会，可以看作是他对自己所标榜的从政党超脱的超然主义政治理念的背叛。然而，如上述他对皇族、华族的演讲表现的那样，他推动国民参加政治并确立议会中心的政治体制的设想，从宪法成立之初就已经注入到他的国家构想之中了。

宪法调查时伊藤的言行便是旁证。伊藤曾排斥威廉一世、格耐斯特的反议会制的言辞。在他的心里，议会制度在即将到来的宪法体制中占有重要的比重。这在他这个时期从伦敦写给井上馨的书信中可以看出。这段文字前面已经介绍过了，在此特地再次引用。

伊藤写道："滞留英国近两个月。每日从事调查，彻头彻尾尽要领获心得。同时宪法政治之事，随着学习愈感觉其难。"这里说他在英国的两个月期间每天都精力充

沛地从事调查。那么，在英国他调查了什么呢？他说是“宪法政治”，即施泰因主张的 Verfassung/constitution。在施泰因的国家学体系中，宪政（Verfassung）作为国民参政的原理，处于与行政（Verwaltung）相对化的地位，可以看出伊藤在英国摸索出超越老师学说的端绪。通过行政，伊藤领会到所谓国家整体构造的 Verfassung/constitution 的第二个含义（国家体制），他在英国目睹议会政治，体会所谓国民参加的政治 Verfassung/constitution 的第三个含义（宪政）。在国家体制与宪政的架桥之处，伊藤的国家思想形成了。

岩仓使节团回国之后，伊藤博文意识到渐进制度的进化论者就是他心中一直以来的思想家形象。征韩论政变后，伊藤作为政体调查员，结合木户和大久保的宪法意见，采取渐进主义的立宪制度导入论。经过大阪会议之后，这个想法在木户的领导下落实到实际，元老院和地方官会议成立了。这个时期伊藤描绘的蓝图是，这两个分别发展为上院、下院，国会自然地产生。

自生的立宪化之路由于大限宪法意见书的登场而受到挫折。明治十四年政变起因于大限意见书，这促使开设国会和制定宪法被设定了明确的期限，立宪化成为国家的第一政策课题。

在这种背景下，伊藤到欧洲从事宪法调查，结果他未局

限于狭义的宪法，而是领悟到整体的国家形态（国家体制），同时重新确立了以议会为舞台的国民政治（宪政）方向。

在此基础上，伊藤的渐进主义也复活了。虽然立宪制度颁布了，但未能由此一跃产生政党政治和议院内阁制。将立宪制度蜕变为更加适应国民政治的制度革新，需要看准国民的政治意识的成熟和对外环境的变化，在此基础上慎重地进行政治的实践。基于此意义，制定《明治宪法》对于伊藤来说，并非止于明治日本的"国家的形态"（国家体制），而是架构起通往应有的"国家的形态"的起点。向着应有的国家体制，伊藤下一次真正的转舵是在宪法颁布十年之后。

第三章　1899年的宪法宣传

1　万物变化——伊藤的世界观

走向国民政治的实践

伊藤后来回顾宪法制定时如是说：

> 当时我国方处于送旧迎新之过渡时代，因而国内之议论多岐复杂，甚而是非意见截然相反之事往往有之。一方面，前代之遗老尚怀天皇神权之思想，苟如限制天皇大权之事，视其罪等同叛逆。另一方面，多数有力之少壮者受教于曼彻斯特学派讨论的全盛之时代，怀抱极端的自由思想，政府之官僚于彼反动时代倾听

> 德意志学者之学说，而民间之政治家未能理解实际政治之责任，徒扬扬得意地心醉于孟德斯鸠、卢梭等法兰西学者之痛快学说、奇巧言论。

这一段引用回顾了当时各种各样思想跋扈的过渡性时代。伊藤将当时的思想地图划分为① 天皇神权的国学派，② 曼彻斯特学派的自由主义者，③ 以官僚为中心的德国学派，④ 标榜法国启蒙主义的民权运动家四个类别。

而对当时的思想界进行了分解的伊藤，自身与天皇的神化、极端的自由思想、反动的德国学，以及过激的法国学都保持着距离，他如是说：

> 顺利运用宪法需要见识和气量，如热爱言论自由，热爱议事公开，或如宽容反对自家的意见之精神，更积累几多经验后始得之也。（同前，第 183 页）

以上引用表达的是对将某些教义戏剧化的厌恶。他认为与之相对，建立议会制度必不可少的是与此相反的宽容精神。对伊藤来说，宪法制定时，自我封闭且不宽容的各学派甚是跋扈，与普及“热爱言论自由，热爱议事公开”的立宪精神尚且道远，他认为这是一个过渡的时代。

重申一遍，这是伊藤后来的回顾，将它视作伊藤在宪法成立时的思想应需慎重。但是，若结合上一章介绍过的宪法颁布后不久，伊藤在对皇族、华族的演说中表达的宪政

论，上述的思考当时或许已经在伊藤心中萌发，如此重新考虑，则依据很充分了。伊藤在这些皇族、华族面前，论述了即将到来的时代将以国民为政治中心，统治的方式也应随着国民学识的提高而改变。在伊藤看来，这才是遵循文明诸国的“普通的道理”的政治。

这样，伊藤看准了国民政治的潮流，让步和自重是他对原有的统治阶层的主张。对此，在上述的引用中可以看出他提出对参与宪政的国民的宽容精神，他还呼吁他们要自重。基于这种宽容精神，尝试向着国民政治实践，伊藤结成了政党，即 1900 年（明治三十三年）成立了立宪政友会。

本章和下一章将从构建国家体制的视点，研究伊藤创立的立宪政友会。一直以来，伊藤在 1900 年组建政党被视作他这个超然主义者的变节。然而，正如上一章的论证，宪法成立时伊藤在每个皇族和华族面前讲述了他对国民政治的展望。一方面进行行政中心的国家体制改革，另一方面，应在国家体制这个容器中开展促使国民参加政治的宪政运动，这是伊藤的国家构想。下面的论点不同于一般的论调，本书将伊藤创立政友会作为他自宪法成立时一贯思想的果实，重新进行研究。

伊藤的世界观

在考察创立政友会之前，先谈一下伊藤的世界观。如

前所述，创立政友会被理解为藩阀政治家伊藤的变节，被认为是屈从于议会开设后民党实力兴起的转变。但是，在伊藤的独特世界观的支撑下存在着他的政治哲学。这个政治哲学是，这个世上的存在是变化无常的，政治也应随之不断地改变。在这个变迁的踪迹里，伊藤看到的是国民政治，从藩阀中心的超然主义脱离是迟早的事情，这大概自宪法诞生时起就已经在他的头脑里了。

下面引用明显地表现出伊藤的这种秩序观的语言。下文是宪法颁布近半年后 1889 年（明治二十二年）8 月 4 日他写给井上馨的书信中的一段：

> 如此，不觉做了立宪政治之梦，奈生出何样大事亦不动摇，直至做得厌烦，诸先生胸中毫无培养此等人民成为文明之民的意愿，众所周知天地间百事百物变化，没有一瞬止息，动作变迁于一定之秩序中。到底令此专治下之人民成为立宪体之人民，非费几多岁月养成而不能，而培育它恰如培育草木之蕾。（《井上馨文书》303—1）

这封信直接地批判了黑田清隆内阁当时因修改条约问题而混乱的内情。在伊藤担任首任内阁总理大臣所组建的第一次伊藤内阁时期，由井上馨外相进行修改条约交涉，结果因包含着任用外国人法官这一辱国要素而受到政府内外

的批评，他们失败而归。在此之后，修改条约的任务委任给 1888 年 2 月出任外相的大隈重信。4 月末，伊藤担任新设的枢密院首任议长，而辞去总理一职，由黑田清隆接任首相。大隈在黑田内阁留任，接着负责条约修改。然而，即便在大隈外相任职中，修改条约案也引发了激烈的舆论，这导致了内阁分裂。

上面的书信是在此紧迫的政局背景之下，批判大隈外相和黑田首相等修改条约推进派僵硬的政治姿态的书面表达。信中对坚持修改条约的大隈等人进行责难，伊藤提出在这样的执政之下，对已经习惯了一直以来的专制体制的人民进行引导，使之成为立宪体制下的文明的人民是难以实现的，他最后阐述了万物变化的世界观。

虽然不得不说有杀鸡用牛刀之嫌，但可以想见伊藤痛恨至极，甚至写明自己的世界观。正如上文言明的那样，天地万物均不断变化。世界虽然最终存在于一定的秩序之中，而其中没有一刻停止变化。这就是伊藤认知这个世界的样子。

所谓政治秩序也不可能例外。这种情形对政治指导来说，重要的是不违抗这种变化的潮流，另一方面要引导这种变化，使之遵循一定的秩序。换言之，为了使这个潮流不变化为激流，而滚滚地流入立宪政治，需要在路途中培育草木的蓓蕾，假以时日将国民培养为立宪政体的中坚力量。在

此借用前面引用的话，成为“爱言论自由，爱议事公开，或具有宽容反对自己意见的精神”的人。

1889年（明治二十二年）《大日本帝国宪法》颁布，它赋予了明治日本以立宪国家的外观，然而，这于伊藤来说并非终点。这正是他实现立宪政治漫长道路的起点。实际上，在宪法施行后（1890年11月29日）还不到一年，他写道“国家实非一朝之构造”（1891年8月19日伊藤写给松方正义的书信，《松方文书》⑥，第442页）。挡在他面前的课题是，在宪法的框架上加入国家的构造，将其中的国民变革为立宪政治的中坚力量。

与伊东巳代治的龃龉

下面再举一个表明宪法成立前后伊藤立宪政治观的事例。1891年（明治二十四年）9月21日，伊藤在山口做了一场关于立宪政治应有状态的演讲。这个演讲的梗概被刊登在当月26日《时事新报》上，其中的内容刺激了东京府内的民党势力。这个情况由首相松方正义、心腹伊东巳代治传达给已经离开了东京的伊藤。伊东巳代治在10月4日的书信中汇报如下：

> 阁下于山口所作演讲，无疑吾甚喜拜读。时事新报所载要纲并无特别妨碍，亦无夹杂恶意，小生初得阁

下之论旨。然改进党则认为是无趣、顽抗之论，锋芒指向阁下，肆意揣摩臆断，置之不理如何，吾速速每日授意报纸和东京新报以反驳。（《伊藤文书〈塙〉》②，第 145 页）

伊藤的演说纲要登载在福泽谕吉主持的《时事新报》。据伊东所见，报道的内容虽然并无问题，但由于立宪改进党兴风作浪，他在《东京日日新闻》和《东京新报》刊登演讲的论点，进行反驳。

那么，《时事新报》的报道是怎样的呢？翻开当年的 9 月 26 日号，确实载有“伊藤伯的政谈演说”这篇报道。该报道说，伊藤以“吾国人将来之觉悟”为题面向该地的官吏及普通听众约 300 人做出如下论述。维新以后，日本开国，引进西洋之文物，构筑今日之文明，故而确立立宪政体。然而尽管如此，世间的政治家仍醉心于欧美的政党内阁，主张推翻现在的内阁，令人感叹至极。政党内阁不可行。这参照英国的历史就会清楚，只要是有心的政治家，谁都不会赞成政党内阁。今日之政党是幼稚的，其言论不负责任。结果，必须“国民联合团结起来，逐渐实现充实国力，恢复国家权力”。并且，视官吏为职员，将其误解为“人民的仆人”，这种情形真可叹。以上是《时事新报》所传达的伊藤演说的概要。

以这篇报道为契机，《邮政报告新闻》和《读卖新闻》这

些改进党派系的各报纸大肆喧嚣起来。可以想象，政党政治不可行这个论断触犯了他们的神经。这不是伊东希望的。他参与了演讲草案的写作，对于起势的民党来说，这无疑是牵制的一击。于是，他对《时事新报》的报道评论说，“并无特别妨碍”，“小生初得阁下之论旨”。

对此，伊藤如何呢？他很了解《时事新报》的报道吧。实际上，在伊藤的本意与《时事新报》的概要之间，以及在他与伊东的立宪政治观之间，存在着不容忽视的龃龉。他在给伊东的回信中感谢对方寄来的《时事新报》，同时写道，“与小生演说之主旨颇有差异”（1891 年 10 月 11 日伊藤写给伊东的书信，宪政纪念馆所藏）。那么，伊藤实际论述的是什么呢？虽然很长，我们还是看看他自己是怎样写的吧。

伊藤的真意

> 挽近世人频倡导之政党及政党内阁等之起源乃发生于英国，其历史之陈述大略如此，次之显示宪法是否有明文规定即稳定与否之基础，举例所行诸国，又，虽我宪法根据我国体，其类推之时则说明应属学问之何部，所以显示与立宪君主制体之议会政府有异同。结论乃宪法应须依遵适合立国之体，宪法既已紧依国体，君主之大权不可下移，然则政党内阁之说适合我宪法国体乎？此无需多辩，一目了然。

伊藤虽然言明政党内阁乃英国史所产，但并非如《时事新报》所写展开论述“政党内阁不可行，依据他的英国史也很明了”的论点，而是从此转向宪法的一般论，提出宪法中存在不文、明文（不成文宪法与成文宪法）的差异（伊藤将其等同视为移动、不动的差异，即宪法学上所说的软性宪法和硬性宪法的差异）。在论说日本的宪法适用于哪种类型之后，提出立宪君主制和议院内阁制的差异，宪法必须适合国体，因此天皇大权不可让，从而明确政党内阁是否适合日本的宪法及国体。

由此可见，伊藤提出日本的国体，或许是要以此封杀政党政治吧。然而，接下来他是这样表述的：

> 然于将来之变迁，余不为预言。如霸府起于镰仓，述大势不当以逆视者也，附言于我宪法条章之明文规定，乃防遏行政官吏之陷于专横，保证臣民之权利，于不假政党内阁而收宪法政治之美果，所以述之不见其难。

“非对将来之变迁做预言”，也就是说，上文所述并非对将来事态的发展进行预言。镰仓幕府曾以篡夺朝廷权力的方式发迹。所谓大势的变迁是不可违抗的。恰如政党内阁不符合国体是不可行的，因而刚才的议论是空谈，若时势如此进展，则不可逆视。

这个发言一改之前的论调，或许更能体现伊藤的真意。并且，这与前章介绍的 1889 年对皇族、华族发表的演说前后一致，即伊藤认为大势所向乃以国民为中心的政治，政党政治的兴起不可避免。

伊藤对形势如此判断，另一方面事实上他对政党政治本身却怀有矛盾的看法。在伊藤的头脑里，也输入了将政党政治相对化的思考回路。这就是前面引文末尾处表述的“宪法政治”，即立宪政治。在此，伊藤论述说，宪法上设置了制约行政官吏专横和保护国民权利的规定，因此并不特别执着于政党内阁，收获立宪政治的美果从而是可能的。虽然只提出了行政官吏，但正如 1889 年的演讲中主张的那样，所谓立宪制度之妙在于确保构成国家的所有机构不“陷入专横”。

也就是说，立宪政治是以导致君主、议会、行政这些国家机关相互协调和统一为重点的，这本来就与政党内阁是不同的。故而，“不假政党内阁亦获得宪法政治的美果，不见其难”。

然而，如上所述，伊藤将政党政治理解为历史的趋势。如此，对他而言，政治课题如下。这便是通过逐渐地培育政党政治，促进国民参加政治，谋求国民政治与立宪体制的融合，即构筑绥靖的国民国家和协作的政治体制。其具体实践是 1900 年(明治三十三年)伊藤创立立宪政友会。

2　全国游说——宪法的宣传

政党内阁的出现

1890年(明治二十三年)11月25日,第一次帝国议会召开。前一年颁布的《明治宪法》在此实施。如前一章所提到的,战后日本学界的主流在很长一段时间都评论说,这个宪法规定的议会制度受到了很大的制约,这是承认天皇强大权力的带有君权主义外表的立宪主义宪法。

然而,事实上,我们也承认战前直到昭和初期,在这个宪法下议会政治取得了稳步的发展。政党政治家成为首相的例子也从很早就有,经过1918年(大正七年)的原敬政友会内阁,1924年使加藤高明当上首相的护宪三派内阁以后,到五·一五事件(1932)的八年间,作为"宪政的常规"期,两大政党之间政权交替,这被视作英国流派议会政治的发展时期。①

在政党政治的发展中,可以说有各种各样的要素发挥着作用,其中尤为重要的是《明治宪法》上的构成。《明治宪

---

① 在这种处理《明治宪法》的方法之前的研究有鸟海靖《日本近代史讲义》,最近的成果有奈良岗聪智《战前是否存在民主政治》。这些研究成果为明治宪法下的宪政史提供了优秀的概观。

法》效仿普鲁士，对议会政治施加了种种掣肘，其中载明议会对预算的议决权。当然，事实上还规定了预算案未被议决之时，第71条执行前一年度预算，第67条基于大权扣除既定的支出必须政府同意等不可忽视的制约。另一方面，政府未经议会同意不得增加预算。在富国强兵政策下，萨长藩阀政府不断地强行增加税收和支出，为了使预算案得以通过，有时不得不对政党屈服。[①] 于是，议会政治的发展也是《明治宪法》固有的逻辑上的结果。

议会政治发展的结果是出现了政党内阁，这是开设议会制度八年后的事。1898年（明治三十一年）6月，以大隈重信为首相的第一次大隈内阁组阁。这是日本的第一个政党内阁。在这个所谓的隈板内阁中，包括大隈率领的进步党和拥戴板垣的自由党在内的在野党大联盟组成了宪政党，以此为基础，除去外相和陆、海军大臣，全体阁僚都从宪政党选拔（板垣以副首相身份就任内相）。

这个内阁的诞生原本就存在着很多偶然的方面。同年1月，伊藤组建第三任内阁，他被陷于政府内部的山县有朋率领的官僚势力以及议会的自由、进步两党的夹缝中，苦于无法掌控政局，便以上述形式结成宪政党，将政权抛给民党

① 该领域对这一点的研究始于坂野润治《明治宪法体制的确立》，尤为深入的研究有高桥秀直《通往中日甲午战争之路》、伊藤之雄《立宪国家的确立与伊藤博文》。

领袖板垣、大隈，于是，这个政党内阁实现了。这对于政党势力来说是天上掉馅饼，对藩阀政府而言可谓是明治政府"城池失守"。(《山县传》下，第 319 页)

然而，这个划时代的内阁在政党人的猎官运动之中仅存活了四个月就倒台了。接着，被提名为内阁首相的是山县有朋，由他再次组成超然主义的内阁。政党势力虽然是短期的，但在肩负政权这一点上意义很大。隈板内阁的出现宣告政党获取政权绝非是不可能的无稽之谈。原本中日甲午战争后，日本国家财政运营不可避免地要加征地租，在《明治宪法》上规定，若无议会的在野党的协助不得通过，就连厌恶政党如蛇蝎的山县首相也不得不宣告与最大在野党宪政党合作。①

策划结成政党及失败

在这种情况下，伊藤即将组成政党的传言被传得煞有介事。伊藤放弃政权后，周游韩国和中国，从政界抽身。在众人的注视下，伊藤以曾经很有人脉的宪政党内星亨派(旧自由党)及属下的官僚为主，建立一个大政党。

其实，伊藤想要创立政党，这并不是第一次。早在

① 关于以政官关系的视角重新评价隈板内阁，参照清水唯一朗《政党与官僚的近代》第二章。

1892年(明治二十五年)1月,伊藤就想以议会的政府党为基础组成政党。然而,当时未获得天皇的理解而失败。在1898年第三次内阁之时,他积极斡旋组成政党,却遭到山县有朋的反对,无果而终。

此时,就伊藤新党问题在6月24日召开御前会议,山县对伊藤批评说:"阁下的政党组织遂开政党内阁之端,然政党内阁制反我国体,悖钦定宪法之精神,必堕入民主政治。"伊藤反驳道:"政党内阁可否之论抑仅枝叶末节,要点在于考察是否有益于皇国之发展。"(《伊藤传》下,第377页以后)他觉得未得到广泛的赞同,不久便上奏天皇,请辞首相,并推荐政党领导人大隈和板垣为下任首相,然后下野。伊藤离开政府,自然被看作是要专心致志地创立自己的政党。

在旁人轻视的目光下,伊藤如上所述,辞职后从1898年8月至10月到中、韩两国旅游,又于次年4月至10月期间断断续续地游走日本各地,进行游说旅行。在此,我想聚焦在伊藤后者的游说。这个时期被视作明治宪政史上的一个大转折点。伊藤要对国民说些什么呢?首先让我们来追寻伊藤的足迹吧。

赴长野、西日本的游说

1899年(明治三十二年)4月9日,伊藤从东京出发奔

赴长野轻井泽，以此作为此后长达半年之久的游说的开端。一行共计十八人，其中包括尾崎三良、大冈育造等人，还有《东京日日新闻》记者，发行当时代表性的综合杂志《太阳》的博文馆职员也一并同行。

从东京出发的第二天10日，伊藤进入长野市，滞留至12日，13日返京。在仅五天的旅程中，他进行了三次演讲。演讲可谓盛况。随行的尾崎在日记中进行了如下描述。在伊藤乘坐的列车途经的各站，以郡长、村长为首的志同道合者均敬礼，目送其通过；在他抵达车站的站台，当地的名士列队迎接，各家各户挂着国旗和灯笼，有时还燃放烟花。人们为了一睹伊藤而涌至沿途，宛如周围布置了层层围墙。（《尾崎三良日记》下，第201页）

访问长野仅有短短的五天，却令伊藤产生一击命中的感觉了吧。这次对于伊藤来说，具有更正式的游说演讲的前哨战的意义。回京后不到一个月，伊藤又远赴西日本进行历时一个多月的巡游。其行程如下：

5月　8日出发前往关西、九州地区游说

10日参拜四条畷神社。在河内有志者说明会讲演

11日抵神户

12日抵马关（下关）

13日在马关实业家邀请会讲演

14 日抵别府

15 日在大分县官民联合欢迎会及大分丰国同志俱乐部讲演

16 日在别府欢迎会讲演

17 日抵中津。在中津町欢迎会讲演

18 日入福冈县。经宇岛抵行桥。在宇岛、行桥的欢迎会讲演

19 日抵久留米。在欢迎会讲演

20 日抵福冈市。在欢迎会讲演

21 日在小仓、门司的欢迎会讲演。返马关

22 日抵长府。在功山寺讲演

25 日乘船视察若松筑港工程，当日返马关。因行程过密，身体不支

29 日拖着不适的身体从马关出发，经德山抵三田尻

30 日在三田尻欢迎会讲演。抵山口。在山口县官民联合欢迎会讲演

31 日在山口寻常中学、山口欢迎会讲演

6 月　1 日抵萩

2 日在萩町欢迎会讲演

4 日离萩

5 日返抵山口。患感冒

9 日身体康复，离开山口。经德山、生地柳井津的讲演会，抵严岛

10 日在严岛欢迎会讲演

11 日抵广岛。在欢迎会讲演

12 日抵神户

16 日返回大矶途中，在名古屋的爱知县官民联和欢迎会讲演

在长达 40 天的旅程中，伊藤每到一地几乎只住一宿便不断地向下一个地点移动，他在沿途各地进行讲演，更有甚者在旅途的途中临时下车奔赴演讲会，结束后立即赶往下一个目的地。由于日程过于密集，在旅程的后半段伊藤身体累垮，但最终他仍完成了 22 次讲演。

伊藤来访久留米时留下的题字

（书法家伊藤在到访各地应请求留有墨宝，萃香园所藏）

游说和媒体战略

伊藤 6 月中旬回京后也还在寻求游说的机会。7 月 16 日他受宇都宫的实业家们邀请,奔赴那里,他同时还策划在即将到来的 8 月去北陆巡游。

实际上伊藤踏上北陆之旅是到了 10 月才开始的。现将北陆游说的旅程记录如下:

10 月 14 日向北陆出发

15 日从名古屋进入福井

16 日参观羽二重机业工厂。在福井市欢迎会演说

17 日从福井进入三国。在欢迎会演说

18 日从三国出发去金泽。在小松中途下车,在本觉寺讲演。同日抵金泽

19 日在金泽县会议事堂演讲

20 日参观羽二重工厂。在第四高中、金城学友会讲演。赴七尾

21 日在七尾召开报告会。视察港湾。从当地出发抵高冈。宪政党员召开欢迎会

22 日视察富山县工艺学校。在伏木町视察港湾。返高冈,在圣安寺召开报告会

23 日离开高冈，在富山召开报告会。赴福井

24 日参拜永平寺

25 日从福井出发，踏上返京之途

这次，伊藤在 12 天里到 8 个地方进行了共计 10 次讲演，可谓强行军。在组建政友会的前一年，伊藤像着了魔似的奔赴日本各地进行演说，他仿佛是要向国民诉说些什么。

的确，伊藤在此次游说上寄托了明确的信息。这从他的行军伴随着媒体战略可以看出。前面提到 4 月的长野之行中，《东京日日新闻》（以下《日日》）的记者等媒体相关者随行。在伊藤后来的漫游中，也一直有《日日》记者同行。伊藤的旅途上有记者在旁陪同，他一路大放厥词，这种热闹的场景令一部分政界颦蹙，①他自己却满不在乎地带着记者到各地方游说。

通过这些随行记者，伊藤在途中的举手投足很快地被传往东京，成为新闻，在坊间流传。这样一来，读者逐日了解他的动静。《日日》之前也报道过伊藤的游历，登载过他在地方的演说。然而，此次报道引人注目的是，以“伊藤侯游西录”“伊侯北征记”为题细致地连载随行记，将其旅途中的言行统统传达给读者。

---

① 7 月土方久元去宇都宫，在路上与伊藤同乘一车，他目睹伊藤在记者们面前公然批评田中光显宫相而蹙眉。（《保古飞吕比》第 330 页）

被传达的不仅仅是伊藤的足迹。伊藤在各地进行的演讲也逐个被登载在《日日》报纸上，供读者阅览。6月从九州返回后，伊藤在给山县有朋的信中说："日前各地漫游，所到之处于多数群集之前，陈述平素蕴蓄之愚见，登载于报刊，请您务必一览。"（6月29日伊藤写给山县的书信，《山县文书》①，第126页）从此可以看出，伊藤希望让尽可能多的人看到自己在各地所做讲话的强烈愿望。与其说他的游说希望得到地方选民的支持和欢心，倒不如说他企图通过报纸这个媒介，将自己的信念直接间接地渗透到尽可能广泛的国民层中。伊藤的演讲刊登在报纸上之后，又结成了《伊藤侯演说集》，分发给《日日》的订阅者。这可以推测出伊藤希望游说的内容不是暂时地，而是持续地留在国民的头脑里。

游说的目的——立宪国民的启蒙

那么，伊藤运用这种媒体战略，想要主张什么呢？一般认为，此番游说是次年伊藤组成立宪政友会的准备工作。就是说，他为了创立能够肩负政权的责任政党，以掌握民心的事前准备为目的而进行游说活动。

的确，不可否认伊藤曾谋求这样的效果吧。然而，细读伊藤此时的讲演录，就不会认为他周游整个日本，想要向人们讲述的初衷仅限于这些。倒不如说，伊藤这时想要将日

本国民作为立宪国家之民进行启蒙。

说起来1899年(明治三十二年),正值宪法颁布10周年。在纪念会上,伊藤说:迄今为止的10年是宪法的“试验”时期,他总结其间结果为“甚好”。(《演说集》①,第18—19页)下面我们听听他的理由:

> 其证据在于宪法颁布当时即明治二十二、二十三年的国家状态与今日状态变化很大。宪法颁布当时,人民的负担不过8千万日元,今日实比之加倍。人民如斯,得以享有政权、参与大政,与此同时此人民对国家尽何等义务呢?纵令财力增进与否,虽不知是否有人议论财政膨胀至此亦当然,遂遣己之代表令其辅佐之。须见其与压制之下者大不同。以此观之,此试验之岁月诚可谓经过适宜。(《演说集》①,第13页)

伊藤说在宪法施行后,总算实现了国民参加政治,这是对目前为止持续之事的赞誉。这10年间国家的财政仍膨胀,这虽然意味着增加了国民的负担,而国家就此政策向国民的代表征求意见,这与压制政治根本上大不相同。

原本这条道路并非平坦。可以说首个非西方世界的议会制的开始,经历多次宪法解散危机而坚持下来,这是实情。然而,正如伊藤强调的那样,议会制构筑了坚固的地位,如今这是谁都不能否定的。特别是以议会为基础的政

党势力的发展，如今已是既定的事实。

现在这个试验期结束了，作为下一个阶段，日本面临着真正启动立宪制的新课题。这是伊藤意识到的地方吧。为此，他在各地直接对人们呼吁，唤醒他们身为立宪国民的意识，这是这些游说中所蕴含的伊藤的意图，这个形象应该被称作宛如宪法的传教士。伊藤的确是为了立宪国家的宣传而去巡回演讲(宪法宣传)。下面我们来听听他自己讲话中的这份热情：

> 就所谓宪法而言，继先辈之遗志而今上皇帝的敕令之下吾被遣至欧罗巴，调查之归来，奉其草案，成钦定宪法，颁布之，故吾负有与此宪法共生死之无限责任。故就此宪法，无论来如何学者，出如何政党，于其不屈之所吾将不屈。(《演说集》①，第169—170页)

3 修改条约与加入文明国家

“国土开放”的积极评价

如上所述，1898年(明治三十一年)这一年，藩阀政府失陷，在政党内阁诞生的意义上，可以说是明治宪政史上的一大转机。伊藤也强烈地意识到这个划时代性。其实，他面对转换期的危机意识不仅仅是面向国内的。

另一方面，从国际关系的角度，这个时候也迎来了巨大的转折。1899年7月，对以前在陆光奥宗外相任期内妥协的不平等条约进行了修改，实现了废除日本治外法权及恢复一部分关税自主权。随之，到那时为止的居留地制度也废除了，日本国内变成向外国人完全开放。这就是所谓内地杂居的开始，于是幕末以来的开国进程名副其实地实现了。

伊藤重视的是这一点。在游说中，他再次宣讲修改条约实施后国民的思想准备。伊藤说，由于这次修改条约日本将"遭遇开辟以来未曾遇到的形势"，即神武天皇即位以来首次"放开与外国的交际与全世界的人交往"。(《演说集》②，第255页)伊藤认为修改条约是，原本从世界的动态中孤立出来的岛国日本亲身加入这个动态中的历史性壮举。

这件事有双重意义。一是作为开放国家的日本真正地加入世界市场，将深入地展开人、物、钱以及"知识"的交流。这将引发西洋各国对日本经济的侵略，当时出现了对新条约的激烈抗拒。对此，伊藤则表明期待通过国土的开放促进日本经济的发展：

> 欧美诸国不仅是资本富饶之国，且富于知识，富于经验，来日本与日本人协同创立事业抑或他们独立创立事业，若其独立创立事业，见他们所作所为，我国人

必与之竞争，而其竞争之结果，推进日本工商业之进步，又目睹其经验，由此大有裨益。（《演说集》②，第181—182页）

幕末以来的西洋通伊藤大概对所谓文明很信赖，对维新以后日本的国力很自信吧。故而，他强调进一步开国所带来的外国先进技术和知识的流入将促进日本经济发展这个积极的侧面。

伊藤忧虑的倒是以下的事情。完成开国是说日本将比以往更加暴露于世界的眼中，日本即将不得不"以大国的胸襟"与世界相向。反过来说，作为新加入的文明国，日本也会常常被衡量其水平。如上所述，受到内地杂居及随之而来的外国人在日本国内经济活动自由化的影响，担心日本的不动产和资本被掠夺的呼声高涨，还屡次发生排外的言行。伊藤巡游的另一个目的，即稳定这种内地杂居的社会不安。与此相关，下面介绍他关于爱国心的思考。

何谓"文明国"

这个时期，由于排外热潮高涨，据说"爱国心"成了流行语。对于这个潮流，伊藤警告说："特别强调爱国心爱国心，忘记外部的工作，搞爱国心的振奋等等，真的是学者的偏见。"（《演说集》③，第47页）他认为，煽动爱国心的是忘却

"事实"而热衷于虚学的"学者"型政论家的行径。然而,"所谓真正的爱国心呀勇气呀,并非那种耸起肩膀怒目而视之物"。(《演说集》③,第123页)真正的爱国心是使国家富饶的实用性的意义。

> 若不赖于富,人民之文化无法进步。爱国心的发达亦出于是。虽云护国,于护赤土之所无任何作用。(《日日》1899年11月15日)

伊藤不是观念上的国家主义,而是希望致力于扎根在实际生活的经济活动。那时,伊藤的头脑中是日本必须是文明国家的意识。例如,他说道:

> 于实行修改条约之上,未能顺利推行之,即足以证明日本之文明于所谓社会的观念上是否进步。若此停滞,进展不顺,则日本必须再次面临从文明之伍脱离的危险。(《演说集》②,第220页)

如此,伊藤不停地追求的首先是成为与国际社会为伍的文明国。与此相契合的政治体制和国民的意识改革才是伊藤首要谋求的。那么,此时所谓文明国被看作怎样的东西呢?我们请伊藤自己说说:

> 文明的政治即人民的智能发达,且在一定秩序的范围内人民当获得应享有的权利,由此将其统合的则

必当为文明的国家。(《演说集》①,第151页)

由知识水准很高且权利获保障的人民构成的国家,这叫作文明国。伊藤说,作为文明国的必要条件,尤为重要的是有知识开化的国民。国民智力、学力的提高才是国力的基础,这让人想起在宪法颁布后不久他在皇族和华族面前进行的演讲。政治必须是以国民为中心的,这是伊藤不变的政治观。

议会制度——"文明国"的实现

另一方面,正如上述引用中判断的那样,国家必须统合这样的国民,规定秩序。然而,这不同于过去统治愚昧的民众。所谓文明国的政治,因让国民表明意见而成立,而非"昔时向人民隐瞒"的情形。这也是1889年(明治二十二年)伊藤暗中对皇族等国家的上层阶级主张的,如今他将这些公开地发表如下。

的确,给予受教育开蒙的文明之民以表达的自由,这从支配的观点来看是不妥的。因为这意味着给予他们批评本国政府的自由。这种情况下,并非政府盛气凌人地处置就能解决事情。若要保持秩序,需要权力一方也有秩序。为此,该如何做才好呢?这要求国民"以一定的宪法或法律彰显大法,据此在其范围内活动"。如此,要求文明国必然是法治国家。

凡治国须有一定的组织方法，所谓文明之政治，人民各得其当获得之权利，又当尽其应尽之义务，进而以法律治之。称之为法治国。若非此法治国之支配，绝不可言文明之政治。(《演说集》②，第26—27页)

国民的权利由法律保障，同时确定其范围的国家，统治也基于法律进行的法治主义国家，这是文明国的另一个必要条件。这里表现的是保障国民一定的自由的政治活动，以此使现有统治权力合法化，换言之，这或许可以理解为不过是藩阀政府对国民驯化和统合的逻辑。然而，伊藤进一步做出如下的论述，倡导以有文化的国民为基础的政治。引用很长，我想仔细品味他的话。

教育的力量很了不起，〔中略〕可以解释为依靠教育的力量则天下的事物没有通晓不了的，通晓天下之事物便清楚政治之得失。又教授之乃教育之目的。知之必唱之于口，此乃自然之结果。然有异于专制的政治，与所谓“民可使由之，不可使知之”的手段方法截然不同，使知之、使言之乃必自存秩序。然云依如何方法定秩序，观恰好如欧罗巴诸国及亚米利亚文明的先进国家之历史并其形势，彼开所谓议会议国政之得失。所谓是非得失之论，乃无缓慢附之归结之所，虽众说纷纭，喧嚣论争，亦需一定之所。即国民之意思，国民之

> 观念，依所谓议会这一机关发表之，此乃宪法政治的一个要素，故而宪法政治作为文明的政治一词的代表很恰当。(《演说集》③，第 11—12 页)

所谓文明的政治，被认为是以国民为主体的政治。并且它是以议会制度为前提的。即规定在议会这个场所，将国民的政治的想法编纂为公论，将其反映在国政上，这是文明的政治的手续。这种议会中心的政治正是“宪法政治的一个要素”，因此，“宪法政治是所谓文明的政治的代表”。文明国、议会制、宪法——伊藤将它们理解为三位一体之关系，其中，作为起点的是宪法。

> 至颁布宪法的政治，日本国民始获正确之国民地位。即近代所称文明的政治。所谓文明的政治若无文明之民则不得产生，乃获得文明之民地位之故。(《演说集》②，第 264 页)

因颁布宪法，日本人才获得了作为文明之民参加政治的资格。这种作为文明之民的国民以议会为根基，能够有秩序地参与政治之时，实现了文明国，也即将实现下面的固定化。所谓文明国，应该由软件上的国民政治和硬件上的立宪制度两者构成。

4　灌输国民政治

欲使国民做政治主体

正如前面论述的那样，在1899年（明治三十二年）的全国巡游中，除了常常被指出的作为形成政党准备作业的一环，还蕴含着深意。该详细论证我想在下一章进行。在此我想指出的是，仔细探讨伊藤留下的演讲，其中浮现出来的，与其说是开创一个政党的计划，毋宁说企图重新塑造立宪政治，应该称之为更根本性的国家构想。①

伊藤的国家构想，如上所述，是具备立宪制度的文明国家，而作为使其发挥作用的社会氛围，他倡导的是国民政治。在宪法颁布时他对国家的上流阶层在私下里所说的话，此时他开始面向全社会讲述。

> 封建时代的日本国民与政治毫无干系，唯唯诺诺受支配于人，即便当时想要了解政治如何进行，亦唯自己的主上相关，其他无从获知。然今日，即便与自己的主上不相关之事亦必须了解，且已成为有知情权利的

① 这一点，佐佐木隆曾敏锐地在"人民的'国民'化""'国民的国家'的形成"方面探讨伊藤游说的目的（《明治人的力量》，第17—18页）。可是佐佐木氏并未详细论述"国民"和"国家"的内涵。

人民。既然成为这样的人民，即有权利参与国家之事，以如此方法行事称作文明的政治，称作文明的人民。（《演说集》②，第159—160页）

政治必须是以国民为中心的。上述论证，是宪法制定以来伊藤反复提出的一贯主张。然而，就像上面引用的那样，现在他开始倡导国民才应该是政治的主体。“须唤起国民肩负国家的观念。”（《日日》1899年10月19日）他开始直接向国民呼吁这个信条。

伊藤阐明“无论从事各种事业之何者，无不与政治相关联”。（《演说集》②，第265页）他认为，所谓文明之世，乃政治浸透到人们一切社会活动的世界。这个世界是这样的，在人们进行的事业背后有国家控制，必要的话国家将推动这些事业。基于这种认识，伊藤期望国民在政治领域不仅限于客体，而是作为主体登场。他在这个时期，通过修改众议院议员选举法扩大选民阶层，又通过提高所得税比重的税制改革，试图将广大国民层向纳税者转换。[①] 有人指出，

---

① 1899年的增税提高了所得税率，还重新讨论了此前的法人非课税。此后，所得税在财政收入中所占的比重增加。可以说，这是为了改变过去地租中心的税收体系（由对土地征税转变为对所得征税）之举（税务大学校研究部编《税务署的创设和税务行政的100年》，第46页）。下章将论述伊藤忙于政友会实业家的策略，可以理解为伊藤向他们植入纳税者意识及增强他们对国家的责任和义务的意识。

这是对都市的商工业者进行政治的动员，使日本蜕变为资本主义国家的政策。

然而，我们不应忽视伊藤一贯将这个政策作为通往“文明的政治”的阶梯。他并非仅仅主张都市资产阶级参加政治，而是提出“文明”的理念，始终开展更加普遍的政治哲学。再次重申，这个哲学是将国民确立为政治主体的。

> 文明的人民不仅通民间之事，亦须知政府之事，知政府之事而亦须知政府为何事向人民征税，其所征之金如何。(《演说集》②，第 160—161 页)

由于国民向国家纳税，因此起到监督、引导国家统治的作用，从这一意义来看，伊藤博文想构建的是国民国家。原本，这个国民具有一定的必要条件。其一是财力，其二是智力。伊藤说这两个力是国力的根基。他在 1889 年对皇族华族的演说中也倡导过国民的开化才是国力之源，他下面的言论与其如出一辙：

> 国民之力即国力是如何之物，人民之资力、人民之脑力，此二者必须进步。此二者之进步，一为无形之进步，一为有形之进步，此有形之进步与无形之进步互相结合，才开始国家之发展。故所谓无形之进步乃谓教育之发达，所谓有形之进步即实业日益进步。(《演说集》③，第 183 页)

在此，扶助国民之力的，他列举了实业和教育。其中，尤以教育为基础。因为由此实业兴起，带来立宪政治的发展。形成这样参与政治的国民，不仅需要财产，尤其被强调的是教育。伊藤游说的更大的目的是向国民唤起教育的重要性。其中隐藏着他心中描绘的理想政治的样子。以下我们将探讨这一点。

5 以实学创造国民

非政治的教育主张

伊藤说“欲振兴一国，需要国民之教育”。在伊藤倡导教育的背后，有提高国民政治意识的含义。

> 专制的政治多涉及大量秘密，乃所谓孔子曰可由之不可知之的方法，宪法的政治则为令国民知晓政治的利害得失的方法。而知之与不知，与其教育如何有关。素来教育令其一朝进步绝非容易，然渐渐令其为子弟而就学，伴随教育之进步，又伴随时势之变迁，解释宪法政治之方法渐渐积累经验，政治之事皆必将变得易懂。（《演说集》②，第 265 页）

这又令人想起他曾经面向皇族、华族所作的演说。在演说中，接受教育、走向开化的国民被认为是能够理解“已

国家为何物，己政治为何物，他国政治为何物，他国国力为何物，他国兵力为何物”的。对待这样的国民，“无法禁其言而治一国”。并非如此，对受过教育的国民，“令其知晓政治的利害得失”，吸取其政治的公论并讨论之是十分重要的。以此为目的的论坛正是议会。

此中问题是教育的内涵。伊藤想通过教育创造出怎样的国民呢？那是专注于政治的古典、古代的城邦公民吗？其回答是否定的。

这个是反论，对伊藤而言，教育必须是非政治的。首先最为重要的是，应该将国民培养为致力于实业的专门职业人。伊藤说，“今日之学问皆实学”。（《演说集》③，第 40 页）所谓实学，具体的是什么呢？其意义有几条，首先是非政治性。在学问的名义下，伊藤主张排斥政谈。这在前一章提到的 1879 年（明治十二年）的“教育议”中也有记载。其中，他提倡发展实用的科学，“暗消”“政谈之徒”。再次引用原文如下：

> 训导高等学生，宜劝进科学，非诱其政谈。政谈之徒过多，非国民之幸福。据今之势，士人年少稍有才气者竞相成为政谈之徒。〔中略〕今矫正其弊，宜推广工艺技术百科之学，子弟者欲就高等之学者，应专期实用，精微密察，积久岁月，专一志向，而消除浮薄激昂之习。盖科学实乃与政谈相消长者。（《伊藤传》中，第153—154 页）

批判汉学者——为了科学的教育

在1899年，这个论题被反复论述。与以往不同的是抵制的对象。在“教育议”中，它是在私立学校中再生产的自由民权派的运动家；二十年后成为批判对象的是如上所述的大肆宣扬爱国心的国家主义之徒。伊藤认为，煽动它的是依据汉学等的国体论者。

伊藤认为，汉学者“无论是什么，只要不是专制的东西，他们都认为不适合日本的国体”，这是由“他们的眼界狭小，又不能理解古今之政治及其实体”所至的谬论，是对“普天之下，莫非王土；率土之滨，莫非王臣”这句古语的误解，他如是说：

> 主旨乃非与王土王臣无些许关系，然宪法政治与专制政治不同，他人之物为他人之物，若他人之物为人所夺时则如何，云决不令此等乱暴之事发生，即所谓法律之下保护生命财产者也。若非如此，必言较之专制毋宁为暴政也。（《演说集》①，第174—175页）

伊藤认为不理解立宪政治为何物的汉学之流不过“虚学”而已，而严厉拒绝。

> 昔之学问十之八九为虚学，仅为研讨而付诸应用之物，故今后诸君如今日所学，宜作可事实应用于一方

> 之学问，又将读中国之书籍作为文学的手段，然仅以中国之学问殆可应用于事实之事少有。（《演说集》③，第40页）

伊藤原本是常常与国家主义保持距离的政治家。他认为提倡反对修改条约实施的人大多基于汉学等传统主义要弄政谈，提倡遵照20年前“教育议”的精神，通过“科学”的教育来消除它。

称赞经验主义

实学的第二个意义，如上一段引用所示，是应该被“应用于事实”方面。伊藤认为，所谓学问，作为实学需要立足于事实。可以看出，这样的学问观与英美派的经验论、实用主义是相通的。实际上，伊藤没有隐藏他对英国经验主义的共鸣。

> 若想研究看看叫作骆驼的动物是如何生活的，据说法国人会直接前往动物园。动物园里饲养着骆驼，但是如果说骆驼是如何生活的，在动物园里可看不到。那里不是骆驼生活的地方。然后说说德国人是如何做的，他们在一个房间中闭门不出根据书籍研究骆驼的生活规律。然英国人是如何做的呢？他们立即到埃及骆驼生活的地方，亲自观察并研究骆驼是如此生活的。

> 此诚乃浅薄的比喻，然欲令日本国进步，只有如此根据实地的应用才不会居于人后。（《演说集》①，第157—158页）

学问被断定为“不过手段而已”，它是人们出世的“阶梯”。乍一看这是将学问贬损为功利主义的措辞，但在此我们要努力把握其中隐含的伊藤传达的信息。为此，有必要回顾伊藤的成长经历。

农民家庭出生的他能够功成名就无疑是拜教育所赐。伊藤与来原良藏和吉田松阴相遇，以英学为志而偷渡，他在幕末之世拥有旺盛的求知欲，他广泛地了解世界，进而登上出世的阶梯。知识于他而言，是令他克服身份制度的东西。并且使他能够脱离攘夷主义这个狭隘的国家主义。

综合如上这些来由考虑的话，他将学问作为手段的言说所指的东西可以做如下说明。伊藤对照自己的经历，他的理想是每个人通过学问获得知识，由此他们作为个人自立起来，不受身份等社会围栏的束缚而处世。因此，人们需要在实际社会中活用知识。说起来，知识作为连接个人与社会的媒体存在着。通过知识，个人实现自我，在社会中活动，进而推动社会，甚至可以改变社会。所谓“实学”中包含的信息，是每个人能够通过知识使各自的社会性充分地开花，确立自我的东西。

使政策知识走向现实政治——议会和政党

下面总结本章的论述。1899 年伊藤到日本各地巡回演讲。在演讲中，伊藤想向国民主张的是，"文明之民"主导的国民政治。

伊藤呼吁的"文明之民"是一次性被非政治化的经济人，是不沉迷于政谈、每日忙于经济活动的人。然而，另一方面伊藤又企图重新动员这些人参与政治。伊藤主张"从事各种事业的人，无论谁都无法与政治脱离关系"，经济人为了实现作为经济人的本分，一定的政治性是不可缺少的。这个逻辑可以做如下说明。每个国民平时应专心于自己的职业，另一方面为了具备这种条件，需要参加政治。也就是说，如果有阻碍自己的经济活动，或反之促进自己的经济活动发展的政治因素存在，应为了消除或实现它而参与制定政策。

可以看出，伊藤期待在专业知识应用于实际过程中，涌现出对国家经济发展有益的政治见解，他想要构建能够将政策知识反映于现实政治、形成国家意思的体系。议会是以此为目的政治论坛，立宪政友会作为向议会吸取政策见解的渠道的政党而成立。下一章将考察创立政友会的具体经过，从而论证这一点。

第四章 知识团体
——立宪政友会

1 走向立宪政友会之路——向政党政治家转身?

政友会成立及学界对伊藤的评价

1900年(明治三十三年)9月,以伊藤博文为首任总裁的立宪政友会成立。这是日本首个具有政权运动能力的责任政党,为此它的诞生被大书特书。

原本提出超然主义的元老伊藤转而亲自出面组建政党,这是明治政治史上屈指可数的重要转折点之一。一直以来对于政友会结党的划时代性并不存在异议,尽管如此,关于其中伊藤的作用是否作积极评价却很难说。一般来

说，依据伊藤在《明治宪法》制定时的发言可以断定他是否定政党内阁的超然主义者。若基于此种考虑，必然得出结论，创立立宪政友会并非伊藤的本意，是“不得已之结果”。

对伊藤的这种印象，可以说在历史学家中间是广泛的共识。进一步说，关于政友会的成立及其运营，学界很少有重视伊藤的作用的——“在政友会内，事实上的中心是旧宪政党派系，特别是手握实权的星亨”（三谷太一郎），“努力把伊藤与宪政党结合起来的是伊东（巳代治）”（升味准之辅）——更倾向于确立星亨、伊东巳代治为政友会成立的主要角色。长尾龙一曾指出《明治宪法》的制定是伊藤的功绩，这遭到历史学家的轻蔑，他们认为这是被伊藤表面的花哨行动所迷惑的门外汉见解，这些本书前面已经介绍过了。正如《明治宪法》的真正起草者被认作是井上毅一样，在专业人士看来，政友会的真正设计者是星亨，是伊东巳代治。

也就是说，于伊藤而言，政友会绝非出自他自己政治信条的嫡子，反而是撕破他自己在明治二十年代意图构筑的政治体制的、不像亲爹的孩子。实际上，很多历史学家考察结党后不久的第四次伊藤内阁的内讧与瓦解、总裁伊藤在政友会草创期运营党的挫败以及1903年伊藤辞任总裁，认为政友会的创立是伊藤在政治上没落的开始。而着眼于伊藤在创立政友会中的领导力的研究虽然并不是完全没有，但那只是极少数的，该视角以及问题意识并没有得到长期

的继承和深化。①

与这些一般说法相反，近年来致力于对伊藤进行重新评价的伊藤之雄著有论说。伊藤之雄认为伊藤结成政友会是“将 1880 年代后半期经过改革、整顿的日本行政、官僚制度大幅修正为适应 1900 年前后经过产业革命的新情况的形式”(《立宪国家与日俄战争》，第 26 页)这一构想的表现。也就是说，伊藤鉴于宪法实施后地方名望人士政治意识的提高、工商业者社会影响力的增加，而意图促进他们参加政治，实现立宪政治。为此建立政党，不仅是筹划宪政上的一大革新，应定位为内政全面改革事业，它带动了国家机关制度革新的行政改革。并且，伊藤由于尤为重视这个内政改革所带来的国力的充实，所以在外交方面回避对大陆政策的过分干预，为以日俄协商为主的与列强的协商对策绞尽脑汁。

伊藤之雄的研究解读了在组建政友会中贯穿内政外交的国家构想和战略，修正了此前诸多被视作情景主义(situationisme)的、见风使舵的伊藤形象，勾画出了他具有坚定信念的政治家形象，这一点是划时代的。本章受伊藤之雄这一政治史研究业绩的触发，从另外的视角即着眼于

---

① 例如乔治·秋田、小山博也、本山幸彦等人的研究。这些研究提出伊藤并非是与政党势力妥协的、怀柔的、变节的超然主义者，认为他无疑是政党政治家的形象，这些研究都对普遍的观点提出先驱性异议。

伊藤的思想，再次讨论伊藤创立政友会问题。正如前一章得出的结论，自 1899 年伊藤通过在日本各地游说等方式对国民进行直接的政治的教化，这是自宪法起草时他欲令日本作为立宪国家自立的深谋远略的结果。伊藤在 1880 年代构筑了立宪国家的框架，他想向其中注入这个时期支撑立宪体制的国民的精神。以下将论述在这种尝试中，伊藤将政友会构想为什么样子？其现实又如何呢？

2　与政党政治的距离

政党政治家的东奔西走

在 1899 年（明治三十二年）这一年里步入游说活动的不只伊藤一人。以宪政党的坂垣退助、宪政本党的大隈重信等头目为首的政党人物这一时期决然地大规模进行地方游说。这一年的 9 月即将进行全国府县会议员的选举，为此，主要的政党政治家纷纷东奔西走。说起来，这次选举是同年 3 月的府县制、郡制修改后进行的初次选举。修改府县制后，府县会议员的选举一改以往以复选制进行间接选举而引入直接选举。如此一来，各党更加直接地响应民意，号召人们支持各自政党。某个媒体形容其情形“视县会议员选举恰如视国会议员选举”，报道过于激烈的选举运动说：“今中央政党公然干涉县会议员选举，利用总部之强力

于地方竞争，皆图谋扩张党势在此一举。”(《国民之友》第 5 卷 22 号，第 63—64 页)

被讽刺进行全国游说的政治家们

(右起板垣退助、伊藤、大隈重信，《时事新报》1899 年 5 月 24 日)

隈板内阁本来就由于前一年 10 月执政党宪政党内的自由派与进步派(宪政本党)的内乱而瓦解，民党相互的斗争极为猖獗。加上这方面的原因，政党政治家们竞相到地方游说，为扩大政党势力而激烈交锋。《时事新报》揶揄此种情形，将伊藤、板垣、大隈等人旅行的样子绘成漫画，讽刺地画着伊藤捧着金杯念佛，板垣坐在马屁股上，大隈抱着法螺。

大隈重信和星亨的游说

当时白热化的选举活动可从宪政本党的大隈重信与宪政党的星亨这两位既有政党的重要人物的动向略见一斑。

首先是大隈。他与伊藤相继去游说，目的地是东北地区。大隈 4 月 16 日在福岛，18 日到仙台，在两地举行减租期成同盟大联谊会，鼓足气势。特别是在仙台，他在一日之内出席 5 次聚会，进行 4 次演说（“大隈伯之仙台行”，《每日新闻》1899 年 4 月 21 日）。《大隈侯八十五年史》表述说：“君之仙台行作为遭难后君的政治性的旅行，乃最初的一次。君自称此为‘遭难后之初阵’。”（②，第 338 页）大隈将此番游说视作 1889 年反对修改条约运动中遭受炸弹暴恐（此时大隈丧失了一条腿）以来的第一次冲锋陷阵，从这个记述中不仅可以看出他自身的热情，也可以看出前面所说的政党间的紧张气氛。

实际上，大隈进入仙台被形容为“政权争夺战”。同月 6 日，星亨比大隈早一步来到仙台。东北之地原本与北陆一并为宪政本党的地盘。宪政党的领袖星亨来仙台的目的自然是分裂宪政本党的势力（参照有泉贞夫《星亨》，第 267 页）。大隈是为了阻止星亨的这种策略，而去仙台巩固地盘的。当时某报纸说：“自进两派旗鼓相当，东北之政战盖近时甚壮观。”（“东北之政战”，《每日新闻》1899 年 4 月 1 日）此后，大隈于接下来的 5 月末奔赴关西，同样以非增租的运动大会为主施展雄辩，努力获取本党的支持。

下面我们来追寻大隈的政敌星亨的足迹。他结束了在东北的活动之后，于 6 月下旬进入北陆，毋庸置疑是瞄准了

宪政本党的另一个基地，也是针对企图结成新党的国民协会将宪政党拉下台的攻势的防御。国民协会的头目之中，有不少与北陆有关系的人物，该会主要集中精力对这一地区的势力进行扶植。（《石川县史》④，第 482 页）同时，国民协会于接下来的 7 月在自己的选举区宇都宫举行了宪政党的集会。当时受到邀请的是伊藤。伊藤所做的演讲被当作宇都宫实业家招待会，实际上是星亨为了振兴当地的势力而抬出伊藤、板垣等政界巨头所做的准备。《读卖新闻》指出了星亨的这个策略——“此乃倾尽财力与武力进行竞争的决心。”（1899 年 7 月 14 日）

伊藤不同性质的游说

所谓“财力与武力”，是当时政党对抗白热化的暗语。“财力”是政党对地方的利益诱导。星亨在这一点上经常被论说是抢占了先机。在宇都宫的大会之后，星亨巡回北海道，于 7 月末再次来到东北，有观察家说星亨为了庄内地区的实业家而将奥羽官线铁道向酒田延长的话题作为伴手礼带到了山形。（《每日新闻》1899 年 7 月 29 日）财力是政党势力向地方渗透的重要工具。

另一方面，激烈的政治斗争还引发了暴力的横行。7 月 29 日结束北海道游说进入青森的星亨遭到暴徒袭击。不仅是星亨，以游说的政党领袖为目标的暴力事件在这个

阶段频发。“近有三浦子(梧楼)为自宪派于北越受伤。今星氏为进宪派遇袭。今日之政界成为财力与武力之世。正义公道向何处求之。”(《每日新闻》1899 年 7 月 31 日)正如报道的那样,政党间的对抗变成驱动“财力与武力”的毫无仁义的斗争。①

伊藤的游说在这样的政治关系中是毅然决然之举。但同时也表现了其尽力不被埋没在其中的意志。这一点也体现在对游说地的选择上。伊藤慎重地避开前往被卷入政治斗争的土地。例如,东北本应是自进两党进行选举角逐的激战之地,但伊藤博文却并未涉足。虽然他在 10 月访问了北陆,不过当初预定的时间却在 8 月。同时参谋伊东巳代治的紧急报告也认为在选举前就去像金泽那样的政党对立前线必然受其影响,因此他建议采取延期手段。于是,伊藤博文的北陆游说改在了选举之后。(《伊藤文书〈塙〉》②,第 393 页。同⑧,第 317 页)

这些都说明伊藤的游说与以选举战为目的的既有政党的游说性质不同。笔者之所以判断伊藤虽然与众多的政党领导一并在日本各地奔波,但他却有可与他们严格区别的另外意图,便是缘于此。并且,这一点伊藤自己在游说中也反复提出,对此我们另设章节重拾伊藤的发言。

---

① 关于这一点,也参照三浦梧楼《观树将军回顾录》第 294 页后的论述。

3 立宪政治与政党政治

国民对天皇的义务

于伊藤而言，立宪政治应该是怎样的呢？通常，当听到立宪政治的时候首先想到的大概是议会制民主主义吧。通过议会制度保障国民参加政治，这是立宪制度的重要条件，毋庸置疑。并且，议会政治因为是由政党承担的，归根结底与立宪政治及政党政治同义。这一看便是无可非议的论理。实际上，在明治宪法下很多后来隶属于藩阀政府的人接受了这个当初由自由民权运动的活动家们主张的论理，并向政党政治家转身。①

即将向政党政治家转身的伊藤是如何考虑这一点的呢？很有意思的是，这个时期他再一次表明了与政党政治的距离感。例如下文——“我既非特别希望政党内阁，又非妨碍政党政治。”(《演说集》②，第 127 页)

在这个实在暧昧不清的委婉表达的背后，是改正现有政党的政治意图。换句话说，他严加区别立宪政治和政党

---

① 关于明治宪法下的政党政治的确立，近年来的成果有五百旗头薰《大隈重信和政党政治》、奈良冈聪智《加藤高明和政党政治》、村井良太《政党内阁制的成立》。

政治，想以前者区别于后者。为了弄清这个理论构造，首先让我们回顾他的根本的政治观。

伊藤曾主张文明的政治，那是由国民肩负的政治。产生这样的国民是教育的问题，但保障文明之民的国民参加政治的体制只能是立宪制度。本书第二章提到，宪法制定当初他曾在提高国民文化力方面寻求国家发展的基础，如此这般，不仅会将开化国民的活力带入经济活动，还会带入到国家的政治进程中，进而激活“国民的社会生活”，这是伊藤描绘的立宪国家的课题。

促进国民参加政治，这在1899年的游说中被反复公开表明。例如，当时立宪政治的理念被表述如下：

> 宪法政治，明确划分上下之域，以明晰国民与君主应为之事，及君主应为之事，即君主当行使之权利，明确国民应享有之权利，继而以料理国政。（《演说集》③，第81页）

立宪政治是基于天皇和国民共同统治国家的君民共治原理的。这样表述，重点被置于国民参加政治及其责任。议会制度和国民的参政权根据钦定宪法，是由天皇下赐的。“天子对下民颁布号令如汗，此乃万古不易，绝不应动摇”，也就是说“宪法所赋予的此权利决不可被剥夺”。（《演说集》②，第258页）

所谓钦定宪法，乃通常由天皇单独将宪法授予国民，给人的印象是抑制国民的权利，保留天皇的强大政治大权。尽管如此，伊藤在用钦定宪法保障国民参加政治的权利和机会方面被大书特书。并且一旦权利被下赐，即便主权者也“不得妄夺之”，这是人们寻求的宪法的真正价值。

如此，伊藤强调，如今国民保有即便天皇也不可侵犯的政治上的权利，运用这个权利振兴国家是国民对天皇的义务。“于国家的观念之上，享有宪法规定的权利，对国家尽义务，不可误之”，此乃今日勤王之道。（《演说集》③，第 97 页）如此，“无论到何时亦不可闲置，闲置便无法对国家尽义务”（《演说集》②，第 258—259 页），呼唤国民政治的觉醒。

所谓立宪政治的目的

所谓立宪制度，就这样以国民的政治化为前提。然而其目的在更前面。这便是政治上觉醒的国民的秩序化，实现前面所说的君民共治的政治样式。

> 宪法政治的主要目的是〔中略〕不用统治一国的天皇和应成为国家的元素的人民之间的和谐、和睦。（《演说集》②，第 66 页）

换言之，君民和睦才是立宪政治的目的，只有它才是精神所在。为此，天皇将自己的主权的作用分与并委任给国民。

于是，受委任的国民“将天皇不偏不党委以大权的作用之事深藏于心”，身负“为日本国民如春雨之沾行政治之责任”。(《演说集》①，第185页)天皇从不偏不党的立场总揽统治权，关于其运用委托给国民，国民也体察天皇之意，公平无私地行使受任的权限。其结果，在天皇之下，国民和谐地被统治，这是伊藤寄托于钦定宪法的国家形式。

如此，缓和与统治才是伊藤的立宪国家观的着眼点。这并非仅限于天皇和国民之间。他认为“若立法部或行政部之类的部门间不通畅，不协调，宪法的运用也能依其协调，无论何时若龃龉以往，国势则无法进展”(《演说集》①，第46—47页)，呼吁政府与议会的协调。不仅如此，在国家层面的各种权力、势力的协调才是伊藤不断地倡导的。他说“今日之政治唯国家为唯一之目的”(《日日》1899年10月29日)，继而做出如下阐述：

> 所谓此唯一目的的国家之事，必须区别于一县内一郡内之事。吾切望之所，于国内杜绝区区纷争，而谋国家事业之进步。

如上所述，伊藤宪法宣传巡游国内的时候，通过修改府县制在府县议会选举导入直接选举制，首次统一地方选举近在眼前。在日本各地选举运动白热化，政党伙伴之间的对抗逐步升级。他批判这种政党政治的现状，呼吁中止政治斗

争及由国民协同推进“国家事业的进步”。对伊藤来说，政治的本质绝非斗争，而是通过协调与缓和创造出国家这个国民统合之所。

政党改良的必要性

由此，即便对于从前政党的状态，伊藤也不得不俄然批判。政友会创设之际，他提出改良政党是众所周知的事情，可以想见其中蕴含着伊藤独特的政治观。伊藤看到，眼前的政党政治将堕入“复仇的政治”。(《演说集》②，第 77 页)这仿佛是源平、新田足利之争，[①]从文明政治的视角来看存在很大的问题。“日本帝国的议会简直如围上栅栏的复仇场”(《演说集》②，第 77 页)，他呼吁如下。

> 凡政党之物，就一国之政治上的利害人们皆有其观念，观念相同之人集结即云组织党派，尤其今之政党如源平、新田足利之争，此于文明之政治、宪法政治之下，其方法过度。政党，须稍轻视之。政党者流亦自视过重，从旁视之者亦过重。政见之异同到底国民众多，不可免，然今所云政党之观念过强，遂成为源平之争之

① 译者注：源平、新田足利之争分别指日本古代末期清和源氏与伊势平氏之间一系列的对立、对抗事件，以及镰仓时代末期同属清和源氏的上野国新田与下野国足利之间的争斗。

状，诚为国家所不愿。（《演说集》②，第78—79页）

伊藤说"政党，须稍轻视之"，认为"既然存在议会，政党的分立便不可避免"。（《演说集》②，第90页）但是，另一方面又说政治"因为始终变动，此无外乎依据利害而视，以利害而视之时，去年云非之物今年或云是"。（《演说集》②，第91页）也就是说，并非捍卫固定的教义裁断现实。看准变动无常的内外环境采取情景主义的判断和行动，这才是伊藤的政治。于是，立足于时时变迁的国家利害的立场，或建派系，或结政党，与其自行巩固友军，不如拥抱昨日的政敌，这便成为政治的考虑。伊藤主张政治上的让步精神：

> 英吉利的宪法政治因何如斯能行，外之所能往乎，试闻之，无外乎英吉利人让步之心甚强。外少让步之心。让步之心少者，乃不适合宪法政治之人民。（《演说集》①，第47页）

对伊藤来说，立宪政治的真正价值在于缓和与协调构成国家的各种势力。为此，立宪制度之妙在于保障人们均等地参与统治的权限和手段。与此相结合，需要构成制度的要素具有让步的精神。政党也不例外。莫如说，对于这个要求更为妥当的是政党。从理念上阐述的话，立宪政治虽并非需要政党，但是现实问题是，没有政党的立宪政治是不存在的。

> 于运用宪法政治之上，无论视何国家均不得不令政党存在，与其议论不如承认事实上不得已发生之事。若做道理上的议论或不必要，以事实问题视之，又或依历史视之，实行宪法政治的国家没有无党派者，不得不承认此事实乃不得已所生。（《演说集》②，第174—175页）

如此，如果政党是不可避免的，则必须改良它。眼下的政党给人的印象只是沉迷于对抗，对于将国民参与政治及对政治责任的自觉视作立宪政治核心的伊藤而言，政党作为国民与政治的媒介，应该调整国民的各项利害，需要被改革。

> 党派应注意尽可能谋求协调，若如此，相信宪法政治必能前进。（《演说集》①，第47页）

为了使这个信念付诸实行，伊藤亲自出面结成政党。

4 结成政友会

创立政党之路

在此，我们记录下政友会创立的具体过程。[①] 如上所

① 关于政友会的创立过程，除了小林雄吾编《立宪政友会史》第一卷、升味准之辅《日本政党史论》第二卷、山本四郎《初期政友会的研究》等古典的业绩，本书还参考了伊藤之雄《立宪国家与日俄战争》。

述，伊藤在第三次内阁期的 1898 年（明治三十一年）再度发起酝酿多年的组建政党之事。对此他公开声明是在 6 月增税案遭到否决，众议院刚刚被解散之后。这次解散之后，自由党和进步党在野党大联合组成的宪政党诞生了。通常认为对此已有察觉的伊藤为了与之对抗，在内阁会议主张结成政党。

然而实际上，对这个时候伊藤的新党运动，仅以这种情景主义的权宜之计的方略来说明是不够充分的。原本在第三次内阁期，伊藤想通过修改选举法和税制来扩大公民权进而推动国家构造的转换。伊藤的新党运动也有必要从这个角度来理解。

1898 年 5 月，伊藤内阁向帝国议会提出众议院议员选举法修改案，降低选举权资格（由直接国税每年 15 日元以上的纳税者放宽为地租 5 日元以上或所得税、营业税 3 日元以上），以谋求大幅扩大有选举权者范围。并且，他提出取消关于被选举权的财产资格——“选举人若变为选认为合适的人，则没有必要附带纳税资格吧。”（《演说全集》，第 56—57 页）

这样一来，“随着商业工业等的发达，有必要特别增加市的代表者”，他提议选民由现在的 44 万～45 万增至 200 万人。（《演说全集》，第 53 页）这个提案的背后有两个意图。其一，将选民层由从前以地主为中心的构成进行一个转变，

拉拢受甲午中日战争后产业发展影响的都市里的工商业家。伊藤认为政治的状态应根据经济构造的变化而改变。

其二，是淘汰政论家。伊藤厌恶政谈家、壮士那样的运动家。正如他在1879年的“教育议”中提倡消除政谈之徒、发展科学那样，以科学为基础形成政策是贯穿伊藤政治生涯的方针。这在后文统治韩国一章也将被论及。此时的伊藤说：“希望倾向政论者思考接近事实的问题。”他论述如下：

> 宪法施行以来，出现了众多热衷于政论者，热衷于政论者偏重于政治的空论，不关注于实业之上，遗憾至极。望此倾向政论者着眼于日本社会的经济上的状况及日本国民卫生教育等的实际，又注意依其统计等进步之迟速，尽可能做出接近事实的议论。（《演说集》③，第162页）

伊藤主张“政治与民间的事业不应该相背离”，要求“为官之人的学识”和“精通专门之事”者与政治保持关系。他期望民间实业家的实际的专门知识被灌输到政治的世界，以此将政谈之徒从政党中清除。这是伊藤的愿望。[①]

---

① 从政党中清除壮士的想法是伊藤在1900年8月25日政友会创立委员会的演说中明确表示的。“必须极力避免壮士性的工作，若加入无产无业的无赖成员，这与我们苦心效力政治，事良民之业，日益发展的目的是相违背的。”（《政友》第1号，第7页）关于明治时期政党与壮士的密切联系，参照渡边行男《守卫长所见帝国会议》。

此时的选举法修改案因未审议完而未通过。然而,实业界的政治觉醒和纠正政论家的政党人成为伊藤的强烈信念,他为此继续发起行动。这发展成为通往结成新党之路。

财界的观察

6月10日伊藤解散了众议院。并且,如前所述,他在内阁会议表明了结成政党的想法。伊藤即刻着手集合财界。该月14日他在帝国酒店邀请实业家,召开创立新政党的发起人会议。当时,伊藤与涩泽荣一会面,请求协助。(《伊藤传》下,第373页)涩泽"自己主动"致歉,约定以伊藤的"政策为是","不仅不避讳对内外明言此事,亦不顾虑向他人称赞之",从侧面支援,在伊藤发出的备忘录上署名。(涩泽荣一手记"政友会组织的私下商谈",《秘录》,第7页)并且实际上,涩泽在东京商业会议所,按照伊藤提出的政策结成组织,促成加征地租同盟(1898年12月)、促成修改众议院议员选举法同盟(1899年1月),于1900年9月创立政友会之际,召集实业家召开"政友会相关协商会议",产生最终决议"全体与会者对于政友会即伊藤侯之攻略完全赞成同意,必尽力谋取密切其关系"。(《涩泽传记资料》别卷第一,第154页)

然而,伊藤纠集财界的策略并未如他预想的那样进展顺利。实际上加入政友会的实业家是有限的。"政友会相

关协商会议”的决议书中其实还有下文,“尽管如此,从事银行会社者鉴于以往党派之陋习,以自身入会有害于其管理业务,顾念于此不要求强求其入会”。(同上)涩泽本人也暂不入会,这触碰了伊藤的逆鳞。(上文《秘录》)

岩崎弥之助之影

一直以来这一点多被解释为:实业人不肯染手政治的传统的非政治性,一旦到了加入政党阶段就会令其瞻前顾后。然而严重性不亚于此的是伊藤对于财经界人士向新党聚集采取的具体的掣肘行动。最开始盟友井上馨担心日银总裁岩崎弥之助的妨碍活动。伊藤表明结成新党的意图之后不久,1898 年 6 月 19 日井上认为“实业者之社会亦为岩崎(弥之助,日本银行总裁)意向之一也”,他传达了以下的事情:

> 彼经历上〔中略〕,与大隈的关系多年来情谊连绵,且进步之徒中尤其主要活动成员等,多为福泽塾出身者,又福泽〔谕吉〕与岩崎之交情,又有数年补助十万日元计之关系……(《伊藤传》下,第 374—375 页)

即大隈与福泽之间关系深厚,井上担心进步党的支援者岩崎会采取种种手段进行干扰。他指出岩崎在财经界影响力巨大:

> 于实业家者诸银行会社,以岩崎之财力及日本银

> 行之势力合并起来的财势力，面向前述会社之时，他们内心虽充分觉察政党方今之弊病，顾念会引起眼前金融企业等的妨碍而心生迷惑乃人常情，虽期望实业家之团结而必然不可成立。（同上）

无论银行家、经营者们多么觉察到当下政党的弊病，虽内心赞同伊藤的新党计划，当掌握日本银行的岩崎的三菱财阀发展其势力时，他们对今后会产生妨碍其金融、企业的担忧是人之常情，因此集结实业家大概是不可能的。岩崎是否具体地干涉了政友会相关的实业家还不得而知（附带补充，岩崎 1898 年 10 月辞任日银总裁），前面引用的政友会创立时涩泽呼吁实业家“政友会相关协商会”的决议书中明确记载，若自行入党，“顾念于业务有害”者为数不少。可以看出，在实业界蔓延着参加政友会将给经济活动带来妨碍的担忧。

实际上，加入政友会确实会给自己的实业招至妨碍。举一个例子，原贵族院议员泷兵右卫门 1900 年（明治三十三年）9 月 2 日给伊藤写信，要求加入政友会。作为大额纳税议员的他写到，“吾欲诱导以三府为首远近有交情的数名实业大家诸氏”，表达了带领数名工作伙伴实业家的想法。然而，泷于次年 7 月 6 日提出退会。他说：“实乃因政友会的头衔涉及银行相关之事不少，又影响实业及贵族院之事诸多，甚困难不堪。”（《伊藤文书〈塙〉》⑥，第 132 页）

这大概是以岩崎为后盾的大隈派系的政治家、财经界人士的策动。伊藤对原有政党间的政治斗争不予理睬，他谋划构建以此前非政治的实业界为根基的妥协和协调的立宪政治，结果却是被卷入政治斗争的命运。当时有代表性的综合杂志《太阳》也刊登报道："现在今日亦有，某会社里旧改进党时代党员多重役，旧自由党员厌之，屡遭不利，〔中略〕亦无依赖政治家之野心，仰天立地、独立不羁，欲做执其本业的脚踏实地的实业家，强迫其加盟一政党，以其他反对党为敌等事，此乃敏锐的我等实业家所不欲为。"(1900年10月1日号。小山博也《明治政党组织论》第83—84页)经济界也在此时受到政党化的波及。

由宪政党母体结成

于是，未能实现独自集结工商业者的伊藤不得不转而依靠宪政党(旧自由党)星亨的力量。本章的开头已经提到过，有观点认为创立政友会的真正主要人物是星亨和伊东，此二人毋庸置疑做了新党的筹备工作。1899年7月，宣传宪法之时，伊藤访问了宇都宫。这虽是应当地实业家的邀请，斡旋此事的是星亨。此时的伊藤与板垣退助一起被邀请，这被揶揄为宛如宇都宫的旧自由党的聚会。(《读卖新闻》1899年7月14日)

另外，关于10月北陆之行，也有议论谈及其与此前6

月星亨巡游北陆的关系。据《石川县史》记载，星亨进入北陆"有令宪政党之威势日益繁荣之意，亦似计划罗织金泽市之实业会"，猜测"后至伊藤博文侯来游，主要因此时星亨与实业会之间有默契"。（④，第 484—485 页）

立宪政友会创立时（1900 年）主要成员与伊藤（前排右起第 10 人）

1900 年（明治三十三年）6 月 1 日，星亨与宪政党总务松田正久、林有造、末松谦澄及众议院议长片冈键吉一起要求伊藤就任党首。然而，次月 8 日伊藤拒绝了此要求。想与现有政党划清界限的伊藤一心只想结成新党。此时，伊藤埋头于制定新党组织的规章。（7 月 1 日伊藤写给山县的书信，《山县文书》①，第 129 页①）伊藤要提出崭新的政党理念。

---

① 在同一封书信中伊藤对山县说道："另纸之外规约之物得以相缀，尚要推敲之故，他日可供贵览。"（第 130 页）

8月23日，伊藤邀请星亨等宪政党干部，“内部提起”新政党的“主义纲领”。（《原日记》①，第197页）于是，宪政党向伊藤提出无条件献党。接着，隔一天的25日，立宪政友会创立委员会在芝红叶馆成立，宣布了创立新党的宣言和纲领。伊藤的理念与星亨率领的人结成组织，政友会诞生。然而，若没有宪政党这个既有政党做基础，伊藤的新党也无法构筑。伊藤有些拘泥于新政党的理念，不可否认他在政党的“实”面是愚笨的。正如下一章所说的那样，结党后伊藤运营党引起混乱，可以说其原因在于他从政友会创立之时起对理念的偏重。伊藤似乎并不把党组织的实务放在眼里。

这或许应该批评政治家伊藤在结尾之处的掉以轻心。政治家对招致的结果应该负有责任，崇高的理念不能保证作为政治家的高素质。然而在这一点的基础上，我们将进一步追踪伊藤倾注于政友会的理念。

5 从“党”到“会”——政友会的理念

非“党”是“会”

批判原有政党状态的伊藤，决心自己组织政党，在现实的建党过程中，动员自己构想的实业家受挫，结果不得不在现有政党的框架中建立政友会。

不过，虽然到目前为止我们都将其书面表述为“伊藤新党”，伊藤却拒绝将自己的组织冠名为“党”。正如字面表述的那样，政友会是“会”。伊藤在政友会即将创立的1900年7月28日写给伊东巳代治的书信中写道：“换掉以往的党名，此番断然命名为立宪政友会”，公布“立宪政友会”为新党的名称，并告知其理由说：

> 废党名不外乎避官海及实业界之厌忌，使其容易加入之手段。只要于浅薄的世上事实无妨碍，即可改正。党毕竟渊源于中国的朋党，俗眼尤有忌避之处，此段御祈含容。（《伊藤传》下，第446—447页）

这一段说“党”一词令人意识到“朋党”（“结帮结党”的“党”），不是容易入世俗之耳的词汇，为了从官界和实业界募集人员，应该改掉“党”的名字。伊东收到这个提案，回信说：“以昔日之朋党论视今日之政党的顽固者，到底容许其入党有何价值，夫等无须介意欤？请恕我如此认为。”（8月5日写给伊藤的书信，《伊藤传》下，第448页）他回复谢绝对党一语过敏的头脑迂腐的成员，结果还是认可了伊藤的意思，采用了政友会之名。

这一点不应只作为名称的问题来处理。以“会”的名义，伊藤考虑的是与以往的政党在概念上有所分别的新政治组织。

规章

在这封信之前，伊藤将新党的规章非正式地出示给伊东。（7月20日伊东写给伊藤的书信）其规章由以下六条构成（《伊藤文书》文件部，166）：

一、大臣的选任基于天皇的大权，不应以从党外选出之理由反对其内阁。

二、内阁乃辅弼天皇之府，且为责任政治之府，党员虽由大臣选出，党内不应置喙。

三、部属适任行政各部之人才，革新行政乃吾等之目的，亦应从政党外公平地选择，而不应以党员的理由谋求选任。

四、以公益为目的行动，而不应任意涉及地方之利害。

五、就时局问题作为党员之意见公开发表之时，由总裁决议此事。

六、关于议院内的行动、选举，设负责人，受总裁领导。

一个月后的8月25日公布的党纲领与此不同，是更具事务性、实务性的纲领。正因为如此，可以说此时伊藤自行起草的上述规章，毫无忌惮地表现了他的组织哲学。这个

哲学或可以归纳为三点。第一，将党和内阁、政府严格分开；第二，区分中央政治和地方自治；第三，党内总裁的有力指挥权。下文梳理其中包含的伊藤的企划。

党和政府的关系

首先是党和政府的关系。要理解这一点，需要首先介绍伊藤的众议院议员观。伊藤认为，国会议员是全体国民的代表，“其本尊即国民”。

> 议员者亦须能考虑其代表的本尊国民之意见，能见其利害痛痒，到中央之议会为充分达成其意而工作。（《演说集》②，第 68 页）

本书曾提到，伊藤喜好英国保守思想家埃德蒙·伯克的话——“议员乃全体国民利害之效力者”。在此，伊藤参照伯克要求议员不是个别利害的代理人，而是作为全体国民利害的代表聚集于议会。

但是，现实的议会不能发挥这样的功能。伊藤说：“于议会尽量不着眼于争胜败，而是需要所谓深思熟虑，尽力讨论为国家采取如何方法为宜。”（《日日》1899 年 10 月 22 日）他期待议会成为热烈讨论之所，而现实却是成为党派“争胜败”的场所。伊藤发现上述问题后，针对议会审议前“各党派分别设置其事务所，先另行讨论其问题”，斥责“恰

如现今之状态设置双重议会”。(《演说集》②,第 124 页)

以此状态组建政党内阁并不理想。他说:“如今日党派的各位聚集提出行政上的种种要求,我并不认为这是以政党组织内阁。”(《演说集》②,第 127 页)伊藤厌恶用政党利益垄断执政政府。他认为,居于政权之位者在获得其地位之前或许必须利用政党政治进行政权斗争,一旦取得政权,就应该从公正的观点为全体国民实行政治。

> 所谓政治为何物,纵政党政治学所行国之观念,直至把持政权之间仍相互争斗,然一旦进入政治的区域则不得不公平。(《演说集》②,第 129—130 页)

接着这个话题,伊藤详述如下:

> 统治民众行政治之事,若实行自己政党利益的政治,处于相反立场者必始终蒙受不幸。故政治绝不允许如此之不公平。无论何人处于政府,无论何党派把握政权,只要成为政治,必须眼中无党派,公平行事,视民则不分自党他党,唯视民之事业、民之生活、国家之利害如何。(同上)

简言之,在伊藤看来,政党未必是全体国民利益的旗手。因而,选拔应实现公益的执政府(内阁),政党即便是重要的母体之一,也不能仅仅依靠它。反言之,他认为政党应转变为向应体现公益的内阁输送人才的以议会为基础的重

要政治团体。对伊藤来说，政党是培养、聚集政治人才的机构。

中央政治与地方自治

第二是中央政治与地方自治的区别。伊藤阐述说，以斗争为原理的政党政治局限于中央政界，在地方应实行以协同为原理的自治。

> 如政见异同之争必于日本全国即帝国的政治上争斗，只有村落的事业上、某些事情尽可能各村之有势力的人们和睦相处，互相协同谋事、行事，方能大有进步。（《演说集》②，第 84 页）

伊藤认为，政党是中央政治上之物，“必须有”不将那里的争夺“波及村落等的观念”。（《演说集》①，第 85 页）然而，现状与此相反，受到上文提及的修改府县制的影响，政党间进行利益引导的抗争以地方为舞台变得白热化。实际情况是“近来政党之遗害已波及至此”。（《演说集》①，第 85—86 页）

然而，“党派尽量以一国的政治为目的进行议论，必须认为这是理所应当的”。（《日日》1899 年 12 月 3 日）原本在伊藤看来，所谓政治是论及国家整体利益的，应与地方自治在概念上严格区分。

> 我认为自治与其说是地方的政治，毋宁说是地方的行政。凡云政治之事，多涉及全国，自然应指专门政治的区域，所谓政略，党派频频主张政治的方针等，此皆指日本全国之事。(《演说集》②，第60页)

如此，伊藤将中央与地方，以及政治与自治相区别，将政党彻底作为中央政治的旗手来把握。并且，他主张这样的政党不应深入地方之事。他说："我认为地方之事等，党派论不要进入太深，尽量和睦而行，这于谋地方幸福是必要的吧。"(《演说集》②，第128—129页)此处他也表明了要将政党政治相对化的强烈意思。

对党首的绝对服从

最后，当时的规章中暗示了党首(总裁)的有力指挥权。这是党首专制主义，是伊藤坚持的初期政友会的组织原理。这一点也是他在游说中反复强调的。当时，他频繁引证的是与格莱斯顿并称为19世纪英国议会政治家的迪斯雷利。

> 迪斯雷利〔中略〕如是说："英国的宰相必须对自己的党派忠实，党人必须对其首领绝对地忠实。"也就是说必须要服从其指挥命令。议会中聚集众多，必须要有纪律。他们认为政党等同于正当的、组织良好的军队，当然需要指导者，此事毋庸置疑。(《演说集》①，

第 109 页）

实践改良政党、意图树立有政权担当能力的责任政党的伊藤，即使把自己投影为将英国保守党再造为拥有群众基础的国民政党的迪斯雷利，也并非不可思议。其中，伊藤对迪斯雷利最能够产生共鸣之处是如上文所引，通过对党首的绝对服从确立党的纪律。

伊藤于 1899 年 10 月 21 日在巡游北陆途中的高冈，受邀在宪政党的集会中登台，再次引证迪斯雷利，做出如下讲话：

> 为党派首领者，必须忠实于其党的主义，同时为党员者亦必须绝对地服从其首领的指挥命令。（《日日》1899 年 11 月 2 日）

如此，在改良政党的名义下尤其被强调的是确立党首专制。伊藤博文还尝试以此寻求政党内阁的可能性。伊藤阐述说："苟若以政党造内阁，其政党之首领即负担国家之事务，必须尽力保全其重任，实现党派之统一。"（《演说集》②，第 127 页）

所谓党派的统一，为了实现国家利益是不可或缺的。前文提到，伊藤论述了议员应是全体国民的代表。然而，实际上议员难以从地方、阶层的种种特殊利害中完全获得自由。伊藤期待政党过滤掉他们代表的这样的利害，起到提

取公益的作用。

为此,需要有汇总并彰显党的全体意见的党首。党首与其他党首在议会这个场所反复议论,通过妥协和让步达成协议。这样一来,在议会这个公开场所达成国家利益是什么的共识。并且,党首协商、决定的事情党员要绝对地服从。

如此,主张由各党首在议会这个公开的场所讨论、协商。伊藤做出下面的论述,他呼吁党首摆脱幕后操纵者,这可以结合上述政治过程来理解。

> 云今日本之各政党者,是否为某首领之事甚为可疑,然于其名称之上论,故可于实权之上公认。然其人并不列于议院。细想之,吾前些年亦曾被称为幕后操纵者,以如今之现实来看政党之黑幕恐难免。〔中略〕宪法政治这样的政治是公开的政治,因此上述之事于政党亦断然弃之如何?(《演说集》①,第114—115页)

沙龙性的政党

伊藤一方面强调党首的强有力的统治权,另一方面还提出政友会的组织为俱乐部形式。关于这一点我们在此也稍加说明。上述写给伊东巳代治的明确立宪政友会党名的书信中也写出了伊藤的计划:“将本部组织改为俱乐部,在

各个地方也设置支部性质的俱乐部。”伊东就这一点提出异议，他回信说：“为了政党的统一和联络，突然废弃本支部，完全以俱乐部为组织，实际难行。”（上述落款为 8 月 5 日的书信，《伊藤传》下，第 448 页）星亨也持同样意见——俱乐部是否可以作为为了扩大党的门户的社交场所，与总部、支部的总组织并立设置呢？无论如何请再斟酌。他想如此说服伊藤。

伊藤一方面追求党首的专制体制，另一方面关于党组织他构想俱乐部般的宽松关系。正如伊东所阐述的那样，面向社会广开党的门户而设置俱乐部是可以理解的，伊藤则不满足于此，他主张将总部、支部等也以俱乐部的形式置换。这作为絮说党员纪律的人的话，听起来似乎缺乏一贯性。然而，无论怎样，比起坚固的等级制度，伊藤更喜欢赋予党以开放的沙龙性。强权的领导和沙龙的组织看起来奇妙地结合在一起，关于伊藤的本意，笔者在下一节论述。

6　作为智囊团的政党

协调国民的公器

1900 年（明治三十三年）立宪政友会的创立被视作超然主义者伊藤向政党政治家的转变。然而，正如此前的论述所分析的那样，他真正的意图是通过投身政党政治的旋

涡来将其革新。在所谓超然主义、政党政治以前，他的头脑中就屹立着立宪政治的理念，在实现统一、协调国民的立宪政治这一点上，宪法制定以来，伊藤的态度是一贯的。关于政党政治和立宪政治的关系，从他下面的这段话中可以看出。

> 关于谋求政党等的改良，我一直持让国民清楚地理解政治的利害得失这一期望。只要国民能明辨，便足以除去政党的恶习，也可补全立法上的功能，称为谋求上下一致结合的方法吧。与此反之招致上下之不和，此并非宪法所希望。通过协调所谓治者与被治者以实现上下一致的结果方为宪法政治之目的。(《演说集》③，第174—175页)

政党是应该效力于“通过协调统治者与被统治者”取得“上下一致”的立宪政治的。

9月15日，立宪政友会成立。在此之前，伊藤公布了如下之设立新党的宗旨。这不是配合出征仪式的攫取天下的口号，而是削弱气势求取自重和自律。他再次主张，这个组织不是夺取政权的机器，而应成为协调国民的公器。

> 凡政党于国家，应举其全力，以专心奉公为责。凡革新行政，以令其符合国运之隆兴，应设一定之资格，不问党之内外，广收学识经验兼具的合适人才。严禁

以党员之故予其地位而不论能否之事。至地方或团体利害之问题，亦应首当以公益为准，按缓急裁决施设。或拘于乡党之私情，或受同行之请托，施与党援之事亦断不可。予望与同志一道一扫如此陋习。（《政友》第1号，第1—2页）

此文提出不应以身为党员为理由而给予其政府的职务。这是对隈板内阁中政党党员猎官运动的警戒吧。在这段引用之前强调“抑阁臣之任免属宪法上之大权”，所谓政党内阁被看作是对天皇的任免大权的侵犯。

然而，另一方面不应被遗漏的是，此文还论述了行政应“广收学识经验兼具的合适人才”。伊藤认为要获得地位须得被论及能力，他反对在议会占多数的政党成员，不以为然而以自己的身份夺取官职之事。①

如上所述，可以指出伊藤自己转身为政党政治家，期待它成为抑制旧有政党的弊端的重石。他严格要求党内的纪律，这其中也有一部分理由。可是，仅仅如此的话，伊藤的

① 为了明确起见我再补充一点，伊藤在此不想将过去的超然的藩阀政府正当化。由政党势力的发展对行政权进行防御的尝试有山县内阁执政下的修改文官任用令和制定文官分限令（1899 年 3 月）。由于这些举措，各省次官、局长、知事不能够自由任用，伊藤反对这些措施，主张废弃（清水唯一朗《政党与官僚的近代》，第 114 页以后）。后文将会论述，伊藤将政党作为广泛储备政治人才的场所来考虑，他并不认为这是与政界相排斥的。毋宁说他是将两者视为政治人才的供给源，认为它们应该相辅相成。

新党运动只具有消极的意义。难道其中没有积极的意义吗?

招揽政治人才的机构

伊藤创立新党所包含的积极的意义在于上文所述的作为招揽政治人才的机构。阁僚"不问党之内外,应广收学识经验兼具的合适人才"的宣言,反过来可以理解为,要求政党应成为发现这样的"学识经验兼具的人才",培养他们,把他们供应给政府的一个场所。用一句话概括,对伊藤来说,政友会应该是聚集"人才"的场所。那么是什么样的"人"、什么样的"才"呢?前文论述过,伊藤作为政友会的中心成员,对实业家的入党工作煞费苦心,然而以此便得出他仅仅想创立资本家的阶级政党的结论是轻率的。伊藤研究国家整体的利害得失,他考虑的是将政友会作为能够汇集国民各阶层意见的机构。下面的引文比较长,是伊藤在政友会集会的发言:

> 在宪法政治之下,为国民者必须积极研究国家之利害得失,虽是理所当然之义,然不可全体国民从早到晚只思政治之事。农者勤奋务农;工业家致力于考虑需求供给、设计工业进步发展之路,壮大己之业务;商者参照农产品、工业品的有无多寡,谋求共同之便,应

> 做以相互增加利益为目的之人。即以增加每个人的利益创国家之富。与此同时，一些国民关注职务性的政治，例如考察农作物如何销售流通之事，研究不依赖他国的物品供给而自己制造等事，此等为要。即，关注工商业的同时研究政治即政府在政策上的利害得失。全体国民浮现出政治热之事本就不宜，故而代表国民者能鉴其中庸将其应用于生产实业上，政论委托给官员、议员、新闻记者等专门之职，国民同心以己之业为本分，且关注政治不怠慢，凡如斯乃于立宪政治应依据之方针。(《政友》第11号，第9页)

我们回忆一下，伊藤在宣传宪法之时也做出了与此相同宗旨的发言(第三章第5节)。伊藤追求“文明之民”，这是非政治的经济人，是每日勤于生计的生活者。就上述引文来说，农民首要考虑的是农业，工业家首要考虑的是产品的制造，商人首要考虑的是商品流通，“全体国民浮现出政治热”并非最理想的事。这种“政论”本来就应该委托给“官员、议员、新闻记者等专门之职”。

希望从政友会得到之物

另一方面，所谓“文明之民”是不丧失对政治关心的国民，是“以己之业务为本分，另一方面不懈地关注政治”的国

民。这样说也是因为各职业之利益关系到国家的利益，在这个意义上可以说所有的事业都与政治相关联。从研究自己职业利益的国民之中，产生为了实现其对政府建言政策者，这才是“代表国民的人”。这是伊藤的观点。

可以想见，伊藤理想中的政党是集合这样的国民代表的组织。他构想的政友会是构成国家的各种职业、地域利害的代言人聚集起来，议论并研究国家政策的机构，是将经济活动现场涌现出的对国家的要求提炼成具体的政策，传达给活跃在中央政界的政治家的媒介。研讨国家公共的政策知识，以实现其为目的的机关正是政友会。伊藤在心中描绘的政友会的本来样子可以说不仅是为实现政策的政治团体，还具有近乎今天智囊团的性质。

为了使这两个特性并存，伊藤需要俱乐部组织和总裁专制。也就是说，通过俱乐部这种宽松的且向社会开放的关系，保障从基层吸收知识及保障其自由的交换和流通。如此一来，为了实现党既定的政策目标，党员团结一致在议会中服从总裁的统治并采取行动。伊藤的政友会构想可以看作是一种传递和实践知识的尝试。

第五章　明治国家体制的确立
——1907 年的宪法改革

1　政友会的挫折

山县有朋的思虑

伊藤博文为了培养拥有妥协和协调能力且具备立宪政治精神的中坚力量，创立了政友会。对于伊藤博文而言，立宪政治的目的在于通过提高国民对政治（政策）的关心，促进国民参加政治，增强国家政治的统治力，提升国力。因此，立宪政治并不是支撑现存政党进行竞争、争斗的行动原理，妥协和让步才是政党行动的方针。

在这里我们通过一个小故事可以明确伊藤博文的主

张。1898年(明治三十一年)初,第三次伊藤内阁组阁成立。这是德富苏峰(猪一郎)与伊藤博文的第一次邂逅。据说在这次邂逅中苏峰与伊藤有下面一段对话:

因伊藤一见予即问:德富君于勤皇无存异议乎?答之:为日本国民,于勤皇无有存异议者矣。乃言:如是则宜,君亦吾党之人也。(德富猪一郎《苏翁梦物语》,第19页)

当时,伊藤博文已经在考虑组成新的政党,他重新认识到政党的主要目的并不能在斗争中实现,而是通过妥协安抚来实现。在勤皇的名义(日本国民的名义)下,超越并克服政党的对立,实现国民的和谐,这才是他的政治信条。

在政友会发起时伊藤博文就向党员宣传自己的政治信条了。就这样,政友会与伊藤博文所追求的抑制党派心、政党斗争自重的训诫一同扬帆起航了。但是,这条航线在起航后就极其地混乱。

事件开始于当时的首相山县有朋向伊藤政友会移交政权。1900年(明治三十三年)8月25日伊藤博文发表完政友会的宣言和纲领后不久,山县有朋来访并向他袒露了在当下义和团事件告一段落的形势下,想辞任总理的意图。山县有朋还怂恿伊藤博文组阁。山县有朋的真实意图是让政友会瞬间瓦解。在政友会还没有明确党的根基、管理的

情况下就向它移交政权，是山县有朋打算以此瓦解政友会的深谋远虑。

假如伊藤博文拒绝了山县有朋的要求，就不仅仅是伊藤博文察觉到了山县有朋的思虑那么简单了。就像在前面一章详细论述的一样，对于伊藤博文而言，政党内阁本身就只是一个次要问题。根据《伊藤博文传》，山县有朋在表达自己的意图时，伊藤博文回应说："政党组阁之真意，如阁下之了解，应集合国士真正为国家效忠诚，一以矫正既成政党之宿弊，一以欲援助政府，在野方始达此目的，得成宪政之美。"（《伊藤传》下、第463—464页）这一回答不见得就是一种韬晦。

总而言之，对于伊藤博文而言，为了权力的斗争并不是政党的本性。他在创立政党的时候也贯穿了自己的理想，但是政党本来就是为了获得政权进行激烈交锋的产物。关于这一点，如同伊藤博文的心腹伊东巳代治所感慨的一样——"伊藤侯之计划唯机上之空论。"（《伊东日记》①，第531页）整体来说，伊藤博文确实有这样的一方面。伊藤博文将亲自起草的政友会章程及纲领草案等表明立党宗旨的文件积极地向山县、星、伊东、原敬等政界相关者传达，致力于宣传自己的理念，但是，归根结底他与身边所集结的"政友"们不过是同床异梦，他们都在为夺取天下而积极奔走。

9月26日山县内阁全体辞职。29日天皇召伊藤博文觐

见,命其组阁。但是,伊藤博文以"天皇降旨,山县内阁亦无辞职之必要,且政友会组织未完全,又外交之事目下不可更迭当局者等事情"为由,坚决推辞。(《原日记》①,第299—300页)对此,此时原敬代替伊东负责处理立党实际事务,他同井上馨商量,劝说伊藤拜受天皇旨意。(同前,第300页)

阁僚人事的脱轨

10月7日,在天皇的再次要求下,伊藤博文入宫拜见天皇,再次受命重新组阁。至此伊藤博文已经无法推辞,只能第4次出任首相之职。(同前,第300页)随之而来摆在伊藤博文面前的就是阁僚的人事问题。如前章所述,伊藤博文决不是以政党内阁为目标的,他对政党的认识也仅限于储备候补大臣的重要人才资源库的层面。若按照人尽其才的人事准则,宰相的职责就在于在政党内外广泛地寻求人才。

但是,这一方针从一开始就遭遇了挫折。起初伊藤博文采取了让内阁外的井上馨担任大藏大臣的方针。然而,这一方针却遭到伊藤博文的部下、对政友会的创立殚精竭虑并极其自负的渡边国武的极力反对。渡边期待自己能够担任大藏大臣的职位。这一期望落空后,渡边国武在10月9日、10日这两天在各大新闻报纸刊载了批评伊藤博文和政友会的报道。

对于上演这场闹剧的渡边国武，出于担心政友会成立不久就出现主要成员退会的意外状况，伊藤博文并没有采取强硬措施，而是殷切劝说，最终渡边国武也偃旗息鼓向伊藤博文道歉。但是，透过这一件事可以暴露出伊藤博文的人事哲学绝对没有影响身边的人。接着，伊藤博文又通过西园寺公望告知原敬暂且不入本届内阁，而收到此信息的原敬对于伊藤博文一面劝诱其“为了组织内阁你是不可或缺的，因此为了这个目标请入党吧”，同时又采取这样的行动，感到“万分惊讶”，他在日记中列举了对伊藤博文的批评：

> 盖伊藤薄弱，遂不得不让旧自由党之四总务委员入阁，又容松方之依赖，令加藤高明入外务，恐渡边国武之强迫令同人入大藏，如此处置虽为内定，至过于背余之前约。（同前，第 301 页）

原敬责备伊藤陷入四面妥协的局面，无法发挥强有力的领导能力。然而，这也正是让伊藤博文头疼的事情。同月 13 日，伊藤博文写了下面的信寄给了井上：

> 政友会之事情如斯，泣不能泣之状。独不堪大叹息，彼等无一人见国家之安危得丧，皆自个人以名誉、污辱、任意之名称，内心希望欲得各好地位，不过故意行表面无根据之道理。而又不见一人出自忧国之至诚

> 胸中思国政之计划手段等，不过唯依赖他人贪荣达利禄。如斯以此辈为对手而于国家非常之际，欲应重责之自个愚忠乃仰仗天怜之外无之，不堪悲愤也。(《伊藤传》下，第 472 页，《世外传》④，第 777 页)

伊藤博文原以为已经彻底了解人事上的方针，但是真正等到开始进行任命才明白很难控制党员谋求高官厚禄的热情。在上文的书信中，伊藤博文倾诉目前窘境的同时，恳求井上出任大藏大臣，但是这番声泪俱下的倾诉并没有奏效。第二天，井上有如下回信，婉辞了伊藤博文的邀请：

> 诚然此国难之际，归老侯一人之责任，实恶友之感生矣，又组织内阁，从前述之事情而终发固有之短虑，则发生如前年与巳代治之冲突之事态时，不仅乃第一苦心，还当国家危难之际为国家亦不成，故再三熟考，虽在此际，小生不得当此重任，敬请谅解，愿君怜察小生断然退遁。(《伊藤传》下，第 475 页)

在井上的脑海里浮现出了前年第三次伊藤内阁的惨状。想当初在与自由党的合作中，板垣退助入阁的消息甚嚣尘上，农商务大臣伊东巳代治也为促成入阁事宜而积极奔走，却遭到大藏大臣井上的反对，伊藤博文夹在二人之间苦恼不已，经过深思熟虑后决定拒绝板垣退助入阁，伊东在接受了这一决定后辞去了农商务大臣的职位。井上看出政

友会内部的混乱状况，同时还考虑到照现在的状况下去，要是答应接受官职，下一次就轮到自己重蹈伊东之覆辙，还有可能在与伊藤的关系中埋下祸根，因此他毅然决然地拒绝了伊藤博文的邀请。最后，由渡边坐到了大藏大臣的座位上。

阁内的不统一与 7 个月后的倒台

第四次伊藤内阁成立于 10 月 19 日。除了陆军大臣桂太郎、海军大臣山本权兵卫，其他大臣都来自政友会，可以说这种安排是政友会一党独裁的政党内阁。但是，实际上首相伊藤博文的身边人也很难说是铁板一块，从之前的叙述中我们也可以发现些许端倪。在渡边作为大藏大臣入阁的事情上总务委员就一同表达了反对的声音，正如前文中引用的原敬日记已非常清楚地表明的，这给伊藤博文的领导地位笼罩上了一层乌云。

伊藤内阁成立后出席了 12 月 25 日召开的第 15 次帝国议会。这次议会最大的悬案就是针对义和团事件的派兵费用而提出的增税法案。当时由于政友会在众议院中控制超过半数的席位，增税法案很轻松就通过了，但是却遭到了贵族院的否决。山县有朋认为“到如此情势，乃因政府对贵族院百事颇冷淡视之可察矣”（1901 年 3 月 1 日山县寄给松方的书信，《松方文书》⑨，第 176 页），连他对贵族院都投

来了同情的目光。政友会内阁是按照国民政治的原理，以众议院为基础产生的。但是，按照原来的《明治宪法》，众议院不过就是国家机构的一部分，这一宪法的特征是各个机构各司其职的割据制度。将众议院作为基础实现政治的统一是国民政治积累实践经验的必要之举，在这一阶段伊藤博文不得不依赖拥有制定宪法统治权的独裁者的身份。3月12日天皇下诏书命令贵族院通过增税法案，依靠天皇的命令政府的法案终于通过了。

尽管伊藤博文的政策得到实施，但是政友会内部还是混乱不堪。在贵族院否决政府法案后不久，曾任政友会总务委员的都筑馨六也唱起了反调，党内想将他除名的声音甚嚣尘上。(《世外传》④，第765页)而且，在通过增税法案之后，政友会内部又围绕渡边大藏大臣而纷争不断。4月15日的内阁会议中，渡边主张中止通过公债进行支付的国营企业，却遭到末松谦澄、金子坚太郎、松田正久、林有造、原敬这五位政友会出身的大臣的反对，从而造成激烈的对立。在这种内阁内部无法保证达成统一的背景下，5月2日伊藤博文提出辞呈，第四次伊藤内阁落下了帷幕。

伊藤的政友会内阁就这样遗憾地收场了。辞任后不久，5月20日伊藤博文与山县有朋进行了一次密谈，他认为“维新以来，人民之地位渐高，其结果，不得不闻人民之意见，若闻人民之意见则不得不生党派，若此，不得无视政党”

(《原日记》①,第 337 页),重新阐述了自己的政治哲学。可以说第四次伊藤内阁的挫折就在于很难汇集人民的声音而达成和谐的统一。此时的伊藤博文连自己身边部下们的声音都没能成功掌控。

对缔结日英同盟的失望

从政权上退下来之后,伊藤博文对党内的领导继续处于混乱中。伊藤博文之后继任的是以桂太郎为首的内阁。至此由元老阶层就坐的首相宝座轮到下一代的桂太郎来坐了。内阁议员也主要由山县党阀的非政党内阁构成,世人揶揄称之为“小山县内阁”。

对于超然内阁的再次出现,政友会的干部们当然会在党内回归平静后立刻采取攻势。但是,伊藤博文制止了这一举动。9 月伊藤博文为了参加耶鲁大学名誉博士称号的授予仪式而远赴美国。此时伊藤博文外出的真正目的是牵制政府推动的日英同盟,并与俄国方面交涉日俄协商的事宜。然而,伊藤博文这么做并不是给桂施压,妨碍他的外交政策。伊藤博文对自己的行为、同俄国的交涉过程,都与日本政府进行了秘密联系。抑或可以说是桂太郎钻了伊藤博文的空子,趁他与俄国外交大臣拉姆斯道夫正在协商的过程中于 1901 年(明治三十四年)12 月敲定了日英同盟缔结方针。

不难让人想象伊藤博文当时内心莫大的失望之情。但是,伊藤博文奉行的主义是凡是政府决定的方针都会执行。当时在国内,围绕如何处置义和团事件中满清政府的赔款问题,桂内阁与政友会的对立态势日趋激烈。11 月 29 日正在访问俄国的伊藤博文给井上馨发电信向全体政友会党员传达了简讯,强调说:“需要政府巩固并永久维持国际竞争之现状,故无国家重大之理由而反对内阁,鄙人恕难苟同。”

原敬得到井上馨授意了解了这封电文的内容,反对说:“若单言不能不巩固并永久维持现任内阁,余辈加入政党,谋其改良,于为国家贡献并无裨益。若果如阁下所了解,无外乎舍万事而盲从政府。”(《原日记》①,第 370 页)在原敬看来伊藤博文这种想完全结束与政府对立的态度不过是对政治一无所知的书呆子式的愚蠢政策。

原敬等党员对伊藤博文领导能力的不满在 1930 年(明治三十六年)5 月 21 日和 23 日的政友会议员大会上达到了顶点。在此之前,政友会一直反对政府所提出的海军扩张和地租增征并对政府穷追猛打,但是相反总裁伊藤博文却在追求与桂首相妥协的余地。在大会中伊藤明确表示了自己的方针,党内对党的运作的不满声音如决堤一般喷涌,出现了像尾崎行雄一样公开反对伊藤独断式的妥协,并退出政友会的党员。

6 月 13 日伊藤博文与原敬展开了秘密谈判，面对针对政府提出的质疑，解释说“是则是，非则非，预先反对置之非上策也”，认为“取得政权非当务之急”。对于伊藤博文一贯的不愠不火的态度，原敬非常恼火，威逼说：“如阁下今日多成功之大业而别无他望，如余辈则不然。且阁下渐入老境，若不早造后嗣，则他日将陷四分五裂之结果。”（《原日记》②，第 67—68 页）如原敬所说的一样，在政友会党员中间已经丧失了对伊藤博文领导力的信任，陆陆续续出现了放弃政友会、退党的事件。

就任枢密院议长

在山县有朋与桂太郎密谋迫使伊藤博文脱离政党、将其塞入枢密院的背景下，7 月 13 日伊藤博文决定辞去政友会总裁的职务，就任枢密院议长。所以，可以说伊藤博文是在党的运作陷入死胡同的时候，“按照山县、桂所开辟的退路，回到了唯一可以让他安安稳稳的位置的天皇的身边”。（三谷太一郎：《日本政党政治的形成》，第 45 页）

如上所述，对于伊藤博文而言，无论是第一代政友会总裁还是第四次内阁的首席，可以说这份经历都是十分痛苦的。伊藤博文怀揣着立宪国家与国民政治的崇高理想，却在现实的政局中不得不品尝失败的滋味。这一点非常重要，可以认为正是从这一时期开始伊藤博文告别过去政治

上的春风得意开始走下坡路。但是,从政治局势的中心来看也很难衡量这一时期的伊藤博文的真正价值。此时真正能够打动伊藤博文的是更加长期的且根源性的整个国家的构想,我认为如果不能将这一点纳入视野当中,就无法对一个政治家作出公正的历史评价。

实际上,最近也有不少研究从上述观点对伊藤博文在政友会以及第四次内阁中的政治指导进行评价。伊藤之雄指出在这一时期伊藤博文除了一贯主张对行政财政进行整理之外,还根据山县有朋制定的改正文官任用令、文官分限令修改政党党员的就官限制,计划恢复首相的政治任用职能等,形成了志在进行内政改革的形象。清水唯一朗也与伊藤氏的研究方向一致,明确了伊藤博文构想以任命政友会的成员为各省的官房长官为中心的以政党为轴的统一的统治构造。

我们可以认为立宪政友会的创立正是伊藤博文怀揣的国家构想的一环。对于伊藤博文而言,政友会是他意图改变国家统治的构造、改革国家体制的尝试。而且,这一改革的战场并不限于政友会。从1900年(明治三十三年)开始,伊藤博文着手于国家根本制度的改革。这场改革的目的在于对当初确定了大致轮廓的明治宪法体制进行大检阅和修改。最终可以说初步完成了他所期待的明治国家形态(明治国家体制)。可以说政友会的创立也不过是他远大政治

改革构想的一环。

伊藤博文改革清晰地呈现在世人面前是在 1907 年(明治四十年)。本书将伊藤博文的这场改革称为“1907 年宪法改革”。

2　从政友会到帝室制度调查局——实行宪法改革

皇室制度的确立

1900 年(明治三十三年)9 月,伊藤博文坐上了立宪政友会第一代总裁的宝座。在此之前他率先就任了另外一个组织的总裁之职,这就是 1899 年 8 月在皇宫中设立的帝室制度调查局。伊藤博文也是从这里开始作为第一代总裁进行自己的统治的。

帝室制度调查局是为了调整皇室制度而进行调查、审议的机构。而且,该机构是伊藤博文一手促成的。在调查局成立的前一年 2 月伊藤博文向天皇呈递了与皇室有关的十条意见书,他在意见书中指出了现行皇室制度的不完善,上奏进行修正。意见书中的主要问题包括皇室以及皇族婚丧嫁娶、皇族降为臣籍、帝室经济的改革、辅导皇太子等。(《伊藤传》下,从第 335 页开始)之后,伊藤博文为了完善皇室制度再度奏请设置调查机构,1899 年 8 月 2 日宫中同意设置帝室制度调查局。

9 月 11 日伊藤博文与调查局的副总裁土方久元一起召集局内负责皇宫事务的各方面官员（细川润次郎、高崎正风、伊东巳代治、梅谦次郎、穗积八束、花房直三郎、多田好问、三宫义胤、广桥贤光等），举行了一场关于帝室制度调查局理念的演说。其中伊藤博文指出，虽然现今皇室在法律上已然与政府相分离开来，但是“实际于此之区别犹未明晰”（《伊藤传》下，第 420—421 页），需从法律上明确皇室及皇族的地位。而且伊藤博文还宣布了由天皇下诏授命的十二条调查事项。内容如下：①关于皇室及皇族的婚丧嫁娶礼仪及其他朝廷礼仪的相关事项；②关于皇族待遇的相关事项；③关于对皇族及有功之臣进行赏赐的相关事项；④关于授爵及升爵的相关事项；⑤关于请愿规程的相关事项；⑥关于皇室令的相关事项；⑦关于皇族宗教信仰的相关事项；⑧关于皇族所承担的财产租税的相关事项；⑨关于皇族财产民事诉讼的相关事项；⑩关于华族令的相关事项；⑪关于勋位制度的相关事项；⑫关于其他与帝室制度有关的临时咨询的相关事项。（《伊藤传》下，第 425—426 页）

这一系列的事项与前年伊藤博文上疏意见书的内容一致，并且在这里我们可以清晰地看到帝室制度局接受采纳了伊藤博文的意见。1884 年（明治十七年）3 月，伊藤博文率先开始准备《明治宪法》的制定，在宫中设立了制度调查局，着手对国家体制的全面调查活动。1889 年 2 月，《明治

宪法》连同皇室典范及其他宪法附属法(众议院议员选举法、议院法、会计法、贵族院令)得以发布,但是这制定的只不过是国家的政务法。与之并存的宫务法体系是以制定的皇室典范作为其大纲,按照“期待逐渐扩大帝室事务”的方针(《明治天皇纪》⑥,第185页),并作为始终贯彻的课题。即明治国家体制是倾向于将宪法和皇室典范分别纳入政务法和宫务法的二元国家法律秩序(典宪体制)中,但目前也只是停留在主干部分。

对伊藤博文而言,作为宪法的制定者需要通盘考虑全局,确立皇室制度是为了解决制定宪法时的遗留问题,完成典宪体制不可回避的任务。《明治宪法》颁布后的10年里,伊藤博文再次在宫中成立调查局,着手解决这一遗留问题。

但是,帝室制度调查局(下文简称为“调查局”)成立的第二年9月伴随着立宪政友会的创立,伊藤博文辞去了调查局总裁之职。这是因为处于政党党首位置的人往往会比较忌惮在宫中任职。虽然副总裁土方久元继任成为总裁,但是调查局的行动也不得不搁置下来。调查局再次打破局面恢复生气是在1903年(明治三十六年)7月伊藤博文辞去政友会总裁之后。当时,伊藤博文重新担任调查局总裁,伊东巳代治也就任副总裁。日俄战争之际,调查局有条不紊地进行皇室制度的调查和立案,最终结果也在1907年之际依次公开。这一年2月,关于制定法令的公布形式,调查

局要求废除此前的公文形式，制定新的公文形式。与此同时，除了公布所增补的皇室典范外，调查局还以法令的形式明确了规定皇室事务的皇室令。

虽然在皇室典范增补公布的2月11日，调查局也被废除了，但是，此后还是陆续制定和公布了一系列作为皇室令的皇室基本法，例如皇室会议令（1907年）、登极令、摄政令、立储令（该系列法令为1909年公布）、皇族身位令、皇室亲族令、皇室财产令（该系列法令为1910年公布）、皇室会计令（1912年）等。说起来，在1907年这一年"出现了以帝国宪法为最高法规的'政务法'系统和以皇室典范为最高法规的'宫务法'系统的二元宪法秩序"。（大石真：《日本宪法史（第2版）》，第291页）

如上所述，从基本确立明治典宪体制雏形的角度来说，1907年这一年在法律制度史上是具有划时代意义的。大石真认为虽然没有修改宪法，但是"通过改废常规议会制定法的宪法附属法律还是改变了宪法秩序"，他用"宪法改革"一词对这一变化进行了概括。（大石真：《对宪法秩序的展望》）[①]我们可以认为帝室制度调查局是明治时期对宪法进行改革的一种尝试。

---

① 大石真在这里强调的是桥本龙太郎政权下的行政改革，即所谓的桥本行政改革以来的一系列统治机构改革。

国法体系的完成和问题

关于调查局的行动，过去的研究不仅从宪法史、法制史，还从政治史，特别是天皇制和军事史的角度进行了考察。首先，关于宪法史和法制史的研究(川田敬一:《近代日本的国家形成和皇室财产》，第五章)。我在这里想着重列举前文所论述的在典宪体制形成过程中的主要成果。即强调了以皇室典范增补的公布为先，皇室制度的整备有条不紊得地得以推进，另一方面通过公式令的制定，逐渐明确了诏书、敕书的成立要件、修订宪法、皇室典范的手续，以皇室令、法律等为代表的法令发布、生效流程，确立了统一的国家法律秩序。而且，可以说这一系列变革是国家体制上的一次巨大转变。换句话说，这标志着皇室典范的公布并不是面向国民的，同样，此前的方针认为"皇室的家事一切与国家无关"，但现如今宫中、府中之别突然一变，皇室作为国家机关的地位成了国家体制上的原则。1907 年(明治四十年)典宪体制的完成也具有从法律体制上让一直处于幕后的皇宫与政厅一同成为合法统治机构的意味。

如此一来，在强调调整和确立国家法律体系的同时，这种新产生的国家体制的内容自然又会生成新的问题。关于这一点过去政治史领域积累了不少研究成果。其中，大部分研究是从军部制度的独立这一视角展开的论述。

总而言之，帝室制度调查局所拟定的公式令要求一切敕令、法律必须征得内阁总理大臣的副署签名才可以，进一步强化了首相的权限。不过，山县有朋等人对此深表忧虑，于是最后又策划制定了军令第一号（关于军令事宜），追加了向来“帷幄上奏”的惯例（军事统帅不经内阁议会直接上奏天皇，译者注）。一般认为军部从政府中独立出来并最终确立，至此，它奠定了昭和时期军国主义制度的基础。[①] 从这一点上来想的话，可以说1907年的宪法改革不仅形成了典宪的二元体制，更生成了包括军部在内的三元体制吧。

无论如何，帝室制度调查局的实质与我们透过它的名称所想象到的相去甚远，很明显它绝非仅仅从事皇室制度的改革那么简单。通过上面的论述可知，帝室制度调查局主要是针对明治立宪制及其修正采取了内阁制度改革、统一国家法律秩序体系等一系列举措。同时，调查局也引起了山县有朋等人的反感，造成了意料之外的军部独立的结果。那么，这次改革究竟是完成了明治立宪体制，还是说是其体制开始瓦解的序章呢？在对此进行评价之前，我们必须首先对帝室制度调查局的行动进行详细的考察，明确伊藤博文想要完成的宪法改革的真实状况。

---

① 关于研究史以及现阶段的研究成果可参照伊藤孝夫《大正民主主义时期的法律与社会》，从第227页开始。

3　1907年的宪法改革(一)
——天皇的进一步国家体制化

有贺长雄

1903年(明治三十六年)7月13日,伊藤博文辞去政友会总裁职务,3日后,又重新担任帝室制度调查局总裁。与之同时,调查局展开新一轮的行动。8月17日,伊东巳代治担任新的调查局副总裁,向伊藤递交了题为"调查实施方针"的文件。(参照《伊东巳代治》下,从第10页开始)

尽管文件内容涉及诸多方面,但是用一句话概括来说的话,就是伊东巳代治认为"断定皇室之事为天皇之私事,皇室典范条定皇室自身家法之说,与我日本帝国之历史不相容","故需明确皇室乃国家之要素的固有之关系,以不易之规准确定之"。于是,他鼓吹要重新界定皇室为国家机构的地位,让皇室典范与帝国宪法一同成为国家的根本法,享有对等的效力,以期完成典限体制。

根据这一"调查实施方针",伊东巳代治已经授命某个人负责调查行动了。这个人的名字叫有贺长雄。有贺长雄因为得到伊东巳代治的大力举荐,被擢升为"御用挂",负责处理天皇事务。在给伊藤博文报告调查局副总裁受命的书信中,有伊东巳代治"前年以来承蒙抬爱,有贺长雄……察

于内地无不善之事，今为制度调查局采用以处置如何”的记载，之后他又补充说“将来必有其用”。（1903 年 7 月 18 日付伊东书信，《伊藤文书〈塙〉②，第 434 页》）伊东巳代治对于有贺长雄有着非比寻常的信任感。

伊藤博文很快便答应了伊东巳代治的请求。同月 23 日伊东巳代治以“有贺之义所负要职，敬承厚虑，其本人亦不胜感激”之言表达了对伊藤博文的谢意。（《伊藤文书〈塙〉②，第 434 页》）就这样，有贺长雄在调查局成了伊藤博文的部下，不过他们二人在很早以前就相识了。1882 年在调查宪法的时候，伊藤博文在维也纳的授业恩师、国家学者劳伦斯·冯·施泰因教授同样也是有贺长雄的老师。施泰因在与伊藤博文邂逅以后，接连不断有日本人为了能当面聆听他的学识而拜访他，其时被称为“朝拜施泰因”。（拙作《德国国家学与明治国家体制》）有贺长雄应该就是这群“朝圣者”中的一员，不过，他不仅学习了施泰因的学说，还将其传播到了日本。在明治时期广为流传的、海江田信义编纂的施泰因著作《须多因氏讲义》（1889 年）就是由有贺长雄翻译的。此外，有贺长雄自身似乎受到在法学、政治学、经济学等领域都颇有建树的施泰因教授的影响，他的《社会学》（1883—1884 年）、《国家学》（1889 年）、《行政学》（1890 年）、《日本古代法释义》（1893 年）、《日清战役国际法论》（1896 年）、《日俄陆战国际法论》（1911 年）等涉及各个领域

有贺长雄

的著作也不断问世。可以说，有贺长雄是最能体现施泰因学风的国家学学者了。抑或从某种意义上来说，以施坦因为介，伊藤博文与有贺长雄二人联系在了一起。

有贺长雄去世以后，他创立的《外交时报》中刊载了不少对他的悼文，其中有不少文章提到了他与伊藤博文之间的关系，可见二人交往之端倪。例如，有贺长雄的大学校友、后担任早稻田大学校长的高田早苗就回忆说，有贺长雄在大学毕业后就成为“伊藤公身边的红人”，“很长时间都居住在枢密院，似乎还担任伊藤公的秘书”。（高田早苗《故有贺博士回忆记》，第102页）就这样，有贺长雄一直都是伊藤博文的亲信并最终就任帝室制度调查局的“御用挂”。

有贺长雄作为伊藤博文和伊东巳代治的“智囊”，活跃在帝室制度调查局“御用挂”的工作中，展现了出色的才能。在前文伊东巳代治给伊藤博文的书信中亦曾提到“调查实施方针”，其中就有“以前来之方针着手调查，是亦完成即可阅览，命有贺长雄种种之调查，因完成不少文件，令其归京”的记录，足见有贺长雄费尽心力进行调查的状态。（1903年8月17日书信，《伊东巳代治》下，第9—10页）综上来

看,本身“调查实施方针”的制定就与有贺长雄有密不可分的关系,特别是 1904 年 10 月的调查中间报告——《皇室辨》就出自他的手笔(川田敬一:《近代日本的国家形成与皇室财产》,第 198 页),事实上有贺长雄才是真正的起草人。

原本有贺长雄作为皇典研究所的一员就有从事皇室制度历史研究的经历,而且,在 1900 年进入皇室制度调查局之前,他还发表了题为“国家与宫中的关系”的演讲。(《国家学会杂志》第 167 号)有贺长雄将现下日本国家体制应该解决的问题分为(1)国家和军队的关系、(2)国家和宫中的关系、(3)国家和台湾地区的关系三类,该演讲就是他分别对这三类关系进行研究后所作的多场主题演讲之一。[①] 在这期间,有贺长雄接触到了去年刚刚设立的帝室制度调查局。关于调查局所面临的问题,他力排众议指出“实非关系一二事务便利之问题”,乃“影响国家全体编成根本之问题”。(《国家与皇宫的关系》,第 2 页)透过有贺长雄的这段文字,可以看出他对帝室制度调查局是怀有强烈期待的。估计后来有贺长雄成为调查局一员的时候,心中应该也是感慨万千吧。

在帝室制度调查局经历的基础上,有贺长雄对于日本

---

① (1)以“国家与军队之间的关系”为题刊登在《国家学会杂志》从第 157 号到 161 号(1900—1901 年)的附录中。

的立宪制度也进行了比较系统的说明，他从 1908 年 2 月到 1909 年 7 月对清政府宪法考察团的讲义记录也可以证明这一点。就在有贺长雄讲解该讲义的时候，伊藤博文也正在和清政府斡旋。（伊东巳代治：《清朝宪法与我国》，第 3 页）现在《伊东巳代治关系文书》（国立国会图书馆宪政资料室所藏）中保存下来、名为“宪政讲义”的讲义录中还详细地附上了有贺长雄之前参与的宪法改革全过程、意义以及改革的深度。接下来，我想通过分析该讲义录以突显 1907 年改革下的国家形态。

天皇国家机关化目标

如前所述，在《明治宪法》制定时期设立的帝室制度调查局是为了对宫中府中之别进行重新认定，进一步将皇室界定为国家的重要机关。但是，这并不是调查局从创立之初就始终贯彻的方针，或者可以说是完全相反的。伊藤博文在就任调查局总裁之际，虽然将现在的宫中与府中从法律上严格区分开来，但是在他的演说中仍然可以看到“有憾于实际此区别犹未明晰”的说法。（《伊藤传》下，第 420—422 页）这样一来，在调查局创立之初，伊藤博文希望进一步完善作为以宪法制定为顶点的明治中期一系列国家体制改革的基本理念的宫中府中之别。

但是，1903 年（明治三十六年）7 月调查局重新部署行

动之后，其方针发生了很大变化。之后 8 月“调查实施方针”的提出，对皇室和皇室典范进行了重新定位，它将皇室视为国家要素之一，将皇室典范作为国家的根本法。伊藤总裁最初的指示也因此发生了 180 度的大转弯。

调查局试图改变过去将国家和皇室分离开来的国家体制改革，重新界定皇室在国家中的地位，但是这并不意味着强化了天皇的政治角色，更不是为了让天皇掌握亲政的实权。恰恰相反，其目的与其说是确立天皇的主权，不如说是让皇位、皇室进一步地制度化、国家机关化。换言之，改革的关键不在于对天皇的国民的灭私，而在于天皇对国家的奉公。

1900 年有贺长雄的演讲——“国家与宫中的关系”中也直接指出“天皇君临于国家，非知行家督之私产，当完对天祖遗命之公职”。（第 22—23 页）与欧洲的君主不同，日本没有国家是天皇家产的惯例。天皇的统治是遵循天祖之命执行的公务，即便作为一国之君，天皇仍然不能将国家视为私有，这正是因为天皇是天祖予以委任的公职。

这也体现在天皇与政府官吏之间的关系上——“以有司为天皇一身之臣从关系，未曾有起。”（第 12 页）官吏绝非天皇个人的家臣，而是为公尽职的公仆。如有贺长雄后来向清政府的使臣所解释的一样：“天皇陛下与天皇陛下之政府有别也。”（前揭《宪政讲义》，1909 年 3 月 14 日，以下出

自同一史料的引用只标记时间)

其中,有贺长雄的《宪政讲义》进一步证实了帝室制度调查局主张皇宫与政厅统一的真实意图与伊藤博文的立宪方针之间绝对不存在龃龉之处。首先我们先来看一下有贺长雄所打的一个形象的比喻吧。(1908 年 3 月 29 日)

伴随着宪政体制的确立,有贺长雄也认为十分有必要将国家与皇室区分开来,他把这一情况比喻为公司组织的发展。当由个人开创公司之时,公司属于创业者一人所有,公司业务也是由此一人负责。于是,这个人就像同时拥有两个家庭一样,也就是自己的家庭和公司。在两者之间,他同时扮演了家长的角色维持两个家庭,并进行直接的管理。

但是,伴随公司业绩的发展,公司的运作逐渐摆脱了这个人的专权。"就像家长虽然仍然直接处理自己家的家事,但业务却通过这个公司的组织进行间接的管理。"即与家长直接处理家务不同,公司伴随经营规模的扩大,需要自律的组织,作为总经理只需要间接性的管理就可以。确实如此,虽然公司是自己的,但是公司事务却不能任由自己专断,而是由公司章程所规定的机构进行处理。

这样一来,经营者自己的"家庭"就与"公司"分离开来。与此同时,经营者也产生了两面化的现象,即作为家长的一面与作为公司经理的一面,或者可以说私人的一面和公共的一面。而且,在有贺长雄看来,只有立宪制度才能使得天

皇公私分明化。因此，作为皇室家长的天皇与作为国家元首的天皇必须要区别开来。

乍一看，这一主张与帝室制度调查局“皇室为国家要素”的方针似乎是矛盾的。但是，这一问题的关键并不是为了让皇室成为支配国家的主体，而是国家使得皇室制度化，也就是说皇室的国家体制化才是调查局所隐含的意图。这样来考量的话，上述问题就得到了圆满的解答。如此一来，帝室制度调查局所推动的一系列皇室改革是为了让皇室成为国家机关的同时，使其彻底地实现制度化。所以，即便是帝室制度调查局重视宫中府中之别，也只是停留在制度的表面的说法。在有贺长雄的论述中，实质上的着力点是防止天皇大权在政治中的独断和皇室的制度化，这与《明治宪法》在制定之初伊藤博文的考虑没有任何不同。

天皇、皇室的无责任化

帝室制度调查局的制度编制与其说是要解决宫中府中之别的问题，不如说是要让宫中为国家所包摄而将其制度化，并在此基础上重新对二者进行区分。

接着，我们再来看一下：天皇作为国家元首在政治中发挥了什么样的作用呢？有贺长雄将在国家政治场合下的天皇描述为从头至尾都是被法所限制的存在。他在对中国使臣的解释中断言：“抑天皇之大权应遵奉宪法行动，故依宪法

之规程，君主命令来自宪法之上，非君主之命令。”(1908 年 4 月 28 日)这也是有贺长雄一直以来的主张。在 1901 年(明治三十四年)出版发行的《国法学》一书中，有贺长雄认为："违反宪法者非国家元首之行为。”(上，第 225 页)

众所周知，关于《明治宪法》中天皇的性质问题，主张君主主义的正统学派与立宪学派之间展开激烈的对立，前者非常重视第 4 条“总览统治权”的说法，而后者则将重点放在第 4 条“依此宪法之条规行之”上(大石真:《日本宪法史〈第 2 版〉》，从第 277 页开始)，有贺长雄对宪法的解释属于后者。不仅如此，正统学派的代表穗积八束在宪法颁布之后写了一篇题为《帝国宪法的法理》的论文，[①]确立了自己鲜明的旗帜。有贺长雄则以题为《穗积八束君帝国宪法法理勘误》的论文进行了反驳，[②]他与穗积八束围绕天皇机关说进行了激烈的争论。从这里来看，有贺长雄属于意志坚强的立宪学派。

话虽如此，即便有贺长雄属于立宪学派，他本人对议会主义的发展也是持批判态度的。[③] 对于有贺长雄而言，立宪制度的根本在于统治的主体应该是内阁，立宪政治应当是由内阁负责的政治；而且，回到宫中府中关系的问题上，他认为唯有责任一事才是将“国家与皇室区分开来的标准”。(1908

---

① 《国家学会杂志》第 3 卷第 25 号—第 31 号(1889 年)。

② 《宪法杂志》6 号—8 号(1889 年)。

③ 前揭“宪政讲义”，1908 年 11 月 21 日。

年3月15日）而关于产生的责任问题，有贺长雄认为不应当由皇室，而应当由以处理国家事务的姿态来施行。如此一来，由于天皇进行的是间接统治，就从责任问题中解脱出来，转而稳坐皇位。为了作进一步的说明，有贺长雄解释如下：

> 整体而言立宪政体乃便宜之政体也。君主若为明君则其结果直现，又云君主或幼冲，或病身，又或庸愚时，其事不显于表面即可成焉。（1908年11月29日）

于是，按照有贺长雄本来的解释，皇室在被界定为国家机关的同时，与政治实权也渐行渐远，从根本上实现了制度化。因此，他期待通过天皇及皇室统治者性质的形式化，以实现政治上的无责任化。与之相反，各级大臣及其组成的集团内阁却作为政治上的责任主体被推到国家舞台的中央。接下来，我们围绕内阁问题继续进行讨论。

4 1907年宪法改革(二)——以内阁为中心的责任政治与对军部的抑制

对内阁的重视

有贺长雄曾在中国考察团面前说过，制度的运行是人类精神活动的产物，将这种精神活动完全展现出来的关键则是对国家制度的设计。

宪法仅定大体之规模，欲实际运用此编写，达国家之目的者乃精神之工作。若其精神方面无人类之活动则到底不可为也。且作为人类之活动如何使此精神之事业充分可行、可为，即定官制乃至重至要之点也，此为官制度之目的也。(1908 年 11 月 13 日)

所以，可以说在立宪制度之下，决定国家能否有效运行的关键是国家体制。原本制约国家权力才是立宪主义的本意，但是对于这种消极的制度观，有贺长雄认为宪法所制定的国家体制不过只是整体框架，他强调在实际中如何运用国家体制才是制度的生命之所在。

可以说有贺长雄的立宪制度论是对国家行为制度原理进行的概括，这一制度不是为了束缚国家，而是为了让国家得到解放；而且，能够承担起整个国家行为的只能是内阁这一角色。他又进一步指出："消极的内阁绝对无法让国家发展起来。国家需要积极的内阁。"(1908 年 12 月 13 日) Positive 的内阁，即积极的内阁，换句话说就是统领一切政治的内阁。有贺长雄将行政和政治区分开来，他认为前者是"依据法律或敕令，实行国家特别之事业"，后者则是"于法律敕令以外，立一定主义"。(1908 年 4 月 7 日)即内阁的任务不仅单单指执行法律、敕令，还包括确立国家运行的方向——"大政方针"(同)。因此，我们可以明确地看出，有贺长雄所主张的责任政治不仅是强调了国务大臣的辅弼职

能，还有以内阁大臣为首的内阁对大政的统率及所担负的一切政治责任。可以说，责任政治就是内阁政治。

公式令制定的意义——大宰相主义的复活

如上所述，在有贺长雄的解释中，立宪政治被定义为由内阁负责的责任政治。[①] 这是帝室制度调查局所隐含的另外一个重要课题。

在明治宪法实施近 20 年之后，无论是国家体制自身还是外部环境都发生了巨大变化，立宪体制走到了历史的十字路口。一方面，政党的势力日渐抬头，议会政治在这期间也日趋稳定。但是，另外一方面，通过中日甲午战争、日俄战争，陆海军的势力进一步增强，加上获得对中国台湾、朝鲜等海外地区新的控制权，造成了国家的统治权力的分化。基于这一形势，调查局制定相关制度的初衷在于强化以内阁为主的统治权，防止国家体制的分化。

其中，皇室制度的国家体制化不过只是上述改革中的一环，其真正的目的在于策划颁布公式令以及对内阁官僚制度改革。公式令规定了所有国家公文的颁布形式，是系统地统一国家法律秩序的宪法附属法。根据公式令的规

① 1890 年出台的《大臣责任论》中明确主张元首无责任化，大臣执政有辅弼责任。有贺长雄：《大臣责任论》，从第 287 页开始。

定，皇室典范在进行修正时就要对其内容进行公布（第 4 条），而基于皇室典范规则的皇室令则以法令的形式明确了与皇室相关的规定（第 5 条）。同时，公式令还确立政务法和宫务法的二元体制。在第 3 条中规定了颁布改修帝国宪法时候的相关手续。

川田敬一明确地指出该公式令是由有贺长雄起草的。（川田敬一：《近代日本国家的形成与皇室财产》，第 201 页）实际上，我们之前论述过有贺长雄内阁论，它是对公式令的进一步证明。如前文所指出的一样，公式令的目的在于回归 1889 年（明治十八年）内阁职权规定的大宰相主义。在导入内阁制度之际，内阁职权规定“内阁总理大臣为各大臣之首班，奏宣机务，承旨以指示大政之方向，统督行政各部”（第 1 条）；在此基础上，又进一步规定“凡法律命令皆由内阁总理大臣之副署”（第 4 条）。但是，不久之后在 1889 年内阁职权就被废除了，新的内阁机构制度成立了。其中，内阁机构制度第 4 条规定如下：

> 内阁官制
>
> 第 4 条　凡系法律及一般行政之敕令，均应由内阁总理大臣及主任大臣之副署。属敕令之各省专任之行政事务者，应由主任之各省大臣之副署。

也就是说，与法律以及一般行政相关的敕令需要首相

的副署，关于“属各省专任之行政事务”的命令则只需要各省大臣的副署即可，不需要首相的干涉。如此一来，总理大臣的地位和权限遭到很大程度的打压。可以说这时候的总理大臣除了是首席大臣之外与其他国务大臣并无二致。

于是，公式令中的规定，让遭到如此压制的首相权限再度强化。其中，最关键的是第 6 条和第 7 条。

> 公式令
>
> 第 6 条
>
> ① 法律乃附上谕而公布之。
>
> ② 前项之上谕乃记载经帝国议会制协赞之旨，亲署后钤玉玺，记入内阁总理大臣年月日，并副署之，又其他国务各大臣或主任之国务大臣俱副署之。
>
> ③ 略
>
> 第 7 条
>
> ① 敕令乃附上谕而公布之。
>
> ② 前项之上谕乃亲署后，钤玉玺，记入内阁总理大臣年月日，并副署之，又其他国务各大臣或主任之国务大臣俱副署之。
>
> ③ 略

通过这两条规定，一切法律命令均需要首相的副署才能生效的规定又重新被启用，二者共同促成了现存内阁机构制

度的改革。特别是前文中提到的第 4 条内容也被从公式令中删除，取而代之的是通过明文规定确立了内阁总理大臣的阁令制定权和对警视总监、地方长官等的指挥监督权。这样一来，就在制度上造成了内阁机构制度的地位较之前发生了重要改变，而内阁总理大臣则重新获得对国家政治强有力的统治权限。这才是帝室制度调查局的真正目标，有贺长雄等智囊所筹备的一系列行之有效的行动也是为了从理论上对调查局的目标予以补充。

对帷幄上奏权的挑战

制定公式令背后的真正意义在于改革了内阁机构制度，使大宰相主义重新发挥作用。在首相的领导权下实现内阁中心责任政治才是帝室制度调查局进行宪法改革的真正课题，同时也是他们的神圣使命。

在公式令制定的过程中，一直与调查局进行不断对抗的是军部。公式令规定一切法律命令均需首相的副署，这一行为也正是对军部的帷幄上奏惯例的挑战。

国会图书馆宪政资料室所藏《伊东巳代治关系文书》收录的“军令军政之明确区分”（第 156）报告中详细记录了调查局对军部的挑战。（下文简称“区别”，该史料由小林龙夫所编《翠雨庄日记》进行了翻刻。）该文件是由帝室制度调查局的格子纸装订而成的，原本是为进一步强化对《明治宪

法》第 11 条中与统帅大权相关规定进行限制的军事事项，它同第 12 条天皇大权（编制大权）中所规定的军队编制、常备兵额一并构成统帅权的一部分。虽然没有留下具体的起草时间，但透过正文中的文字可以推断是在 1901 年（明治三十四年）2 月左右。总之，可以说《伊东巳代治文书》是帝室制度调查局在设立之初按照伊藤博文的命令，由伊东巳代治进行考察，制定而成的文件。透过该文件，可以看到调查局从行动开始时，就将调整皇室制度与控制军部作为工作的重中之重。接下来让我们看一下“区别”的具体内容。

首先，我们需要回答第一个问题——为什么必须要区分军政和军令呢？这是因为军令是帷幄上奏，也就是说军队当局可以直接向天皇上奏，且不经过内阁而直接发布命令，同时又不需要向国民公布内容。从狭义的角度来看，帷幄上奏的权利是为了保障在战争过程中像参谋本部这一类军令机构（帷幄）可以直接向真正的大元帅——天皇报告战争状况、军事指挥命令。但是，军队为了防止负责军务的文官以及议会的干涉，将帷幄上奏规定的范围扩大至军队的编制、组织运营等层面。军队这一做法的依据来自 1889 年（明治二十二年）内阁机构制度的第 7 条。

内阁官制

第 7 条　事系军机军令上奏者，除依天皇之旨而下付之于内阁之要件外，均应由陆军大臣海军大臣向

内阁总理报告。

在同一条中，关于“军机军令”的事项，原则上来说不经过内阁审议，事后由军部大臣向首相报告即可。但是，问题是什么才是“军机军令”呢？关于这一点，在“军令军政之明确区分”中有如下记载：

> 内阁官制第7条规定，陆海军当局者可任意解释之，此为陆海军大臣所认定属军政事项中军机令者之时，不拘其实质如何，对内阁自保独立之地位，出现当大政统一之任之内阁总理大臣却不得不请求陆海军大臣之说之事实。

也就是说，何为“军机军令”全凭军队当局来解释，因此，经常有人指责军队肆意通过帷幄上奏的方式将本来应该作为军政事项或通常属于国家行政范畴的事项划定到“军机军令”中去。结果，军队从内阁中独立出来，成为首相统帅整个政治局势路上的绊脚石。

根据“区别”来看，1890年（明治二十三年）11月制定的陆军定员令成为陆军独立的开始。由于定员令的制定，陆军的官厅组织以及其下设的各级学校都被划为“军机军令”的事项，陆军大臣未经内阁审议直接向天皇请示裁断。之后，与陆军的官僚组织、学校机构相关的一系列规定都是经由该程序确定下来的。

在这一过程中，最具代表性的是 1896 年 4 月“颁布关于雇员补充陆军下士以及判任文官空缺的工资待遇敕令事件”。关于向指定陆军雇主支付工资事件，当时的陆军大臣大山岩单独上奏天皇以请求裁断，之后又在形式上征求内阁会议的同意。但是，伴随着预算的变化，加之军队的要求远远超过之前在内阁会议中所决定的每月雇员的工资额度，当时伊藤博文首相勃然大怒，拒绝了陆军大臣大山岩的请求，并且以首相的名义向陆海军发出了禁止滥用帷幄上奏权利的通牒。

为了矫正这一国家体制的状况，“区别”虽然承认了军令与军政属于混合事务，但是仍然从严格意义上区分了单纯的军令事务和单纯的军政事务，它不承认后者也拥有帷幄上奏的权利，要求必须经过内阁总理达成才可以上奏。同时，“区别”还认为“在内阁官制第 7 条中军令事项之外，虽承认军机事项，军政上对原来国务大臣有不能不保密之事项毫无道理，故帷幄上奏之范围仅限军令事项，要将‘军机’二字消除之”，改革了内阁机构制度，提出取消“军机”事项。

综上所述，帝室制度调查局的行动，紧急叫停了军事行政内阁的独立倾向而回归正轨。不过这才是 1907 年制定公式令和改革内阁机构制度所隐含的真正目的。

伊藤博文毅然决然的态度

在公式令颁布之初，政府并没有显示出足够的关注。时任内务大臣的原敬在内阁会议决定公式令草案的时候，只是很冷淡地用日记作了“与过去的‘公式文’相差无几”的记录。(《原日记》②，1906 年 11 月 13 日事项，第 207 页)而其他阁员就更没有发现公式令所蕴含的真意了。对于整个国家体制而言，公式令的颁布不可不谓是一副猛药，因此更必须要慎重且隐秘地服用了。

但是，没过多久这副猛药就显现出了它的功效。公式令的意图暴露出来之后，引起了一部分人的强烈反应。自然这些人大都来自军部，尤其是陆军。1907 年(明治四十年)3 月，海军大臣斋藤实向天皇奏请在韩国镇海、永兴两个港湾部署防备队的条例法案。本来斋藤实按照刚刚制定的公式令的规定，想在添加首相和海军大臣的副署之后作为敕令予以颁布。但是，天皇在对公式令与过去手续的不同感到震惊之余，于 3 月 23 日向当时远在韩国负责统辖监管职责的伊藤博文发电文质询，同月 26 日，又遣使前往韩国咨询伊藤博文的看法。(《明治天皇纪》⑪，第 798 页)[①]

---

① 关于军令制定的过程，参照由井正臣的《军部与民众统合》，从第 52 页开始；以及伊藤孝夫的《大正民主主义时期的法律与社会》，从第 227 页开始。关于军令在法史学上的意义，作为实证研究的代表，可参照后藤新八郎的《法制史・军事史研究业绩集》，从第 63 页开始。

此时,伊藤博文的回答如下所示。第一,部署防备队等事务属于国家行政事项,这应该通过敕令予以公布。为什么这么说呢?部署防备队条例在制度上属于设置新的国家机构制度,除了会产生预算上的问题,在该地区日韩两国人民中间还容易引起强制服从防备队命令和禁令的问题,该条例几乎与法律一样具有同等效力。伊藤博文直接明确指出,所谓帷幄上奏,"专属军事命令,与法律或敕令范围内预算之增减毫无干系,应当限制于国民之权利义务无关轻重性质之物"。

第二,整体来说,敕令在内阁机构制度上需要总理大臣的副署。根据新制度的宗旨,部署防备队也不能例外,海军大臣作为属下大臣更是要求要联名副署。

第三,确实在此之前有主管大臣单独副署就可以的前例,但是内阁机构制度进行改革之后,既然已经制定了新的公式令,总理大臣的副署就是不可或缺的,这一点"毋庸置疑"。因此,"若不以公式令为依据,尚继续从前之惯行,公式令归于徒法"。"无视公式令而以海军大臣一名之副署发布防备队编制敕令之事,乍恐难得其当。"以上三点是伊藤博文对天皇质询所作出的回答。(《明治天皇纪》⑪,第798页。《秘录》,第441—442页)

透过上述内容可以看出伊藤博文对内阁机构制度改革毅然决然的态度。在回复天皇之前,他就授命伊东巳代治

制作了文案，不过文案内容并没有完全按照他的意思来写。根据 4 月 10 日伊东巳代治给伊藤博文的书信（草稿）来看，伊藤博文并没有委曲求全，而是言辞犀利地指出“帷幄上奏与敕令必须明确区分”。（小林龙夫编《翠雨庄日记》，第 823—824 页）对此，伊东巳代治“顾虑奉对天皇上御垂询之圣旨，有涉不敬之言辞”，因此，他解释说：“力求词语委婉之效果，不若以含糊之词。”通过伊东巳代治的书信，我们可以看出伊藤博文在改革内阁机构制度这一点上坚定不移的立场。

伊东巳代治在同一书信中还提到受到来自天皇的关于是否有在帷幄上奏之后颁布敕令惯例的垂询，天皇问询的内容是“最初主任大臣以单独署名之奏请可裁之后，特在临发布之前形式上需内阁总理大臣副署焉”。对此，伊东巳代治解释说：“臣虽甚为惶恐，但以为于军令（军机的军令）与政令（政治的命令）之鸿沟，圣意亦不能使之全然和解”，军事上应该公布的一切“必自当初经内阁会议由首相奏请方可，故临发布以其副署明责任之制，若之所云只独发布之际形式上以副署，则于宪政是为不可行之旨矣”。无疑，在这里伊东巳代治俨然一副伊藤博文代理人的样子。

山县有朋的反扑

在经过韩国防备队条例事件之后，陆军才开始明白制定公式令的真实意图。5 月 13 日，山县有朋写信给陆军大

山县有朋(右)和伊藤

臣寺内正毅,言及“若处于如此之变更,则致错乱统帅之系统,破坏军制之根底”(《寺内文书》360—59),想对公式令进行改正。此外,山县有朋还想通过法令形式保障过去的帷幄上奏权将“军令”予以立案。

大约在进入8月之后,军令以法令的形式确定了草案内容。8月10日,山县有朋就制定军令的相关事宜,向寺内正毅进行书面质询,其内容为:制定军令事宜如今还未见诸报端,但接下来该如何进行呢?(《寺内文书》360—61。此时山县有朋已经离开东京,居住在大矶。)由于之前统帅权的关系,山县有朋担心越来越多的敕令遭到拖延,而不断

写信催促；但是9天之后，8月19日陆军海军两军大臣连署提交题为“关于军令事宜”的军令第1号敕裁，请求上奏。在陈述原因时，敕裁写道：“在此之际关于统帅权事项之命令，以特别之形式，即军令予以公布，只主任大臣为之副署，以截然区别属行政事项之命令，欲明确统帅大权之作用”。（“制定军务局军令形式之事宜”，防卫省防卫研究所所藏《密大日记明治四十年》，国立公文书馆亚洲历史资料中心C03022854500）

进入下一个月后，9月2日伊藤博文作为韩国统监从工作地点韩国暂时回国，他与山县有朋展开了一场关于制定军令的会谈。在面对伊藤博文之时，山县有朋心中“对军令其物之命脉乃至断绝有无以言表之忧虑”，他为了明确区分统帅事项与行政，希望承认军令作为法令的地位。（9月2日山县有朋给寺内正毅的书信，《寺内文书》360—62）最后，伊藤博文对山县有朋作出了让步。

于是，9月11日军令第1号“关于军令事宜”的敕裁正式通过，其全部内容如下所述：

第1条　关于陆海军之统帅，经敕裁确定之规程乃谓之军令。

第2条　军令且要公示者需附上谕，亲署之后钤玉玺，主任之陆军大臣海军大臣记入年月日并副署。

第3条　军令以官报予以公示。

第 4 条 军令在规定之特别施行时期之外，直接施行之。

通过这一文件，统帅事项所拥有的帷幄上奏、颁布命令等权利都被划归到军令的名下，其中公布（公示）的敕令也只需要陆海军大臣的副署就足够了。公式令颁布后，机构制度改革整个过程虽然是虎头蛇尾，但是最终却以"军部固守其法律地位而得以解决"。（伊藤孝夫：《大正民主主义时期的法律与社会》，第 230 页）

5 伊藤博文的明治国家体制

立宪制度的关键

本章综合考察了 1907 年（明治四十年）帝室制度调查局所制定的各项制度。1907 年宪法改革，与其说是国法二元结构下典宪体制的完成，不如说是将宫中府中统摄于国家体制内，且由一元化的内阁负责该国家体制运行的制度构想。

从时代背景来看，议会政治逐渐稳定，政党势力不断延伸，军事、行政各自独立化，国家向大陆方面发展（帝国化），这些都是明治宪法施行之后，国家体制就一直处于内外交加不断变化的环境当中的体现。面对波谲云诡的内外局

势，以伊藤博文为首的调查局为了防止国家体制的过度松散而意图进一步加强对其控制。

实际上，在调查局中真正的制度设计者是有贺长雄。有贺长雄很好地领会了伊藤博文不断调整明治立宪体制的意图，对于各项法案的考察和拟定也尽心尽力。对此，我还想再作进一步的明确。

首先，我想指出伊藤博文与有贺长雄二者之间在制度观以及关于立宪体制的论述上有着共同的认识。如前所述，对于有贺长雄而言，制度并非为了束缚人的行为，而是为了解放人的活动。在他看来，制度应该是为了促进人们实现某种价值而采取的行为活动。因此，立宪制度并不是为了制约国家的行为活动，其真正目的在于促进国家行为活动的进行。

上述这些观点伊藤博文也曾说过，接下来，让我们回忆一下在第一章中曾经引用过的伊藤博文的原话吧。

伊藤博文说："国有组织而后国方始动。"在伊藤博文的观点中，"组织"即制度，能够孕育出生机和活力，如此一来才能让国家运转起来。伊藤博文将制度看作是国家的生命之源，而立宪制度则能够让国民的生活充满生机、活力，让国家更具有凝聚力，是最完美的制度构想。本章重点围绕1907年伊藤博文所阐发的立宪国家观进行论述。

于我国制定宪法以解释之问题及实现之目的不单

单在于调解国内各种阶级之利害，更亦依立宪政治使国民之公共生活产生新活力、扶植新势力，换言之，如其他多数立宪君主国家，在调和国内各种人民之利害以外，更给予国家及其职分以生机活力和正能量。（伊藤博文《帝国宪法制定之由来》）

综合上述引文与本书此前的论述，可以说伊藤博文自始至终都将国民的作用看作是国家独立的基础。对于伊藤博文而言，没有什么能够比国家与国民之间的互动更能让二者产生相互影响、相互作用的火花了。因此，我们认为伊藤博文所构想的制度核心是国民与国家通过各种形式的媒介所产生的循环作用，其中典型的就是在振兴国民社会经济活动的同时，启发国家公民的意识，进而促进国民积极参与政治。在整个过程中，后半程，也就是保障和促进国民积极参与政治，是立宪制度的关键所在。在《明治宪法》颁布以后，伊藤博文为了实现立宪制度的确立用尽了浑身解数，其中创立立宪政友会就被看作是其中一步。在本书之前的论述中亦多处涉及创立立宪政友会的过程。

亚努斯的面孔

伊藤博文为了完成立宪制度，创立的另外一个组织就是帝室制度调查局。在调查局中有贺长雄为天皇的制度化

和内阁统治的确立出谋划策，推进制度立案。无论是天皇的制度化还是内阁统治的确立都是伊藤博文的意思，特别是内阁统治的确立是伊藤博文在设立调查局的时候反复强调的重点。1899 年（明治三十二年）在宣传宪法的过程中，伊藤博文也曾多次言及内阁统治事宜，例如，当时伊藤博文谈及自己最关注的事时言道：

> 眼下我所感最急之事务，一为希望政府永远存立，一为政党改良之必要。（《演说集》②，第 100 页）

在伊藤博文眼中，当务之急是巩固政府的地位和改良政党，不用说这二者之间又是一种连动的关系。我们在前一章中已经详细论述过伊藤博文创立政友会的构想，为了能够改良政党，他希望通过政友会招募到精通政策的优秀政治家。在伊藤博文看来，政党应该成为内阁的人才储备基地，这样内阁与政党的地位才不会发生改变。于是政治家们也就不能不拒绝由议会多数党单独构成内阁的政党内阁理论。因此，内阁也就不会成为由在政权斗争中获胜一方所操控的场所，而是真正成为为国家施政方案献计献策的智库。

> 古人云，立法上之事必须期尽众议而无遗算，至于行政工作，政府非众论之府，故不得不待所谓人之才能智识，尽量依单独之力行命令计划之事，此为行政上之妙处。（《演说集》③，第 160 页）

与议会需要集思广益不同，行政的妙处是在于能够汇集“才能智识”迅速下达命令，因此，将内阁称为“智库”也不为过。而有贺长雄所强调的“积极的内阁”正是此意。

1900 年前后诞生的两个总裁——帝室制度调查局与立宪政友会总裁反映了伊藤博文亚努斯的面孔，即在这两个概念上完全不同的国家作用下——以内阁为中心的行政和以议会为中心的宪政——进行改良，以图完善国家制度。帝室制度调查局的改革虽然一度中断，但是在 1907 年也初见成效。一般认为，从 1907 年开始随着皇室令这一法令形式的确立，与过去坚持以宪法为核心的政务法体系并行的宫务法体系诞生了，这样一来，最终形成了宪法与皇室典范并存的二元国家法律秩序（典宪体制）。不过，从国家秩序的实际状况来看，伊藤博文总裁所构想的是由内阁负责的一元国家统治。因此，才会出现伊藤博文命令伊东巳代治、有贺长雄制定公式令，对内阁机构制度进行改革的行为。

伊藤博文让步了吗？

然而，伊藤博文的这一构想招致陆军的反感，此前“关于军令事宜”的确定使得帷幄上奏权制度化，此外，还出现了另外一种法令形式——军令。从表面来看，谁也没有料到 1907 年（明治四十年）由调查局掀起的宪法改革会造成军令体系下的军务法加入政务法与宫务法并行的局面，形

成三元体制。

无疑，这并不是伊藤博文的本意。由于对陆军作出让步，承认军令的成立，伊藤博文所推动的宪法改革功败垂成，他自己精心描绘的国家体制在点睛之笔之际功亏一篑。1909年5月9日在对清政府的宪法考察团的讲义中，有贺长雄说的“今日本所行之事，有一我思不正确者”就是指用统帅事项的军令处理军队隶属军政事宜。而且，他还提醒考察团说：“此乃调整现在日本之制度需必须注意之处。”对于调查局而言，把军事行政控制在内阁手中是其始终未能实现的愿望。如上文中有贺长雄的反思，我想伊藤博文应该也有同样的感慨吧。

不过，军令的成立真的就是伊藤博文单方面作出的让步吗？对天皇都能口吐莲花的伊藤博文，却在面对山县有朋时束手就擒作出了单方面的妥协，其真相到底是什么？关于这个问题，如果只是将目光限定在日本国内政局的话，就无法充分地进行探讨。当时伊藤博文总裁还兼任韩国统监，而且，军令问题的导火索本身也是由韩国所引起的。如果不将对韩国的统治作为一个变量加入对伊藤博文宪法改革的考虑中去的话，就很难明确回答上面的问题。总而言之，从下一章开始，我不再将研究的目光局限在日本，而是透过东亚的政治状况来考察伊藤博文的国家构想。

第六章　清末改革与伊藤博文

1　1898 年对中国的访问
——通往政友会的另外一段旅途

两个月的游历

在这里，首先让我们把时间退回到创立政友会之前。第三章提到过在政友会创立之际，伊藤博文到日本各地进行游说的事迹，我们把这时候的游说称为“宪法宣传”。伊藤博文在《明治宪法》颁布 10 年之际，为了改革宪法政治，直接向国民宣传宪政的理念。政友会就是这一宣传旅途的产物。

实际上，伊藤博文通往政友会的过程中还有另外一段旅途。从1898年（明治三十一年）8月开始大约两个月的时间里，伊藤博文游历了中国、韩国两个国家。当时，伊藤博文受到戊戌变法运动领导者康有为等人的热烈欢迎。不仅如此，当时西太后一派为了排挤康有为等变法派发动了武装政变，而伊藤博文也被卷入其中。可以说，亲身经历戊戌变法这一中国近代史上具有划时代意义的事件，对于伊藤博文而言也是非比寻常的。

那么，在中国的这次经历对伊藤博文产生了什么样的影响呢？在他的政治构想、外交观念中又是如何体现的呢？我以为这次中国之行对伊藤博文政友会的构想产生了深刻的影响，在本章中我首先就要对这一点进行论证。

伊藤博文的中国之行是发生在组建第三次内阁失败，将政权移交给以大隈重信为首的宪政党内阁之后的事。由于伊藤博文一心推行的政党结成未能实现，伤心之余，他在8月19日从长崎出发，开始了他的中韩游历之旅。在伊藤博文的生涯中，他曾若干次到海外吸收扩展新的见识，深化政治理念，抱着对国家建设的进一步展望回国，从而克服其政治危机。从秘密赴英开始，到岩仓使团和宪法考察，皆是如此，此次中国之行也不例外。在这一基础上，我们来看看伊藤博文的足迹。

伊藤博文从长崎出发以后，于22日到达仁川，首先踏

上了韩国的土地。25日，伊藤博文又到达汉城，拜谒了在一年前刚刚改国号为大韩帝国、就任初代皇帝的高宗。伊藤博文向夫人梅子描述当时的情形说："朝鲜之国王及其政府之待遇，迄至今日非谁人可受也。"（末松谦澄：《孝子伊藤公》，第347页）此时，韩国在告别了作为清朝附属国的命运之后，重新以"帝国"命名，开始迈向独立国家的道路；而伊藤博文则是让明治日本在顺应西方列强主导的国际关系中成为独立自主帝国的设计者。因此，我们不难想象作为古老韩国的新君主亲自向伊藤博文寻求关于施政方针建议的样子。但是，此时的高宗做梦也没想到眼前的这个人会在几年后作为统治韩国的统监再次来到韩国。

伊藤博文一直在韩国待到9月8日，期间宴请应接不暇。在给夫人梅子的书信中，可以看到"每日每夜之宴，蒙诸位邀请，虽汗如雨下，不辞疲弱，不觉光阴似箭"的内容；亦可以管窥伊藤博文因在韩国受到热情招待而满心欢喜的样子。如同在其他书信中所言，伊藤博文将他在韩国停留期间的心情描述为"如梦之心境"。

宴请与拜谒光绪帝

伊藤博文这种像做梦一样的愉悦心情一直持续到访问中国的旅途中。他在11日抵达天津，在写给夫人的书信中提到"清国之上下，欢迎我之事，非文笔可尽书"。这种让伊

藤博文自己都感到震惊的宴请程度，不是仅仅用中韩两国风俗热情好客就说得通的。实际上，中韩两国的政要们对伊藤博文怀有很高的期待和希望，关于这一点，我将在下一节通过伊藤博文的书信进一步明确。

> 日夜宴会甚为忙碌，多数之中国人来请为中国尽力之托付，为络绎不绝之势也。迄今日所闻，皇帝乃甚为贤明之君主样子也，年龄未及二十七岁，若行至北京，有各种之下问，有此传闻。（1898 年 9 月 13 日伊藤博文给夫人梅子的书信，《伊藤传》下，第 396—397 页）

由此可见，在中国伊藤博文也被当作是近代化的指南针。从上面的书信中也可以看出，对于中国政要络绎不绝的请求之声，伊藤博文自己也是不置可否。要是能去北京的话，皇帝会亲自垂询吧。怀着这一揣测的心情，伊藤博文在 14 日到达北京了。

此时恰逢康有为等人在首都北京进行轰轰烈烈的变法运动，伊藤博文有幸目睹整个过程。维新变法由光绪帝正式颁布政策，是中国进行全面立宪制改革的高潮。在这一情势下，迅速让过去被蔑称为东夷的日本施行宪法政治，推动文明开化，超越中国一跃而成为世界强国的伊藤博文，无疑被此时的中国推向了改革的神坛。根据当时早期开明人士严复所刊发的日报《国闻报》所记，为了让伊藤博文留在

中国,北京方面计划让他担任变法的顾问。(丁文江、赵丰田编:《梁启超年谱长编》①,第 258 页)

在到达北京之后的第二天,伊藤博文与乾隆帝的曾孙、之后又成为清政府第一任也是最后一任总理大臣的庆亲王展开了会谈。而且,在五天后的 20 日,他还谒见了光绪帝。关于这次会见,伊藤博文谈道:"二十日亦有谒见,其接待乃迄今未有之先例般郑重。其后有相当总理大臣之皇族庆亲王之宴请,此亦迄今未有之事也。"(1898 年 9 月 26 日伊藤博文给夫人梅子的书信,《伊藤传》下,第 399 页)其实,伊藤博文所谓的破格礼遇是指光绪帝让他坐在了自己的身旁。(王晓秋:《近代中日启示录》,第 103 页)

戊戌政变及其遭遇

戊戌政变发生在伊藤博文谒见光绪帝的第二天。以西太后为主的守旧派感受到了皇帝激进的改革所带来的危机感,于是决定发起一场清除变法派的武装政变。光绪帝被幽禁,变法运动的主要领导人康有为、梁启超亡命日本,康有为的弟弟康广仁、谭嗣同等被处以极刑,光绪皇帝的心腹、力促伊藤博文与皇帝见面的张荫桓则被流放新疆。

26 日政变事件尚未平息,伊藤博文在给夫人的书信中,记录了整个事件发展的原委:

> 然二十一日俄然有变动，皇太后代行政事，此乃今皇帝急于改革之处，万事学日本，衣服等亦改以西洋流，如此之策划尽入皇太后之耳，皆不为采纳。又一说云企图排除皇太后。何为真相耶？实难知晓中国之事。（1898 年 9 月 26 日伊藤博文给夫人梅子的书信，《伊藤传》下，第 399 页）

一句“实难知晓中国之事”显露出伊藤博文看到曾把自己推上改革神坛的改革浪潮只一夜之间就烟消云散的全过程后所发出的真实感慨。在同一封书信中，还记录了他替张荫桓向李鸿章求情的经过。关于这一点，下文会作详细探讨。

25 日，林权助的驻清临时代理公使官邸召开了欢迎伊藤博文的宴会。李鸿章受邀出席了这次宴会，但是在宴会期间英国公使的随从带来了次日处决张荫桓的消息。我想一定是这位随从向伊藤博文表达了“希望伊藤侯爵为防止该处刑尽力”的请求，他才向李鸿章为张荫桓求情的。[《外文》㉛(1)，第 697 页]伊藤博文在先前的书信中也写到，虽然李鸿章与张荫桓之间似乎存有嫌隙，但是自己“以二人同为知交，故云处决一事实为过矣，昨夜务必请李鸿章尽力襄助张荫桓”。从英国公使的请求，足见伊藤博文在国际上颇有声望。

虽然伊藤博文意外卷入了北京的政变之中，但是旅途行程并没有太大改变，他继续自己的中国之行。29 日伊藤

博文离开北京以后向天津进发，10 月 2 日他又从天津赶往上海，并于 5 日到达。伊藤博文在到达上海后给夫人的书信中又写道："不消言到处皆为中国之官吏，迄至学者商人频频寻来，悦我之来游，闻我之话语，宴请之间甚是忙碌。"（末松谦澄：《孝子伊藤公》，第 352 页）一如既往伊藤博文所到之处无不都是觥筹交错的样子。

13 日，伊藤博文受湖广总督张之洞之邀，沿长江逆流而上去往武汉，与张之洞在汉口会面。伊藤博文刚刚抵达上海，张之洞就派人邀请他到武汉游历，很快伊藤博文也答应了张之洞的邀请。这一次伊藤博文与张之洞的会谈，与戊戌政变一样，堪称伊藤博文游历中国行程中的标志性事件。关于会谈的意义，我在稍后会谈到。

17 日，伊藤博文又从汉口出发，于 19 日到达南京。在南京伊藤博文见到了另外一位与湖广总督张之洞并称政治家的两江总督刘坤一。不过 22 日，他就又返回了上海。原本伊藤博文打算再进一步对中国的南方地区进行考察，但是由于日本方面传来自己一手造就的隈板内阁倒台的消息，伊藤博文在接到回国敕令后立刻马不停蹄踏上了回国的旅途，11 月 7 日他回到了长崎。

不过等待伊藤博文的却是天皇降旨让山县有朋组阁的通知。山县内阁全面否定了伊藤博文亲手制定的政党内阁路线，萨摩、长州二藩的政阀们所主张的"超然主义"内阁重

新登上了政治舞台。增田知子认为“这一举动说明一直以受到天皇信任自负的一代元老伊藤博文也威风扫地了”。（增田知子：《立宪政友会之路》，第238—239页）从此，为了与以山县有朋为主的官僚政阀进行斗争，伊藤博文不得不踏上政党政治家的道路。

不过，如前文所述，我们不能把伊藤博文迈向立宪政友会的道路看作是为当时政局左右的打算和纵横捭阖的产物。正如在第二年宪法宣传中政友会所主张的一样，宪法制定以来，或者说从此前开始，伊藤博文就已经将文明政治的理念植入了宪法政治当中，并且展现出无限的生机活力。对于伊藤博文而言，政党政治并不是政局，而是政治理念和国家构想的问题。我认为正是伊藤博文的中国之行才让他的理念得到升华，构想更富有战略性。接下来，我想就这一观点作进一步论述。

2　戊戌政变及其遭遇

伊藤博文对变法派的态度

伊藤博文在1898年（明治三十一年）的中国游历中到底有什么样的收获呢？一言以蔽之，就是政治经济分离的中国观。伊藤博文认为，中国的政治和经济是各自独立的，但是在政治方面中国将会延续现在的混乱状态，经济上却

会产生很大的潜力，对于日本而言，加深中日之间经济上的联系是亟需解决的课题。关于伊藤博文对中国政治经济的观察结果，我们逐次来探讨。

首先，关于中国的政治观。如前所述，伊藤博文目睹了那些宴请自己的变法派在一夜之间全部都被肃清，不由地让他发出“实难知晓”的感慨。经过这次政变，不用说伊藤对中国政治产生了深深的不信任感。不过，实际上在此之前伊藤博文就觉得中国的改革很难行得通。表面上来看，伊藤博文在到达北京之际，正值康有为、梁启超等变法派与以西太后为首的保守派之间进行激烈的权力斗争之时，而且斗争情势对于变法派而言十分严峻。9月7日变法派罢免了李鸿章总理衙门大臣的职务，随后西太后召集军队着手准备进行军事镇压。在这一背景下，维新派妄图通过策反新建陆军统帅袁世凯，进行军事政变囚禁西太后。

伊藤博文就是在戊戌政变一触即发的情况下奔赴北京的。他的到来，“让逆境中的维新派抱有了莫大的期待”。(菊池秀明:《末代王朝与近代中国》，第107页)[①]但是，当伊藤博文觉察到变法派的立场，又发现总理衙门的很多大臣并不是完全赞成变法后，他开始刻意与变法派保持距离。

① 关于伊藤博文与戊戌变法，参照彭泽周《中国的近代化与明治维新》第五章。

其中，特别是维新派罢免了多年以来伊藤博文在外交上的老搭档、老辣且深谙中庸之道的政治家李鸿章，这更加让他对变法运动提高了警戒心。

9月18日是关系西太后一派是否能够翻身的关键一天，康有为到日本公使官邸恳请伊藤博文说服西太后支持变法。但是伊藤博文只是顾左右而言他，康有为难掩失望地说："侯爵非常之蔑我国也。"后来张之洞为了让政变后流亡日本的康有为被遣返回国游说日本政府的时候就说过："传言伊藤侯于到京之日有对康有为不满之言，康遂向皇上密奏，谓勿见伊藤侯，又疏言不可尊信日本。"[张之洞"康有为之事实"，《外文》㉛(1)，第738页]张之洞的话自然不能全信，在当时紧张的局势下，康有为等人无疑把与伊藤博文的面谈当成是救命稻草，但伊藤博文作壁上观，康有为的满心期待也就让他格外愤懑吧。

上文对政变时候伊藤博文的态度做了简单概述，接下来我们在一手史料的基础上详细考察伊藤博文对戊戌政变的看法。在《伊藤文书》当中，收录了题为"伊藤博文清国关系资料"(375)的史料，记录的是他与庆亲王、光绪帝的会谈内容。为这次会谈做记录的是伊藤博文出行一定会带在身边的私人秘书槐南森泰二郎(森泰二郎为著名汉诗诗人，负责为爱好汉诗的伊藤博文修改诗文)，他用"日本国驻清公使馆"的格子纸做了记录。其中确实留下了伊藤博文"事关

国家之利害得失，尤宜慎重周详，断不可有轻躁之行为。故上有老成练达之人，确立改革方针，下佐之以盛壮气锐之士，让其各当事务以成绪，其或应寻绎。万一未细考虑此点，从猝然激进之法，适以只使之乱阶也”的看法。伊藤博文所强调的切勿激进改革、整合“老成练达之人”与“盛壮气锐之士”等要素，对于变法派而言，恐怕除了失望之外，没有起到任何作用。不过，如前文我们看到的一样，伊藤博文的这种渐进主义本身就是他的政治哲学，从他的口中经常能够听到类似的观点。与庆亲王、光绪帝的会谈，不过是伊藤博文来到中国后对自己观点的重复罢了。

对庆亲王的建议

在伊藤博文与庆亲王的会谈中最引人注目的是他对于人才培养的观点。伊藤博文回顾了之前担任首相时中国驻日公使向他咨询中国兵制改革意见的经历，并做了如下论述：

> 当时，余答之凡兵制之要在士官之良否如何，士官之良选，无一不待学校之养成，故当贵国大皇帝直辖之下以兴一之士官学校为最先之务。此不独兵制，诸般改革皆然，较量事之缓急疾徐，不误其顺序为要，若以渐次实行之谓目的，则虽属难事，必见成功。

在伊藤博文看来，军队制度的好坏依赖军官的质量，要想培养优秀的军官就必须把兴建学校当作要务；并且，绝对不能急躁冒进，依照顺序渐次进行才是成功的关键。从后半部分的论述来看，就是前文中提到的渐进主义，而前半部的观点也是伊藤博文的政治信条之一。在这里，伊藤博文阐明制度的真谛在于人。换句话说，制度最终全凭人的智慧和学识来运作。对于军队制度，伊藤博文认为："学校之设立既成，士官之教养，具体如兵卒训练之法，不患其之不精。"也就是说，确立一种制度，无论它怎么不切实际，都应该从人才培养的方式开始做出改变。①

伊藤博文的方法论是将制度论回归到教育论，如前所述，在他的思想中，人才是运作制度的关键。可以说，在与庆亲王的会面中，伊藤博文希望阐述的就是要以人为本建立国家。例如，庆亲王曾问："富国之道如何，其将以海关税为基本耶?"伊藤坚决地回答说："否，富国之本岂在关税焉。一国之富源在民之殖产。"从二人的对话中，伊藤博文以人为本的理念可见一斑。②

---

① 这早就源自伊藤博文的信念了。就像在第二章中所谈及的一样，伊藤博文在欧洲进行宪法考察时就认识到"改人民之精神，无外乎自学习之本改正也"。

② 关于这一点，伊藤博文进行了下面的详细论述："民生自开拓其之利源，不应取便益之方法以为本务。要知民之富即国之富，如海关税特移民财，不过输入国库一法。以此谓富国之本，谬之甚者也云云。"

伊藤博文认为与其花心思在制度的变革上，不如把国民的活力作为国家所依赖的本源。因此，他强调必须要改革学校制度，让人心焕然一新。在第二年举行的宪法宣传中，伊藤博文反复强调国民在物质上、精神上的活力支撑了整个国家的运行。在会谈中，谈及国家建设，伊藤博文也将自己一直以来的理念倾囊相授给了庆亲王。

对混淆宗教与国家概念的担忧

实际上，中国在维新运动之前也开始意识到学校是殖产兴业的基础，实学应以西方先进技术为基础，因此当时已经设立了多所学校。虽然在变法运动中学校仍然是改革的重点之一，但是关于学校的设立方式，变法派和伊藤博文之间存在很大的区别。

与此前洋务派对学校的改革不同，康有为从普及国民教育的角度出发，主张改革并重新设立小学和中学。（伊东昭雄：《变法维新运动及其思想》，第 26—27 页）但是，伊藤博文在游历中国之前就不赞同这一方针。他在离开韩国奔赴天津的船上就对康有为等维新派的改革怀有疑问，并感慨说："中国之改革，有日暮途远之感。"同时，伊藤博文还指出："若余为中国谋，则欲暂措如小中之学堂，而先设立专门学术之学校，兴盛之，养成国家要急之人才，即刻使用于国家有用之事业。"在伊藤博文看来，教育分为"作为人之教

育”和“作为国家之教育”，当下中国迫切需要的是后者，应该将“得国家急用之人才，当国家要急之事业”作为专业教育的重点。（“伊藤侯之清国教育谈”，《国民新闻》，1898年9月2日；彭泽周：《中国的近代化与明治维新》，第292页）伊藤博文关于教育主张的真实意图在于：首先在当下的节点上，对接受过高等教育的人进行意识上的改革，培养出能够支撑近代国家的国家精英，之后才是渐进地在一般民众中推广教育。

此外，伊藤博文与康有为之间的教育观存在根本上的区别。一般来说，我们会把维新变法运动看作是批判洋务派中体西用论（近代化观点的一种，即把西洋文明当作“用”导入作为“体”的中华传统文明当中）的思想运动。但是，实际上仔细分析的话，就会发现康有为的思想中也有“中学为体，西学为用”的中体西用论观点。村田雄二郎指出康有为思想的特征在于将什么加入了“中学”之中。（村田雄二郎：《康有为与“东学”——围绕〈日本书目志〉》）也就是说，康有为主张的是孔子改制的观点，他从中国古典经书中抽出了孔子的思想，并借助使这一宗教思想国教化的方式，达到推动国家改革的目的，这才是康有为思想的独创之处。

然而，对于伊藤博文而言，像康有为那样将宗教与教育乃至宗教与国家混为一谈，正是他极力要避免的。伊藤博文在第二年的宪法宣传中说：“今日已不问宗教之异同，就

其行各种所容许之权能，更不咎之，佛教、神道、耶稣教，皆无差异。”（《演说集》①，第181—182页）伊藤博文还谈到官员的任用问题，他理想中认为受到教育的人应该按照他们的能力分配到国家的不同机关。因此，他认为教育、国家应当向“世俗”社会转化，而宗教上需要保持中立。

通过上述内容，我们可以推断伊藤博文对康有为等维新派的维新变法运动始终保持距离的原因就在于对将孔子的教育理念宗教化的倾向抱有疑虑。之后，伊藤博文回国后在拜谒明治天皇上奏报告游韩经历的时候说：“今后皇室对宗教、宗派总体平等，且不应失之偏颇。”（《明治天皇纪》⑨，第560页）从这里可以看出，伊藤博文在中国的改革运动中切身体会到的是，在国家改革过程中万万不可将宗教牵扯其内。因此，从被引入改革中的思想内容来看，伊藤博文和康有为之间有着根本性的区别。

3　与张之洞的见面

解救变法派知识分子

虽然伊藤博文在北京的时候意外地卷入了戊戌政变当中，但是正如他自己所说的一样，他仍然按照原计划继续中国之行。就像我们在前一节看到的那样，尽管康有为等人热情地邀请了伊藤博文，但伊藤对于维新派的变法运动并

没有产生共鸣，最后甚至怀疑运动的可行性；在他看来，发生政变不过只是时间问题。

但是，在政变之后伊藤博文却又不遗余力地解救那些陷入险境的维新志士们。前文中曾经说到他对于张荫桓的救命之恩；除此之外，伊藤博文在中国期间于 10 月 10 日还通过上海总领事馆发动日本政府解救了业已卸任的驻日外交官黄遵宪，并向清政府求情保证他的人身安全。[《外文》㉛(1)，第 679 页]黄遵宪不仅是开明的外交官，还是非常优秀的诗人，他在赴日经历和学习的基础上，于 1895 年(明治二十八年)出版发行了《日本国志》一书。在序文中，他"严厉地批判嘲笑饱受外患之苦，最终走上西洋文明道路的日本的改革行为"，该书也成为"中国对外认识的历史过程中的重大转折"。(平野聪:《大清帝国与中华的混迷》，第 286 页)伊藤博文虽然觉察到变法运动的不切实际，但是对于由于变法失败而惨遭全军覆没的中国维新派又感到痛心疾首。

这一点充分地体现在与康有为齐名的另外一位变法运动领导者梁启超身上，他正是在伊藤博文的帮助之下才得以逃出生天，流亡日本的。在听到发生政变的风声之后，谭嗣同知会梁启超，劝他躲到日本公使官邸。之后，他在伊藤博文的帮助下乘坐日本军舰，流亡日本。(《梁启超年谱长编》①，从第 265 页开始)在日流亡期间，梁启超借助被翻译

成日文的西方书籍如饥似渴地吸收近代政治经济理论，加速了西方文明在中国传播的进程，为引入立宪制度奠定了基础。

我想伊藤博文可能一早就在梁启超身上看到了巨大的潜力，他对当时驻清代理公使林权助说："梁启超者，年轻有为之人也，实在是令人佩服之辈也"，并命令"帮助梁启超逃到日本，若能到达日本则由我来负责，如梁启超之年轻有为者，中国不可多得之精神也"。（林权助：《我语七十年》，第92—93页）与康有为不同，梁启超似乎引起了伊藤博文深切的共鸣。当时，梁启超表面上继承了康有为的思想，但是也逐渐开始对老师康有为确立孔子思想的宗教倾向产生疑问，这使他更深切地理解了西方学术。[①] 或许伊藤博文正是看到了梁启超身上这种脱离宗教束缚、学习近代西方的意愿。

林权助还提到"梁启超来日本后本应由伊藤博文来负责，不久却由大隈重信承担了这项任务，这个时候伊藤博文与梁启超相交甚淡"。（同前，第95页）确实如此，梁启超以及康有为流亡日本之后，伊藤博文尽可能地避免与二人接触，转而通过大隈重信让犬养毅把他们藏了起来。不过，一

① 竹内弘行：《关于康有为的入门学徒梁启超》，狭间直树编：《共同研究梁启超》，第27页。关于康有为与梁启超在思想上的差异，参照村田前揭《康有为与"东学"》。

方面，康有为、梁启超公开在日本进行批判清政府的政治活动，另一方面，清政府要求将二人引渡回国，伊藤博文以及日本政府一时陷入了两难境地。经过再三权衡，伊藤博文让山县有朋首相给康有为7000日元让他远渡美国，梁启超则继续留在日本，由他的保护人犬养毅每个月资助250日元，“给如上金元，自此了断”。（1899年2月12日伊藤博文给山县有朋的书信，《山县文书》①，第125页）

对于康、梁的处置方式，伊藤博文是想秉持国际道义来处理。他一定希望梁启超在流亡日本期间踏实地钻研西方学术。若不能如此，伊藤博文同样会让他与康有为一道离开日本。不过，最终伊藤博文还是感受到梁启超在思考知识上的过人之处，同意将他留在日本。1899年10月，中国使节到达日本，要求引渡康有为回国。伊藤博文就康有为引渡事宜以前一年政变之后，在北京于李鸿章等人面前“反复论明，康有为乃系犯国事遁来日本，按万国公法成规，日本绝不能逮捕并引渡之”为由，称中国使节“难免有颇失轻躁之处”。（《伊藤文书》376）虽然伊藤博文内心对康有为怀有偏见，但是他坚持按照近代文明的法律规范来处理引渡事宜的态度并未改变。

张之洞的思想

我们接着将讨论的话题拉回到游历中国的伊藤博文身

张之洞

上。1898 年(明治三十一年)11 月,在收到日本传来大限重信内阁倒台的信息之后,伊藤博文不得不即刻回国,不过在回国之前他将大量的精力都用在了对中国的考察上。其中,特别要详细论述的要数他在汉口对张之洞的拜访。在中国政界,张之洞的实力与李鸿章齐名,时任湖广总督的他极力推动了当地的发展。在维新变法之前,张之洞早就作为洋务运动的思想先导而出名,在伊藤博文访问中国之前他还完成了著名的《劝学篇》[光绪二十四年(1898 年)3 月]。在该书中,张之洞"倡导稳健的改良论,批判了康有为激进的变法论"(小野川秀美:《清末政治思想研究》,第 146 页),系统地阐述了中体西用论。正是由于《劝学篇》,"西方学术的有效性和采用的必要性才正式得到承认",所以,该书对派遣留学生、废止科举制度、引入立宪制等清末主要改革策略的正式推行,起到了重要的"思想意识的作用"。(陶德民:《明治汉学者与中国》,第 80 页)

伊藤博文也是"稳健的改良论"的支持者。10 月 13 日伊藤博文为了与张之洞会面,从上海出发前往汉口。如前所述,这次见面是张之洞向伊藤博文发出的邀请,可以推测其背后由上海代理总领事小田切万寿之助牵线、极力促成

相关见面事宜。[①] 小田切万寿之助很早就注意到张之洞所管辖的湖广地区的经济发展，特别是亚洲近代造铁厂汉阳铁厂辐射下的当地造铁行业格外引人注目，所以，他极力想促成伊藤博文与张之洞的见面。

此外，伊藤博文本身在游历中国之前，就非常关注张之洞管理下的经济圈的发展状况。在汇编了伊藤博文旧藏文献的《秘书类纂》中就有题为"清国两湖总督事业报告"的专门记录汉阳、武昌相关产业的报告（平冢笃编：《秘书类编外交篇（下）》），《世外井上公传》中还保存了1897年井上馨为向八幡制铁所提供原料而对中国的矿山进行调查的记录。西泽公雄在接受井上馨的命令后到中国进行调查，回国后不仅是向井上馨，他还将调查结果报告给了伊藤博文。（《世外传》⑤，第297页）伊藤博文回到日本以后，极力加速推进了张之洞辖区的大冶矿山与八幡制铁所的业务合作关系，我想极有可能在伊藤博文与张之洞的会面中就已经初步涉及相关合作事宜了。关于这一点，我们在下文中再做介绍。

关于张之洞的思想，伊藤博文早就作了一定程度的了解。对日清亲善异常热情的岸田吟香听到伊藤博文要访问中国，立即给伊藤博文写信，其中就提及了张之洞的新作

① 关于小田切万寿之助的研究有于乃明《小田切万寿之助研究》。

《劝学篇》。岸田吟香介绍说，该书分为内篇和外篇两部分，内篇为“儒者风之守旧说”，但是外篇却是“广泛采用西洋说变法、变科、游学、阅报、广泽、农工商学、兵学、矿学、铁路等主意，殊以我日本为模范之旨趣”。（1898 年 8 月 22 日岸田吟香给伊藤博文的书信，《伊藤文书〈塙〉》④，第 317 页）由于伊藤博文是在天津收到岸田吟香的书信，因此，我认为他在赶往汉口之前已经在一定程度上了解过张之洞的思想了。

思想的共鸣

于是，伊藤博文终于在 14 日初次见到了张之洞。16 日张之洞也为了迎接伊藤博文的到来召开了盛大的宴会，第二天伊藤博文就辞别了张之洞。那么，在汉口的这段时间里，伊藤博文与张之洞都说了些什么呢？伊藤博文回到日本以后，小田切万寿之助向他报告了张之洞的感慨，其内容如下：

> 云先前伊藤侯爵来游之际，以北京政变后经过许多时日，有欲心谈而不能谈之事，欲口问而不能问之事，于寻常应对之间逸失千载一遇之机会，今心中仍抱无限之憾。应足见当时总督何其谨慎也。[《外文》㉛(1)，第 726 页]

张之洞与康有为等变法派的思想不同，但就改革意愿而言，也可以将二者同列。不过由于政变没有过去多久，因此张之洞在面对伊藤博文时的言论显得谨小慎微，自检自己“有欲心谈而不能谈之事，欲口问而不能问之事”，表达了其失去这一次千载难逢的机会的遗憾至极。

从表面来看，伊藤博文与张之洞的邂逅最终只是在形式上表达了钦佩之意，似乎并没有展开任何实质的对话。果真如此吗？伊藤博文在不得不立即回国之际，仍不忘给张之洞寄去一封书信。信中伊藤博文写到，他已经拜读过会面之时张之洞赠给自己的《劝学篇》了，非常佩服其学问见识，是否顺应时势进行变法自强不仅仅是为了中国，更关系到东亚的存亡，因此只能依靠自己承担起内外众人的期望，撑起中国的政局。伊藤博文在忙于回国准备之时却不忘给张之洞寄去一封这样的书信，透过上面书信的内容，我们眼前仿佛浮现出二人意气相投的样子。先前张之洞的感慨并不是对二人见面不顺利的抱怨之辞，而是对没有更多时间进行交流的惋惜之言。

我想此时的伊藤博文与张之洞之间已然萌生出真挚的友情，这得益于二人在思想上的共鸣，即避免激进的改革，通过渐进式的改革实现近代化。那么，具体来说，伊藤博文与张之洞通过什么而产生了共鸣呢？我想应该是教育论。

东西融汇的意识

前文中我们曾经提到过伊藤博文在游历中国期间向庆亲王详细地介绍了专业教育等并且反复强调教育论。除此之外，他在告别张之洞之后，奔赴南京会见了与张之洞齐名的另外一位政治强人两江总督刘坤一，向他解释了兴建工业学校的必要性。刘坤一在接受了伊藤博文的建议后，第二年派人前往日本“视察农工教育之实况”。领事小田切万寿之助作为中间人，向伊藤博文递交了委托书：“到京之时乃愿于阁下得充分之指教，此自总督之嘱托也。”（1899 年 3 月 23 日小田切给伊藤博文的书信，《伊藤文书〈塙〉》③，第 197 页）但是，由于伊藤博文的宪法宣传，刘坤一的愿望没能实现。

伊藤博文如此重视教育论，当然也会向张之洞宣传自己的观点。而且张之洞在《劝学篇》中已然多少涉及相关教育问题，因此从教育论的角度来说，他也有自己的主张。《劝学篇》中主张“自强生于力，力生于智，智生于学”（《劝学篇》外篇益智第一），①指出“天下广设学堂”（《劝学篇》外篇设学第三），强调中学为体、西学为用，②培养兼通中学、西

① 川尻文彦：《“中体西用”论与“学战”》，根据第 7 页的翻译。关于张之洞的思想及其时代定位，川尻文彦的论文给我们不少启发。

② 西顺藏编：《原典中国近代思想史》第二册，第 112 页。

学的人才。一般来说，我们认为该书是通过接受西方的技术和教育来实现孔门之学的再生，是从表面正式学习西方文明的产物。因此，将儒学视为旧时代遗物的伊藤博文和张氏的意见是否真的吻合这一点，确实让人心存疑虑。

但是，关于张之洞的思想，川尻文彦通过对《劝学篇》完成的时代背景的详细研究，认为"（张之洞的）'中体西用'论是以湖南维新派为核心提出来的，因此，该主张可以看作是为引入西洋学术思想、制度所作的积极准备"（川尻文彦：《"中体西用"论与"学战"》，第7—8页），有必要再次审视张之洞的思想。在《劝学篇》外篇设学第三中，张之洞通过将西方学术思想分为"政"和"艺"两个类别（政是指政治、经济学等学科，艺是指数学、光学、医学等物理学与化学学科），制订了关于修习二者时间、范围的详细计划（西顺藏编：《原典中国近代思想史》第2册，从第115页开始），这确实很难让人相信张之洞的真实意图是以移花接木的形式将中学嫁接到西学上来。因此，从这一意义来看，可以说正是由于伊藤博文与张之洞之间都存在关于西学的价值及其引入的根本性思考，二人才会相谈甚欢，而对于笔者而言，也会不自觉地倾向于这一观点。

此外，张之洞对康有为的批判也可以看作是上述观点的论据之一。张之洞的《劝学篇》实际上是针对同年出版的康有为《孔子改制考》的驳斥，《劝学篇》序言中说："吾闻欲

救今日之世变者，其说有三：一曰保国家，一曰保圣教，一曰保华种，夫三事一贯而已矣。保国、保教、保种，合为一心，是谓同心。保种必先保教，保教必先保国。”“保国、保教、保种”正是康有为所倡导的行动纲领。而张之洞重新定义了“保国、保教、保种”的内容，那么，他是如何以子之矛攻子之盾，批判康有为的呢？其核心明确地体现在“保种必先保教，保教必先保国”上。村田雄二郎指出，张之洞“最为担心的就是康有为等人尊孔保教、保种合群（学会活动）口号的高涨。在张之洞眼中，这一口号预示着随时有可能脱离保国这一大前提”。（村田雄二郎：《康有为与“东学”》，第33—34页）总而言之，从上文论述中可以看出，在反驳通过宗教进行激进的革新运动、主张以保国为第一要务实行稳健的改革这一方面，张之洞与伊藤博文之间产生了深刻的共鸣。

接下来，我还想举出另外一个论据。伊藤博文与张之洞的谈话是用英文进行的，而负责张之洞翻译的正是当时他的属下辜鸿铭。辜鸿铭年轻的时候曾经有十几年的时间在西欧各地游学，1915 年他还创作了 *The Spirit of the Chinese People*（中文翻译为《中国人的精神》，1940 年）一书，是学贯中西、当时一流的知识分子。根据辜鸿铭的回忆，在负责翻译的时候，他将自己亲自翻译的英文版《论语》赠送给了伊藤博文。不料拿到《论语》的伊藤博文却说：孔子的教育是几千年前的思想，对于今后的 20 世纪有什么意

义？言语之间充满了讽刺的意味。听了伊藤博文的话后，辜鸿铭旋即回答说，几千年之前也好，20 世纪也罢，3×3＝9 从来就没有发生改变。张之洞听后未等伊藤博文开口就责备辜鸿铭说：你还没有听说过 20 世纪数学的变革吗？如今我们向外国借款，哪里是 3×3＝9，分明是 3×3＝7，但是，还款的时候就又变成 3×3＝11 了。（辜鸿铭：《张文襄幕府纪闻》，第 19 页）在我看来，这一回答就算不是出自张之洞之口，而是伊藤博文的回答的话也不会让人感到奇怪。我想正是张之洞没有一味恪守中学的道路，而是顺应时代趋势、活学活用的精神才使得他与伊藤博文相谈甚欢吧。

八幡制铁所的需求

伊藤博文在与张之洞的会面中还涉及了具体的商务事宜，其中就有前文中简单提到的八幡制铁所的原料问题。当时日本正在有条不紊地着手准备官营八幡制铁所的开业（1901 年 2 月开始营业）。创立钢铁业是明治日本的国家计划，八幡制铁所是日本最早的近代钢铁工厂，它的设立是日本准备创建国家企业的标志。

在制铁所一心筹备开业事宜之际，如何能够持续不断地获得品质优良的铁矿石成为其亟需解决的重要课题。为了解决这一课题，制铁所虽然曾考虑过将新潟的赤谷铁山作为供应商，但是由于赤谷铁山还没有进行开发，因此需要

更加有保障的供应商。这时候位于张之洞所管辖的湖北省的大冶铁山成为八幡制铁所的考虑对象。前文中提到过，在八幡制铁所创立之前，张之洞就于19世纪末在湖北省一手创办了亚洲最早的近代造铁厂汉阳铁厂。

在1917年（大正六年）由农商务省（八幡）制铁所东京办事处所汇编的《制铁所对汉冶萍公司关系提要》的大部分册子中，都保存了八幡制铁所与大冶铁山合作的记录。当时八幡制铁所长官和田维四郎听闻伊藤博文要访问中国，希望他能促成购买中国铁矿石的事宜，伊藤博文在答应这一请求后，利用与张之洞会面的机会转达了八幡制铁所的需求。该册子中还记录了伊藤博文与张之洞的谈话内容，如下所述：

（伊藤博文）公爵（当时仍然是侯爵）乃于湖北武昌同张总督会见，提倡日中间实业合作之必要，为其之先鞭乃先自日本购入骸炭，作为其交换向日本出卖大冶之铁矿，力说其议，得张总督之首肯。至其后关于本件，为进行秘密商议，明治三十二年春和田长官亲自渡航中国之际，虑张总督万一反对，伊藤公爵为同长官修书更为旨在缔结日中实业合作下购入大冶铁矿契约，以派遣和田制铁所长官至中国，请以商议。故其携带伊藤公爵为张总督之书信以渡航。（《制铁所对汉冶萍公司关系提要》，第9页。三枝博音、饭田贤一编：《日

本近代制铁技术发展史》,第 257 页)

根据这一记载,1898 年 10 月会谈之际,伊藤博文与张之洞之间达成了中国铁矿石与日本石炭互相买卖的秘密约定,和田维四郎为了缔结合约而前往中国,这次中国之旅他还带去了伊藤博文给张之洞的书信。目前,虽然我还没有找到伊藤博文书信的所在,但是《张文襄公年谱》光绪二十四年九月条目确实记录了在张之洞与伊藤博文会谈之际,相互交换日本焦炭与中国铁矿石的协议。从记录的内容来看,当时伊藤博文建议"运日本之石炭来鄂(湖北省),回船之时代销大冶之铁矿(代为贩卖)",张之洞听后回答说会尽快研究制定相关方案。①

后来,臭名昭著的"二十一条"中也加入了大冶铁矿的相关条款,可见大冶的铁矿石对日本的钢铁业而言,是不可或缺的资源。此时伊藤博文与张之洞的会谈中已经提及这个问题。

透过上文的论述,我们可以看出张之洞与伊藤博文之间的会面,不单单是中日两位大政治家的一场邂逅,更应该说它是对日后中日两国关系产生重大意义的一次关键会

---

① 于乃明:《小田切万寿之助研究》,第 202 页。在 1900 年日本要求获得大冶铁山的更多特权时,张之洞尽管添加了供给铁矿石五万吨的限度要求,但是考虑到伊藤博文的"面子"问题,仍然同意了日本的要求。吴剑杰编著:《张之洞年谱长编》下,第 619 页。

谈。一般来说，我们会把八幡制铁所与大冶铁山之间的关系看作日本对中国进行经济掠夺的开始，并且显现出了日本帝国主义的嘴脸。

那么，当时的伊藤博文是否也是从一个掠夺者的角度来审视中国的呢？接下来，我们通过伊藤博文从中国回到日本后的言论，以管窥他的中国观。

4 “宪法宣传”过程中的中国观——政友会的通商国家战略

对统治能力的失望

从中国回到日本后的第二年，伊藤博文决定进行宪法宣传，其中还涉及中国之行的经历。那么，伊藤博文到底是怎么谈论中国的呢？

首先，伊藤博文从整体上对中国做了评价，他认为中国“风俗、人情、古来之习惯又或彼等所信之学问，与今日世界之瞬息万变、容每年新变之元素而实行改革，此二者互不相容也”，并指出“非可以云容吾之言，行之以实际之情态也”，“颇怀遗憾之念而归”。(《演说集》②，第 171 页)在这里，伊藤博文不仅说明了变法运动遭遇挫折的原因所在，而且还指出中国政局中无论是改革派还是守旧派，他们的变革都太过激进。

透过搭救梁启超等因为政变而遭到清洗的变法派人才来看，伊藤博文对于中国的政治改革是存有一定的共鸣的，不过，对伊藤博文而言，改革切不可操之过急。在他看来，为了实现改革，需要与现存的秩序、环境进行妥协，慢慢地使之顺应新的形势发展，再推动变革。下面这段话中伊藤博文所指向的虽然是韩国人，但是在一定程度上反映出他的中国之旅所积累的经验。

> 虽是以学问诱导彼等，但不应不择手段将保和平进步之要注入彼等脑里。若详言，如反对王家、政府之事不可也。若非与王家同步，则无望得有根据之改革。中国毋庸赘言，于朝鲜，轻举如以革命谋进步，却及妨害万事，徒有早唤列国物议之忧，若尤其有意将此等之要点教与之。彼等若不养成十分之力，尔后任何事而不能为之。(《演说集》①，第206页)

伊藤博文认为戊戌变法正是葬送在过于激进这一点上，他指出中国要完成体制改革，必须要保证独立的地位，这对东亚的安危也大有裨益。但是伊藤博文看到的却是“此殆陷入不得望之形势”。结果中国陷入了怎样的状况呢？伊藤博文明确指出当下中国被欧洲各国所分割，日本“仅隔一苇之水，乃与欧洲诸国成相对之形势”。(《演说集》②，第171—172页)

如此一来，伊藤博文对中国的统治力大失所望，他认为中国很快就会被欧洲各国所占据，日本虽然与中国一衣带水，却同欧洲各国形成对峙之势。由此可见，此时的伊藤博文对中国的政治已经不再抱有任何希望了。

对经济发展的期待

> 不拘（中国）政府如斯之困惫，人民却勤勉而能从事职业，殆非世界其比可视。故一般人民之富乃亦非常之物，故若改财政之方针、行诸般之改良，则让中国日益发达亦绝非困难之业。（《演说集》①，第200—201页）

从这段话可以看出，伊藤博文一直非常关注中国的经济，从长远来看，他认为中国若能抓住机会，极有可能很快发展起来。伊藤博文认为西欧各国资本流入中国会与中国的劳动力相结合，从而形成巨大的经济圈，基于这一认识，他对中国经济作出了高度评价。因此，他指出不管中国是否能够振兴自己的产业，“欧罗巴人渐入，如兴工业、起铁路等，故此等之事业乃相当之宏大也”。

于是伊藤博文主张将作为国家的中国暂且划入括号内，将其作为市场进行开发。在福冈、北九州等地区的演说中，伊藤博文就曾阐发了这样的中日关系论。举例来说，如下所示。

如果中国等各项事业发展起来，“不啻石炭，故各种之商业亦盛，依其等之事宜，或有必要于此边起制造所。以其等悉成当地繁荣之道具矣”。（1899 年 5 月 13 日，在马关实业家招待会上，《演说集》②，第 36 页）因此，伊藤博文坚定地指出中国的需求会在此后有巨大的飞跃，日本经济不能无视中国经济的发展。“纵令中国之政府如何、主权如何，中国人民之需要乃定会逐日增加，而日本在应中国需要最便宜之地位”。（1899 年 5 月 20 日，在福冈，《演说集》②，第 205—206 页）他极力认为被欧洲各国抢先打入中国经济，犯了不可挽回的错误。（同前，第 211 页）“接近（中国）之日本国先于他国得居之最便，故云向外发达工商业，殆乃关系日本生存命运之大问题。”（《日日》，1899 年 11 月 10 日）

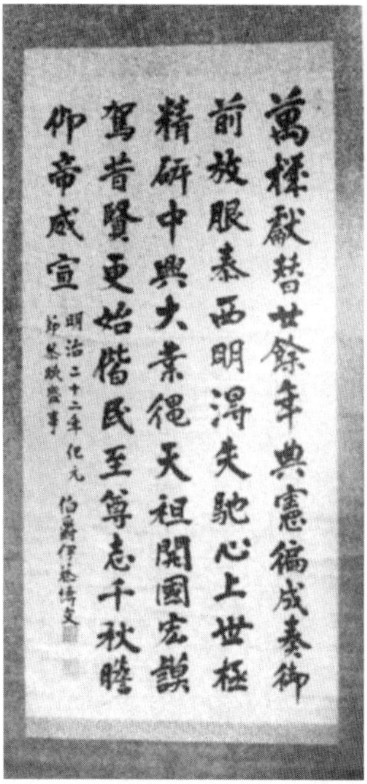

伊藤博文捐赠给八幡制铁所的卷轴，内容为对 1889 年宪法颁布的感慨之言。通过这幅卷轴可以看出在赠送这首诗时，伊藤博文在国家构想上对八幡制铁所寄予了多少期望。（新日铁八幡制铁所藏）

我想这一主张一定是伊藤博文在构想出八幡制铁所所在地与前文中提到的张之洞管辖的湖北经济圈进行合作计划的背景下提出的，他将中国的政治与经济分离开来，对政治保持距离，对经济则积极参与。因此，可以说这是伊藤博文在自己游历中国的经验基础上制定的国家战略。

对华战略是帝国主义吗？

伊藤博文的这种对华战略可以说是帝国主义的吗？关于这一点，我虽然不准备进行长篇大论，但是至少还是想指明伊藤博文在中国的海外扩张计划并不只是出于对领土的觊觎。伊藤有如下之发言：

> 今日横于各国间之问题，决非疆土之问题，纵使起疆土之问题，其不过乃各自收工商业利益之手段方法。不论土地如何扩张，若无利益亦毫无办法。（《演说集》②，第 214 页）

从伊藤博文的这段论述可以看出，他并不赞成在大陆进行积极扩张的政策，在他看来，能否获取经济利益才是对华的关键。不过，从他的话中也可以听出只要能获取经济利益对华进行殖民地化也未尝不妥的弦外之音。同时，在这里我们也需要考虑到伊藤博文认为不应该拒绝外国资本进入日本领土的观点。在很早以前，伊藤博文就认为：“若不赖

富，人民之文化亦不可进，爱国心之发达亦必自此。云护国，然不在于护赤土。”从这里看起来，似乎伊藤博文是一位对领土一无所知的政治家。在他看来，较之领土，国民的福利更为重要。因此，伊藤博文指出，拒绝外国资本进入日本领土的做法从长远来看并不能转化成任何的国家利益。

为了能说明这一点，接下来我想再一次引用伊藤博文的原话：

> 欧美诸国不仅为富饶之国，且知识之富、经验之富，故有来日本，与日本人协同起事业，或又彼等独立起事业者也。若独立起事业，见彼等之所成，我国人亦必须竞争之。而其竞争之结果，使日本之工商业进步，又比目击其经验有得更大利益之处也。（《演说集》②，第181—182页）

不论流入市场的欧美资本有多么强大，如果能够吸收他们的知识和经验，转化为自己的竞争实力的话，最终还是会促进日本产业的发展。从这里我们可以看出，伊藤博文对于领土问题并没有进行深入的思考，他更加重视由新知识的出现所带来的经济社会的进步。在伊藤博文看来，日本完全不用担心外国经济的蜂拥而入，因为它拥有自己所构建的稳固的政治制度——立宪体制。这说明他在提出上述观点的时候对立宪体制充满了自信。较之于此，由于中国政

治体制动荡且不够稳固,若盲目在其领土进行扩张,反而需要警惕卷入到政治旋涡当中。

此外,透过伊藤博文在这一时期的言论,我们还可以看到他希望促进对东亚进行文化推广。1899 年(明治三十二年)2 月 14 日在大日本海外教育会的演说中,他极力主张向中国、韩国输出先进文明,认为这是“我国作为东洋之率先者”道义上的义务。(《演说集》①,第 204—205 页)其时,伊藤博文特别强调:“过去日本人所为之事业,往往有关系朝鲜之纷乱之感。虽非因韩人之不明,然苟欲诱导彼等,则尤不应不留意此处。”(同前,第 206 页)后来,伊藤博文担任韩国统监,负责治理韩国,他尤以“文明之传道士”自居。通过上文中伊藤博文的言论,我们可以清晰地看到他输出日本先进文明的意识早已经孕育在宪法宣传之中。关于这一问题,我将在下一章作进一步讨论。

创立通商国家与中国旅行

中国之行的经历到底对伊藤博文政友会的构想产生了怎样的意义呢?在这里我想再作一番总结。如本文所明确指出的那样,对于伊藤博文而言,创立立宪政友会是制定《明治宪法》以来的夙愿,是实现国民政治的第一步。伊藤博文希望通过国民接受教育、学习实学,进而让他们从平时的职业当中培养出政治意愿,建立起吸收国民政治意愿的

体系。而吸收国民意愿、转变政策导向恰恰是政友会的理念。

伊藤博文把渐进主义作为政治家的信仰，因此他并不主张一步就位让全体国民参与政治活动。1900 年（明治三十三年）伊藤博文首先想到的是在组成政友会之际积极地拉拢涩泽荣一入党，这标志着政友会开始联合城市的工商业人士参与政治。在这里伊藤博文清楚地认识到今后日本的走向将是产业立国和通商立国，为此，他广泛地寻求大城市、地方实业家对所出台政策的支持。为了实现国家构想，政友会正是采取了上述政策手段。

1899 年伊藤博文以西日本和北陆为中心进行游说，他选择游说的访问地点也体现出政友会所制定的通商国家战略。在西日本范围内，伊藤博文瞄准的是北九州地区，在这里不仅确立了以八幡制铁所与大冶铁山为中心的中日贸易关系，而且更寄托了伊藤博文对开拓中国市场的希望。这些上文已经进行了详细论述，在此不再作赘述。

在北陆巡游中，伊藤博文除了考察了北陆福井的羽二重工厂外，还多次赴港湾进行视察。这是由于伊藤博文从战略角度认定通过作为战前日本重要出口商的羽二重，可以使北陆地区成为打入大陆经济的前沿基地。实际上，伊藤博文在这里是认识到“于今世之中主要之事务，无论何国皆以从事与外国贸易之发达为主”，从而主张“政府之政策、

外交之政策，今综以工商业之发达为目的”，于是他下定决心要创立通商国家。同时，他还对羽二重产业的发展作了如下展望[“伊藤博文的演说(10 月 16 日于福井钟秀馆)”，《日日》1899 年 10 月 19 日]：

虽云如于当地羽二重之制造加近来非常之进度，然若其所加进度之物产输出外国必影响及农者。如云一例，以彼制造蚕之单纯农业见之，我思随工商业之盛，农者蒙非常之影响之事明矣。

从这段引用可以看出，伊藤博文心中怀有宏大的愿景，他希望通过振兴工业、促进与海外的通商，从而为农业等国内全部产业带来经济利益，以达到国家富强的目的。换句话说，掌握国家兴盛的关键是让工商业者更加活跃，伊藤博文把国家和工商业的利害关系更加直接地反映在了政策上。为此，伊藤博文等人通过修正选举法，打开工商业者与政治的关联切入点，创立新的政党，他们强烈地认为有必要把工商业的意愿吸纳到政治领域。在下面的引文中，伊藤博文反复强调了这一点：

对选举法之改正，持党派观念之人，或思无外乎人民之权利关系，然在吾，工商业不止于现状、益益发达之思，即应该于一国之盛衰上进行观察，乃提出须使工商业者之代表多派出到议会之由也。(同前)

于是，伊藤博文通过政友会所希望构建的国家形象是通商国家。从这里来看，可以说政友会创立之前伊藤博文的中国之行与在日本国内的巡游是为了通过政友会建立通商国家而作的极具战略眼光的准备工作。

5　对中国的重新认识
——清末宪政考察团与中国观的改变

中国赴日考察团

众所周知，在经历了义和团运动、日俄战争之后，中国更加意识到亡国的危机，再次掀起了改革运动。1901年（明治三十四年）以后，清政府开始了自上而下的全面近代化改革运动，史称“清末新政”。这次新政运动的一个重要目标就是实现中国的立宪化。

1905年末，清政府为了考察立宪政治，分别派出由端方与载泽担任代表的考察团前往欧美和日本进行考察。其中载泽率领考察团于第二年1906年1月开始展开了为期两个月的考察，在日期间他除了与伊藤博文会面之外，还参加了东京帝国大学教授穗积八束等关于宪法的讲座。1907年12月在袁世凯奏报朝廷以后，清政府又派出第二次日本宪政考察团赴日，载泽在长达一年以上的时间里都承担着考察的主要工作。（熊达云：《近代中国官民的日本视察》；

曾田三郎:《立宪国家中国的始动》)当时,对于中国的考察做出重大贡献的是在帝室制度调查局中支持伊藤博文进行宪法改革的有贺长雄。他从1908年2月到7月曾向考察团的真正领导达寿(1908年5月他回国之后,继任者为李家驹)举办了多达60次的讲座。这一记载实际就是本书在前一章引用的"宪政讲座"。

在有贺长雄为清政府考察团举办讲座的过程中,伊藤博文的指示起到了重要作用。要知道伊藤博文作为东亚最早导入并确立立宪政治的政治家声名远播,也正是由于伊藤博文声名显赫,在1906年考察的过程中,中国代表提出听取伊藤博文意见的要求,1908年他们又请求首相桂太郎以及伊藤博文予以帮助。而且,正是由于伊藤博文的斡旋,有贺长雄才能够担任中国考察团的讲师职务。(伊东巳代治:《清朝宪法与我国》)

在伊东巳代治看来,伊藤博文对于中国立宪化非常积极。被暗杀之前,伊藤博文准备放弃前往哈尔滨的时候告诉伊东巳代治:"明年赴北京,希有助力中国立宪制度之处。"(同前)伊藤博文在让有贺长雄作为中间人向达寿举办讲座的同时,担任韩国统监致力于韩国的统治改革。那么,伊藤博文是否有志于将明治立宪政治的成果推广到中国、韩国,通过指导立宪制度改革以实现东亚地区政治安定呢?

对中国立宪化的怀疑

但是，与伊东巳代治的观点相反，伊藤博文在中国的立宪化问题上明确表明了自己保持距离的态度。在 1906 年 1 月与载泽的会谈中，伊藤博文建议中国可以仿照日本进行立宪化。但是，在会谈的最后他又有看似彻底否定这一建议的表示。具体来说，载泽向伊藤博文询问在制定宪法过程中推广宪法的方法顺序，对此，伊藤博文在回答“此问题过大，不易回答”后，又进一步作了如下解释：中国地域辽阔、民族众多、文化不同，而且还属于多语言社会，但交通却不够完备，国内很难进行统一的交流。它与日本这样均一性的国家有着本质的区别，因此很难实施统一的法律制度。（熊达云：《近代中国官民的日本视察》，第 137 页）换句话说，伊藤博文认为像中国这样的国民国家很难在不同的民族地区推广立宪制度。

此外，伊藤博文还表示担心在中国社会推广立宪制度会造成国家混乱，甚至可能会祸及日本。在 1909 年 8 月的演讲中，伊藤博文直接论述“初疑中国之宪法政治能否成功”。

> 如日本国有交通之便宜。第一，四面环海而居而有水运之便，加之铺设铁道，更图居往来交通之便，故年年开议会非敢困难。然如中国，不拘邦域之广大，于

> 铁道之便尚少之国，海运不过助一部之交通，入山中无外乎依河之便宜。而中国之识者问如何方法迅速召集议员，本官不能无疑惑也。(《秘录》续，第250页)

除了上文提到的这一系列物理性的理由，伊藤博文还指出在制度观方面日本坚定地遵循过去所制定的旧制度。明治日本小到地方官会议都渐进地走在立宪化的道路上，与此相对，中国对于实行立宪政治则是采取了不断观望的态度。一旦引进立宪政治，反而会造成中国政治的混乱，而且还很有可能殃及周边国家，对此伊藤博文明确地表示了担忧。

> 须云中国之宪法政治如何关系到东洋之和平，着实为重大之问题。中国领土之广大，其习惯不易改，地方自治不巩固，交通机构不完备，制定法律与习惯根本不符合之者，果能实行耶？万一不能实行之时，其之结果，想到对岸最广大邦域之中国如何，不堪以至甚寒心也。(《秘录》续，第251—252页)

中国立宪化一旦出现问题，最终会造成什么样的后果呢？伊藤博文一想到这个问题，就直接表明了自己“不堪以至甚寒心也”的担忧。

总而言之，在伊藤博文看来，立宪制度适合在国民共同属性高的中小国家推广，却并不适合地域广阔、民族众多的

国家——无法适用于帝国，而且一旦在多文化的社会确立了让国民参与政治的体制，反而会埋下造成内乱的祸根。立宪制度的关键在于运用，若能始终贯彻立宪精神则会带来国家的长足发展，不然最终只会造成国家的解体。可以说伊藤博文在思考中也把立宪政治看作是一把双刃剑。伊藤博文作为国民政治家早就从根本上考虑到中国政治秩序的不稳定性以及为防止中国立宪失败殃及日本要采取的对策了。因此，可以看出伊藤博文对中国的立宪化并不十分积极。

综上所述，伊藤博文对于中国的政治改革应该说一贯保持了消极的态度，在他看来，一个国家的制度应该深深地根植于国民的风俗习惯当中，其改革并非一朝一夕就能完成的。

但是与这一思考不同的是，在当时清末宪政改革如火如荼地进行之时，伊藤博文却在东亚另外一个传统国家充当起制度改革的先锋指挥。从 1906 年开始，伊藤博文担任韩国统监开始推进韩国的文明化进程。那么，如此行事的伊藤博文是否持把中国和韩国区分开来对待——中国自我控制帝国主义扩张，对韩国推行殖民地化——这样一种双重标准呢？接下来，我会在下一章中着重探讨伊藤博文对韩国所采取的统治政策。

第七章　韩国统监的“亚努斯”面孔

1　统监与总裁

两种统治

在第五章中我论述了伊藤博文主导的“1907 年宪法改革”的尝试。伊藤博文作为帝室制度调查局总裁为皇室制度的确立竭尽全力，同时专心致力于国家体制改革，整合以内阁为主体的责任政治。不，应该说伊藤博文的着眼点在于恢复内阁在国家体制中的向心力，帝室制度调查局极有可能是为了掩人耳目所做的伪装，关于这一点我已经详细论述过了。

现在我们将研究的视线再次转回到 1907 年(明治四十年),这一年在日韩关系史上是一次重大转折。在前一年 3 月伊藤博文就任第一代韩国统监,极力推进韩国沦为日本的保护国;但是,同年 7 月发生了海牙密使事件,韩国高宗皇帝通过参加海牙和平会议的密使,希望向国际社会控诉日本对韩国进行统治的不正当性,该计划并未得以实现,高宗因此触了以伊藤博文为代表的日本政府之逆鳞而被迫退位。结果,日韩双方缔结了第三次日韩协约,通过该协约,统监获得了更多对内政进行指导监督的权限,如制定法令、重要行政处分的承认权、官员的任免权等。8 月,日本又解散了韩国军队,在实质上实现了对韩国的吞并。(森山茂德:《近代日韩关系史研究》)

于是,1907 年就成为日本统治韩国的过程中具有划时代意义的一年,不难想象对于担任统监职务的伊藤博文而言这也是异常忙碌的一年。不过,如前所述,这一年伊藤博文并不是单单作为韩国统监而专心治理韩国,除了“统监”之职,他还是“总裁”,伊藤博文在统治韩国的同时,还致力于日本统治的改革。

在本章中我想着重考察伊藤博文的政治家生涯的最后一幕——对韩国所进行的统治。伊藤博文担任韩国统监的这段历程不能说是他华丽政治生涯的完美收官,甚至可以用晚节不保来形容。伊藤博文在带领日本完成确立立宪国

家的伟业之后又来到了朝鲜半岛，为了能够让日本实现大陆扩张的计划，他踏上了吞并韩国的道路。正是由于这一点，1909 年 10 月 26 日伊藤博文在哈尔滨被韩国独立运动义士安重根刺杀。由于伊藤博文是死于独立运动家的恐怖袭击，因此时至今日他一直被当作日本在韩国推行殖民地化的元凶。

实际上，一直以来，伊藤博文的统监政治被视为韩国殖民地化整个过程的一环，统监政治被看作是吞并韩国的道具而受到消极评价。对此，有不少研究都涉及韩国统监伊藤博文施政的实际状况，①但是不得不承认这些研究都很难摆脱过去学界“伊藤博文即吞并韩国的先锋”的思维定式。

因此，我希望尽可能避免过去研究中的思维定式对本书的影响，以期更加深入地洞悉伊藤博文的思想。在下文的论述中，本书把伊藤博文统治韩国的思想和战略作为基本史料进行剖析。具体而言，本书所关注的问题点在于伊藤博文在就任韩国统监之初任帝室制度调查局总裁，并且推行宪法改革。那么，伊藤博文是以怎样的形式把统治韩国融入他的国家构想中去的呢？此外，他又是通过怎样的

① 森山茂德：《近代日韩关系史研究》；伊藤之雄、李盛焕编：《伊藤博文与韩国统治》（ミネルヴァ书房）。不过这两部书（包括收入拙稿的后者）并没有考察到同时期日本的“宪法改革”。

方式将二者统一于其思想体系中的呢？换句话说，伊藤博文在担任统监时期不仅致力于韩国的施政方针，还担任帝室制度调查局的“总裁”，因此，他同时插手了日本与韩国两个国家的施政策略，一个人在同一时期担任不同国家政治改革的指导。是不是可以说日本与韩国这两个国家在改革事业上具有联动性呢？果真如此的话，这两个国家的联动性又是怎样的呢？

以上便是这一章的考察视角。那么“总裁”伊藤博文为何又一下子变成“统监”了呢？到底是伊藤博文“见异思迁”（德富苏峰）功名心的驱使，还是他心中明确有对韩国实行殖民地化的策略呢？要想回答这个问题，我们首先来回顾一下伊藤博文就任韩国统监的经过。

1904 年给高宗皇帝的意见

1904 年（明治三十七年）3 月，日俄战争开始不久，伊藤博文访问韩国，虽然此次赴韩他对外宣称是为了慰问韩国的皇帝，但是实际上其真正目的是出于战争原因需要说服韩国支持日本的计划，得到韩国的全力协助。为此，在同月 18 日和 20 日，伊藤博文与高宗皇帝展开会面，这是他 1898 年 8 月游历中韩之后时隔 5 年与高宗的再次会面。不过，与上次的欢迎氛围不同，这次会谈从一开始就显示出剑拔弩张的气氛。

高宗李熙

会谈过程中，伊藤博文向高宗皇帝陈奏了 10 条意见，要点如下所示：① 为了维护东亚和平，仿效欧美等国家，推进文明改革，争取早日独立；② 不排斥其他人种、宗教，不仇视欧美文明；③ 为了争取国家的生存和独立，主张改良或摒弃自己国家不好的风俗习惯；④ 上述要点为日本 30 多年所积累的经验，中国、韩国应该进行效仿并适应欧美文明，争取早日踏上自强之路；⑤ 通过借助欧美文明的形式，抵制妄图进行侵略战争的俄国；⑥ 随着近年来交通机构的发展，国际间的思想交流日益活跃，于是“交换有无，增殖人生存之必要物资，逐次举其富强之实，以图自立〔中略〕于竞争之间求国家生存之道”就是所谓的文明，因此，决不允许发生以暴力阻碍文明的野蛮行径。（《伊藤传》下，从第 639 页开始）

虽然其真意是将战争正当化，但是即便在今天看来这些内容中仍然有积极歌颂文明的声音。5 年之前伊藤博文作为新文明的舵手而受到款待，而眼下他又作为文明的歌颂者再次回到了韩国。

就这样，伊藤博文凭借对文明的歌颂，与韩国结下了不解之缘。在向韩国高宗皇帝提出了上述的文明论后，伊藤

博文在4月1日返回日本。之后，日本政府一步步向着韩国保护国化的方向迈进。5月31日内阁会议决定了对韩施设纲领，纲领中主张"取得对韩国政事上及军事上的保护实权"，除了采取外交监督，还要进行财政监督，控制韩国国内的铁路、通信机构，明确规定推动日本人移民韩国。第二年11月两国之间又缔结了日韩协约(第二次日韩协约)，协约中规定"为专门管理外交相关之事项"(第3条)设置由日本人担任的统监一职。实际上，在日本保护韩国的政策中从一开始就隐藏了控制其内政的野心。关于这一点我在稍后论述伊藤博文的统监政治时还会再进行分析。

1904年8月的第一次日韩协约中规定了韩国雇佣由日本政府推荐的日本人担任财务顾问和外国人外交顾问，根据该条约最后决定由大藏省主税局长目贺田种太郎和外务省雇员、美国人史蒂文斯分别担任顾问之职。如此一来，日本政界对韩国保护国化的政策更加坚定，原敬在访问海军大臣山本权兵卫的时候也说道："序谈对韩方针，到底无外乎为保护国之方针。"而且，当时原敬早就从山本权兵卫和西园寺那里打听到伊藤博文即将再次赴韩的消息。因此，原敬在日记中记录说："若有制朝鲜命运之大决心即可，否则该与先年之井上〔馨〕伯同样以失败告终。"

伊藤博文的盟友井上馨从1894年10月开始大约半年的时间里一直在韩国负责指导其内政改革(第二次甲午改

革)。但是,在1895年6月井上馨回国之后,高宗皇帝下达了否定改革的诏书,宣布井上馨的改革失败。由此可见,在原敬等政界消息灵通人士中间早就盛传伊藤博文会前往韩国代替没有完成改革工作的井上馨担负起推进保护政治的职责了。(1904年7月28日条目,《原日记》②,第106页)

胁迫签订第二次日韩协约

1905年(明治三十八年)4月8日,日本内阁会议正式决定了对韩国的保护权(外务省编:《日本外交年表并主要文书》上,文书部,第233—234页),在9月的朴次茅斯讲和会议中这一保护权也得到了俄国的承认,日本真正开始了对韩国的保护国化进程。从这里开始,伊藤博文再次前往韩国,这次赴韩的理由虽然同样对外宣称是慰问皇帝,但是真正的目的却是宣布日本拥有对韩国的保护权,缔结第二次日韩协约。11月15日,伊藤博文谒见了高宗皇帝,为了让韩国成为日本的保护国,他强迫高宗授命自己负责韩国的外交事务。对此,高宗抗辩说:如此一来就使得韩国陷入像匈牙利之于奥地利一般的境地。① 伊藤博文则回应说:匈牙利没有皇帝,陛下的地位却不会发生任何改变,韩国亦

① 当时奥地利和匈牙利之间的关系是:匈牙利是在奥地利国王的统治下形成的联合国家,虽然二者各自有自己的议会,实行自治,但是财政、外交、军事,特别是大臣的任命问题,却属于共通事项。

“非于国体上生任何之异动”。(《伊藤传》下,第678页)

高宗皇帝又尝试反抗说:“朕今自不得裁决之,朕向政府臣僚咨询,又要察一般人民之意向。”伊藤博文则直接打断说:“贵国非宪法政治,万机总由陛下之亲裁而决,非所谓君主专制国乎。而人民意向云云,我推定是煽动人民,试反抗日本提案之思。”(同前,第689页)1897年成立的大韩帝国在其宪法中规定大韩帝国的国家体制是由皇帝所构成的专制政治(第2条)。而伊藤博文正是利用这一点做出的反击。此外,高宗皇帝还被怀疑暗地里向在野的反日运动势力下达命令、提供资金上的支持。

然而,高宗皇帝最后回避了与伊藤博文的交涉。17日高宗皇帝以身体抱恙为由拒绝了伊藤博文的第三次进宫谒见,反过来,他又下令“政府大臣商议达成妥协”。伊藤博文借机以“达成妥协”的敕令为幌子胁迫大臣们承认了所缔结的协约。(木村干:《高宗·闵妃》,第361页)高宗皇帝百般无奈之下所做的最后反抗就是要求在协约的前文中插入“至承认韩国富强之实时,以此目的约定左之条款”的句子。伊藤博文同意了这一要求,并亲自执笔将这一条加入了协约之中。(《集成》上,第48页)

根据第二次日韩协约,日本国政府代表担任“为专门管理外交相关之事项”的统监驻汉城(第3条)。如前文所述,与协约条文上的场面话不同,日本政府意图实际控制韩国

内政。而且，从前文中所引用《原敬日记》的记录，我们也可以看出日本政府为了达到控制韩国内政的目的有意让伊藤博文担任统监之职。在协约达成后的 19 日，桂太郎首相向一直热衷于统治韩国事业的伊藤博文下达了制定统监府机构制度的委任书：

> 韩国保护协约既已成立，需尽快颁布必要之统监府及理事厅相关敕令。就此如约定所言，务必以至急之电报，兼闻阁下之意见。(《集成》上，第 52 页)。

在接到桂太郎的委任书后，伊藤博文立即着手起草制定机构制度，关于这一过程他自己作了如下记录：

> 小子归朝后本月八日复命以来，与内阁元老各大臣决议对韩国我之政策大方针，着手起草统监府之官制及训令其他，两三日之间悉皆整顿，经枢密院之咨询，了颁布之事，任命主要之府员等，先启其端绪也。(1905 年 12 月 29 日伊藤博文给林权助的书信，东亚同文会编：《续对华回顾录》下，第 92 页)

伊藤博文亲自起草并制定了统监府以及理事厅的机构制度，并且在这一年的 12 月 21 日颁布了相关制度。在这里，借伊藤博文自己的话，可以说机构制度的制定开启了“对韩国我之政策大方针”的端绪。

就任统监与军队的控制权

统监府机构制度虽然是由伊藤博文这位政治大佬亲自参加制定的，却掀起了一场巨大风波，其原因在于机构制度的第 4 条。第 4 条规定内容如下：

> 统监府及理事厅官制
>
> 第四条　统监认为有必要保持韩国之安宁秩序时，得对韩国守备军司令官下达使用兵力之命令。

无疑，这项规定承认了韩国统监拥有向驻扎军队的司令官下达命令的指挥权。如果从当时韩国逐渐保护国化与反日呼声高涨的状况来考虑的话，该规定本身也是理所应当的举措。问题是韩国统监这一职位是由文官出身的伊藤博文来担任的。

11 月 27 日，伊藤博文在韩期间，常驻韩国的司令官长谷川好道向山县有朋汇报了韩国的实际情况。山县有朋听后又向陆军大臣寺内正毅传达了“统监者采用自武官尤适时机之事也”（《寺内文书》360—42）的意见。在军队方面，从一开始他们就认为统监之职应该由军人来担任，换句话说，伊藤博文正是由于封杀了来自军队的声音才当上了韩国统监。（山本四郎：《韩国统监府设置与统帅权问题》）

12 月 21 日伊藤博文被任命为韩国统监，常驻韩国负

责管理日本军队的长谷川好道立刻写信给寺内正毅，表达了自己的疑惑：

> 第四条有统监得命司令官出兵之权，抑司令官乃隶属统监者有之哉？虽已为师团长，乃天皇之直隶也。况知司令官之直隶乃此前无有之事也。司令官为天皇之直隶，统监对其有命令之权，能有之哉？恐此为天皇之外无之者也。（圈点出自原文，《寺内文书》38—14）

军队是隶属于天皇的组织，然而第二次日韩协约却要求军队服从统监的命令，这该怎么办呢？在这里长谷川好道明确指出的是统监对统帅权的干涉问题。对此，伊藤博文用天皇的权威压制住了来自军队的质疑之声。

1906 年 1 月 14 日，明治天皇亲自向陆军大臣寺内正毅、参谋总长大山岩下达诏书，将韩国守备军的统帅权限交给韩国统监，命令他们不得阻碍国防的用兵计划。天皇的诏书在当时发挥了巨大作用，长谷川好道在信中写道："既恐多降敕书，则不能有任何之存异"（1906 年 1 月 26 日给寺内正毅的书信，《寺内文书》38—16），不能不承认军队从属于统监之下。如此一来，韩国统监就成为明治宪法下面唯一一个由文官掌握军队指挥权的官职。伊藤博文不仅设置这一职位并且由自己亲自担任，于是在同年 3 月 2 日，他前往汉城赴任。

就任韩国统监的理由

伊藤博文为什么会接受韩国统监的职位呢？在回顾他就任统监之职前的经过时，有下面两个问题浮现在我们眼前。一方面是“文明”，另一方面是控制军队。

首先，关于“文明”。1898年(明治三十一年)伊藤博文在游历完中国、韩国以后，逐渐萌生了日本为“东洋之盟主”的意识。本来，如前章所提到的一样，伊藤博文对于中国问题的态度是有所保留的，尽管他特别强调了中国市场对日本的重要性，但是基于对中国政治将会更加混乱的判断，伊藤博文在介入中国政治的问题上坚持了一直以来的谨慎态度。

然而，从中国回国不久，伊藤博文开始主张日本从道义上有责任承担起“东洋之率先者”的角色。在前一章中我也多少提到，1899年2月14日，伊藤博文通过设立京城学堂等，努力在韩国普及日语教育，并在大日本海外教育会上作发言，其发言内容如下：

> 既云海外教育，不仅有必要独教育韩人，亦有必要教育中国。盖文明之学问自我国而输入，由彼等取，不啻简便，又其成效速也。又自我云，对土地广而人口众、文明之学问且幼稚者，我国作为东洋之率先者诱导

之，以自助势之利也。毕竟这般事宜可增双方之幸福，而又属道义上我国之义务，不应不觉悟之。（《演说集》①，第 204—205 页）

对于那些在韩国从事教育推广活动的团体而言，很难理解伊藤博文会鼓励他们在中国也同样进行教育的推广活动，不过考虑到中国也存在像梁启超、张之洞等渴望开化思想的知识分子，也就不难理解伊藤博文的想法了。总而言之，当时伊藤博文身上明显地表现出了在东亚推广“文明”的使命感。先前，在日俄战争开始后的 1904 年 3 月，伊藤博文就曾在高宗皇帝面前鼓吹过对文明的思考，两年后，伊藤博文为了实现推广文明的设想，亲自来到了韩国。

第二，关于控制军队。近年来学界关注的焦点是在授予统监军队指挥权层面，伊藤博文与陆军以及桂太郎、小村寿太郎、后藤新平等少壮派之间围绕大陆政策、吞并韩国的构想所体现出来的对立，研究观点倾向于统监对军队的控制权并不是伊藤博文的目的，而是他的手段。但是，我认为对伊藤博文而言夺取和使用军队的控制权才是他的真正目的。这一观点正是本书从内部重新构建伊藤博文思想的重要课题。

在这里我们不能忘记的是日本的“宪法改革”，当时伊藤博文作为帝室制度调查局总裁，制定了公式令，由内阁司职军政统辖（第五章第 4 节）。不过，伊藤博文的策略遭到

陆军的反扑，最终制定了“关于军令事宜”的文件，制约军队的努力功亏一篑，重新回到了原点。与此同时，身在韩国的伊藤博文也想掌握军队的指挥权。如此一来，在考察伊藤博文的思想时，自然就应该把日韩军政关系的改革和构筑统一起来考量。

下面我们从前文所提出的两个方面对伊藤博文在韩国的统治进行再探讨。

2　“文明”政治的传道——与儒家知识的对决

统治韩国的哲学

如前文中论述的一样，伊藤博文通过启蒙让日本国民走向文明的道路，在人民通力合作的基础上将日本塑造成为文明政治的国家。那么，对于韩国的保护政治，伊藤博文又注入了怎样的哲学思想呢？首先让我们先看一段令人印象深刻的观点吧。

> 朝鲜人颇伟大。纵观整个国家的历史，有进步之事遥遥在日本之上的时代。从民族来看，也没有理由不能自己经营这个国家。它在才能方面绝不逊于任何国家。但是，造成今天的局面，不是人民的过错，而是政治的错。治理这个国家，无论是人民的量还是质皆

无不足。(《新渡户稻造全集》⑤,第 550—551 页)

根据这段证言,伊藤博文尽可能地开发韩国人潜在的自治能力,他想象着有一天能够让韩国人自己管理自己的国家。为此,伊藤博文优先推进政治改革,最终让韩国国民在潜移默化中受到文明化的洗礼。在这里我们将伊藤博文的统治政策称之为"文明政策",接下来我想进一步探讨其本质。

在统治韩国的整个过程中,伊藤博文的信仰集中表现在他所下达的具体指示上,因此,通过系统考察"关于改善韩国施政的协议会",我们可以对此进行把握。该协议会实质上是由伊藤博文领导的、汇集了韩国众多阁僚的内阁议会,在金正明编写的《日韩外交资料集成》第 6 卷中收录了该议会的议事记录。因此,我想在该资料所呈现的伊藤博文形象的基础上,重构伊藤博文统治韩国的哲学。

从表面上来看日本对韩国的保护国化不过只夺取了它的外交权,但是实际上 1904 年(明治三十七年)5 月经由内阁会议所决定的"对韩施设纲领"已经清晰地表明,日本政府除了外交,还牢牢控制了韩国的财政、基础设施、国家产业等诸多内政事宜。在"对韩施设纲领"的影响下,伊藤博文在实施保护政治的同时又是如何让上述方针正当化的呢?如前文中所指出的一样,我们把伊藤博

文的方法归结为“文明之传道”的逻辑，即所谓的引导韩国人民成为文明之民。这也正是伊藤博文在担任统监之初所宣扬的口号——“故自己来任此地，欲使韩国为世界之文明国也。”（施政改善协议会，1906 年 7 月 3 日（第 7 次），《集成》上，第 247 页）

民本、法治、渐进主义

那么，伊藤博文是如何透过韩国来解释文明国的具体实质的呢？我们可以把伊藤博文的论点归结为民本主义、法治主义、渐进主义三个要素。

首先，第一要素是民本主义。在前一章节我们详细论述了宪法宣传的过程，其中民本主义也可以解释为国民政治的理念，在统治韩国方面，伊藤博文反复强调的还是这一点。担任统监没几天，伊藤博文就在 1906 年（明治三十九年）3 月 25 日谒见了高宗皇帝，高宗向他询问：“如何使我韩国国力发达，国运隆盛耶?”他回答说：“不应不俟国民之富力。”（《集成》上，第 163—164 页）之后，伊藤博文还向韩国的官员们解释了国民本位的政治学说，他认为：“政府乃以爱人民为第一目的，不应不停止爱官吏。”[施政改善协议会，1907 年 4 月 9 日（第 14 次），《集成》上，第 450 页]伊藤博文将文明化即近代化的过程归结为提高对人民的重视程度，鼓励殖产兴业，从这一点上来看，可以说日本的统治与

韩国的统治之间没有任何区别。

关于伊藤博文安抚人民的思想，有研究认为他的统治哲学与儒家王道思想中的民本主义如出一辙。[①] 不过，接下来伊藤博文主张的却不是王道论，而是法治主义。在上面提到的伊藤博文与高宗皇帝的会面中，伊藤博文为了提高国民的经济能力，指出“不应不先保障身体财产之安固”。（《集成》上，第 164 页）除此之外，他还说：“彼之贪官污吏之为，若常不免生命财产之危险，则国民不能有一日安其产业，不能勉其富力之增殖，必然之势也”（同前），强调加强对滥用国家权力行为的约束。在伊藤博文看来，按照法律进行分配是推广国民本位政治、增强国家实力不可或缺的前提。

伊藤博文以为上述的施政方针会成为“世界之常态”，政府政策不能与这一原则背道而驰。［施政改善协议会，1906 年 11 月 16 日（第 12 次），《集成》上，第 390 页］当时伊藤博文统治韩国的哲学就是希望韩国能够摆脱事大主义的泥潭，成为真正自立、独立的国家。[②] 施政改善协议会的第一次聚会充分地表明了这一点，席间伊藤博文主张进行教

① 在施政方针上，高宗皇帝一开始主张的是“民为邦之本”的儒学王道思想。参照木村干：《高宗・闵妃》（ミネルヴァ书房，2007 年），从第 87 页开始。不过，高宗回归传统主义的古法民本思想与伊藤博文以殖产兴业为核心的近代主义思想有着根本的区别。

② 在后面的论述中，我还会提到伊藤博文对于韩国官员的抵抗显示出相当大的气度，他把这种抵抗看作是民权运动的结果。

育制度上的改革，他认为“如自初就立大计划则会招致损失，不可”，应该“当初乃立小计划渐次使之发达”。[施政改善协议会，1906 年 3 月 13 日(第 1 次)，《集成》上，第 138 页]

本来渐进主义就是政治家伊藤博文安身立命的策略，他的政治风格就是将统治的大方针当作信念来坚持，为了实现这一信念，他审时度势的同时，还渐进地推动改革事业的发展。① 实际上，日本在引入立宪政治的时候就是按照渐进主义的原则进行改革的。

同样，在统治韩国的过程中，伊藤博文坚定不移地坚持渐进主义的原则，他尽可能地尊重韩国现存的秩序、价值观，同时渐进地让韩国向着文明国家的方向转变。然而，尽管伊藤博文的渐进主义让日本收获了确立议会制度的成果，却在韩国遭遇了滑铁卢。这一点在伊藤博文的教育政策中表现得淋漓尽致。

对教育改革的热情

伊藤博文在一开始担任统监的时候就强调说：“虽教育需岁月与负担，若不着手则不得见其效果，故有必要尽可能速创始教育事业也”(施政改善协议会，1906 年 3 月 13 日

---

① 在这里我不再一一列举关于伊藤博文性格的证据了，在本书中已经解释过像后藤象二郎的成果，但是关于韩国时代伊藤博文形象的论述，可参照小松绿的《吞并朝鲜的背后》，第 49 页。

〈第 1 次〉,《集成》上,第 133 页),显示出他对教育改革的热情。下面我们撷取伊藤博文统治韩国时的教育改革,以分析其意义和影响范围。

伊藤博文在第一次施政改善协议会上极力解释了教育在统治中的重要性,为此,他借助培养国民对征兵和征税的主人翁意识,来说明教育的作用;他指出:"实施征兵〔中略〕不应不普及教育、培养学术上的素养"(《集成》上,第 132 页),而且"若施教育,则儿童自了解国民何故负担租税"。(《集成》上,第 133 页)换句话说,对于教育改革,伊藤博文主张培养愿意承担国家义务的忠良臣民。

因此,在这里我们可以看出,伊藤博文是想通过教育改革创造出作为统治客体的国民来。那么这就是伊藤博文教育改革的全部了吗?在前文的论述中我们已经认识到国民的文明开化对于权力来说是一把双刃剑,国民在承担起社会责任的同时,又起到了监督制约的作用。伊藤博文所描绘的国民形象,不仅主动承担起国家的赋税,还要负责监督苛捐杂税的开销,拥有公共性的主人翁意识。

1908 年(明治四十一年)12 月伊藤博文在施政改善协议会上指出"自己之所见,欲脱各地方之人民如旧对官吏叩首平身、唯命是从之风",他认为"是即所谓民权之发达也"。对此,我们不能把伊藤博文的这一观点看成是他一意孤行的行为,对他而言,随着受教育程度的进步,监督官员腐败

的民权意识也自然而然会得到提高。最终，确实也是“官吏为恶事亦渐次减少”。[施政改善协议会，1908 年 12 月 8 日(第 63 次)，《集成》下，第 1123 页]国民在不断文明开化的同时，对权力的监督也必须合理化。可以说伊藤博文把在日本统治过程中的方针(第二章第 6 节)也贯彻到了对韩国的统治当中了。

接下来，我们再探讨一下伊藤博文理想中教育改革的内容。在 1908 年 12 月的施政改善协议会上，伊藤博文开诚布公地谈到了自己的亲身经历，这也是本书在探讨他的教育理念时所引用的佐证。伊藤博文说:“如自己幼少之时学汉书，听闻周之盛。初次西洋之行见其文物制度及各般技术之发达显著，乃知真正之周道于西洋行之，方思国家者不应不如斯。”正是经历过这一思想转变，他回国后才开始推行教育改革。[施政改善协议会，1908 年 12 月 25 日(第 65 次)，《集成》下，第 1143 页]从伊藤博文的话中，我们很容易就能看出他的教育改革是与东亚传统汉学的诀别，是立足西方学术所进行的社会结构革新。

伊藤博文把西方学术作为典范是希望提倡适用于社会的学术(实学)，这也是照搬了治理日本的经验，他希望通过教育把国民引向实业之路。如此一来，国家才能解决“人民之贫弱”的社会问题，对于伊藤博文而言，教育可以促进殖产兴业，为社会经济的实际利益提供人力资本。

儒学灭国

从上面的论述可以看出，伊藤博文对韩国的传统儒学表示了批判的态度。

1906 年(明治三十九年)7 月，伊藤博文在高宗皇帝的书信中发现他对自己使用的是“伊藤侯爵”的称谓，兼之又找到高宗写有“岛夷敌伊藤、长谷川”言辞的文件以及皇宫联系宫外暴徒并给予资金支持的证据。于是，他开始弹劾高宗皇帝，为了进行皇宫的改革专门设置了调查委员会，通过制订宫禁令限制宫中人员出入。(内谒见始末，1906 年 7 月 2 日，《集成》上，从第 232 页开始)

当时，伊藤博文通过让儒家知识分子远离宫中的方式，意图从根本上变革韩国统治的结构和统治者的意识。在他看来，韩国精英阶层所维护的儒学不过是会造成国家灭亡的空谈阔论。韩国已然落后于世界的发展大势，更陷入如此贫弱的地步，完全是由“故尊重斯古法”造成的。伊藤博文极力敦促韩国“废弃”儒学，他说：“于今日开眼随文明之式，欲兴国利民福，速废弃斯有害无益之旧惯，岂非所以为韩国之忠焉?”[施政改善协议会，1906 年 7 月 3 日(第 7 次)，《集成》上，第 247 页]

从韩国的角度来看，在儒学知识分子中遴选人才，随时

听候召见为君主排忧解难正是君子的职业，[1]韩国人自己也认为“从来原(厚?)遇学者乃我国之风习”。[度支部大臣闵泳绮语，施政改善协议会，1906 年 7 月 3 日(第 7 次)，《集成》上，第 247 页]任何一个国家体制为了能够使其统治正当化、合理化都需要自己的知识体系和学者层，从这个意义上来说，知识是国家体制的重要因素(国家体制下的知识，knowledge as constitutional factor)。(拙作《德国国家学与明治国家体制》)在韩国，儒学就扮演这样一个角色，它融入了历代以来的统治构造当中。

不过，伊藤博文对于高宗皇帝等人的辩解之词充耳不闻，“纵学者如何栖息于深山幽谷，与其之树木对坐，安能有达观世界之大势、料理国家之卓识之理焉”，“隐山林之儒林，若远招来之议国政，不如宁求来孔夫子之白骨与之对坐议国政之优”，以言辞拒之。(内谒见始末，1906 年 7 月 27 日，《集成》上，第 313 页)

从个人的角度来说，伊藤博文是一个极具汉学素养和文人气质的人，但是从公共的角度而言，他很难允许前近代的儒学继续控制国家的统治机构。在他看来，国家应该由

---

① 高宗抗辩说：“我国自古以来之习惯，于儒林中选其人才，与之以席，闻之以说，有此例也。”(《集成》上，第 237 页)来自儒学民本主义的“一君万民”思想是韩国政权的统治哲学，因此君主为了能够倾听广大人民的声音，皇宫是对外敞开的。关于这一点，参照原武史:《直诉与王权》。

西方的科学知识来构成，而儒学不过是在中国古代周朝这一时期的政治社会背景下孕育出的思想，如果在现代处理事务时仍然将儒学观点视为金科玉律，对于时代的认识就是大错特错了。最后他指出，儒林“非有应世之变迁活动之能力”。（《集成》上，第 314 页）

还需要再补充的一点是伊藤博文不仅仅排斥儒林。前文提到制定宫禁令的导火索之一是高宗皇帝宣召饭野吉三郎入韩国皇宫未遂事件。饭野吉三郎是在日俄战争中多次假托神谕左右战局，并且深得儿玉源太郎、东乡平八郎等日本军人信任的行者，之后又被称为日本的“拉斯普京”，他通过使用神力让自己一时间名震朝野，对当时政界产生了一定的影响。高宗皇帝对于饭野吉三郎的威望可以制约伊藤博文、山县有朋等元老的传言深信不疑，因此，高宗希望通过召饭野吉三郎入宫控牵制伊藤博文，于是发密诏宣其入宫。（1906 年 4 月 1 日伊藤博文给山县有朋的书信，《山县文书》①，第 141 页）

在伊藤博文看来，饭野吉三郎“虽非卜筮者，但对于学识、人物而言，决非有价值者也”。[施政改善协议会，1906 年 7 月 3 日(第 7 次)，《集成》上，第 246 页]就是这样的一个人，高宗皇帝把他看作是“古今无双之先见学识者”，不仅如此，高宗还认为：“如元勋山县有朋、伊藤博文等亦拜伏膝下，从其教示去就。”(同前)对此，我们容易想象伊藤博文等

开明主义人士对其的痛忿。所以，在伊藤博文看来，不仅仅是儒林，连同“筮巫女之辈”出入皇宫，都是有碍皇帝近代启蒙的。在他眼中，任由这些乱臣贼子横行的韩国宫廷就犹如“阎王殿”一般。（《伊藤传》下，第726页）[①]于是，伊藤博文从宫中开始，将包括儒学在内的一切旧俗恶习清除出所有的公共空间，取而代之效仿西方，推广科学知识。可以说宫禁令是伊藤博文统治韩国战略的一个缩影，他让韩国皇宫摆脱了传统的束缚，像日本一样让国民教育在推进新文明中发挥了重要作用。

资金上的限制

伊藤博文希望扶植韩国走上“文明”之路，在此前的论述中我们可以看出，伊藤博文对“文明”的理解不仅停留在殖产兴业所带来的物质繁荣，他还强调民众在精神文明上的开化，因此伊藤博文十分重视教育改革与知识的更新。

关于伊藤博文担任统监时期的教育政策，有声音质疑说他实际上并没有把教育作为改革的重心。但伊藤博文的教育论并不是空谈阔论，或者可以说对伊藤博文而言，教育改革也是一个极为微妙的问题。在他看来，教育是关系人

① 关于韩国宫廷与巫术，参照慎苍宇：《殖民地朝鲜的警察与民众世界，1894—1919》，第209页。

类精神构造变革的问题，绝非一朝一夕就能够实现的，需要一步一步脚踏实地地推行。在这里，透过伊藤博文的思考，我们也可以看出他是一个坚定的渐进主义的信徒，或者说受到现实的限制，他不得不这么去做。关于在渐进主义基础上推广教育的方针，我们可以通过下面的例子来进一步分析：

> 予以为虽非属目下韩国民之所望，然为启发将来之韩人，先起学校施教育，受教育者与不受其之者之间，皆尽现非常之不同，渐次普及教育，经多年星霜，遂举韩国民为文明之民。（演说笔记，1908 年 6 月 5 日，《集成》中，第 886 页）

这段文字是 1908 年 6 月伊藤博文在韩国阁僚们面前进行演讲中的一段，当时韩国社会的抗日运动激化，他在韩国的保护政治也进入了死胡同。不过，伊藤博文一直都没有放弃通过“渐次普及教育”终有一天能够让韩国人民成为“文明之民”的构想。综上所述，可以说通过渐进主义进行教育改革是伊藤博文保护政治一直以来非常关注的一个课题。

但是，不论伊藤博文的政策如何，现实中的韩国教育改革并没有朝着他所期望的方向发展。接下来，我们再对伊藤博文等制定的渐进主义政策及其失败的缘由进行考察。

如前所述，伊藤博文担任韩国统监不久，在第一次施政改善协议会上，他明确表示通过渐进主义的方式进行教育改革，在改革的过程中，他还提出了下面所面临的课题——“第一必要者资金也，次之教师也，教科书也。”(《集成》上，第133页)换句话说，改革所需要的资金、推行新教育的人力以及物力资源是教育改革的关键问题。除此之外，伊藤博文所面临的另外一个问题就是接受教育改革的社会基础。我们先详细看一下这一系列问题吧。

首先是资金问题。伊藤博文明确否定了从韩国各个社会阶层征收教育相关费用作为改革资金的对策，一开始他打算的是向日本政府申请无偿借款。在第一次协议会席间，伊藤博文提出由日本政府提供1000万日元资金用于振兴产业的方针，其中就包含了教育改革的费用。韩国教育改革的资金当初是日本借款提供的。

但是，在1000万日元的借款当中，用于推广教育的费用仅仅占了50万日元。如果我们重新回忆一下日本政府对韩国统治的方针，本来在1904年5月制定的对韩施设纲领中就没有提到完善韩国教育配置的事项。据此，我们可以推测日本政府对于借款公然用于没有出现在纲领中的教育相关领域一事十分忌惮。最终，伊藤博文的教育改革不得不在有限的资金中艰难前行。

重视传统、民族性的背后

接下来是教师与教科书的问题，在这里我想着重探讨一下前者的问题。伊藤博文明确指出："目下教师之数不多，设置多数之学校，若不得教师其人，则恰如画龙而不点睛。"(《集成》上，第133—134页)教师资源匮乏成为限制伊藤博文教育政策的重大因素。在这里，伊藤博文也强烈意识到教师问题不单单是数量不足的问题，更在于教师的质量。因此，伊藤博文要求在韩国从事教育的日本教师要尊重韩国人的民族性。换句话说，伊藤博文告诫来韩国担任普通教师的日本人除了要学习韩语，还要尊重韩国的传统宗教。其告诫内容如下：

> 宗教，无论佛教、儒学以及耶稣教，于启发时任之处其途一也，故无理由以彼为是、以此为非。在我国信教之自由乃为宪法所保障。在韩国对此丝毫之限制，诸君应注意此点，绝不能对宗教家之言行随意批评之善恶等。("给从事普通教育日本人教师的训谕"，1907年4月1日，《全集》②"学术演说"，第246页)

如上所示，可以说伊藤博文作为统监对韩国的民情、旧习事必躬亲，在取缔韩国传统医学、剪短发等问题上，他都采取了十分慎重的态度。例如，关于传统医学，他认为"一

且禁止汉方医之开业，则韩国陷医者皆无之状态”，并明确表示“医术开业之取缔以渐可为之，不宜取急激之措置”。[施政改善协议会，1906 年 4 月 9 日(第 3 次)，《集成》上，第 181 页]关于剪短发的问题，伊藤博文认为通过法律强制执行不如顺其自然自行废除更为妥当。[施政改善协议会，1908 年 6 月 9 日(第 41 次)，《集成》中，第 899 页]从这些主张可以看出，伊藤博文对于韩国民众的文化、习惯，虽然不能称得上保护，但是至少是采取了放任的基本态度。

如此一来，在普通教育问题上伊藤博文显示出对韩国传统、民族性的最大限度的默许姿态，这与前文我们看到的象征对皇宫对策的宫禁令形成了鲜明对比。更进一步来说的话，伊藤博文把韩国社会分成了传统的生活世界与合理主义的国家机构两部分，对于前者他采用渐进方针，对于后者则是采用尽快“脱咒术化”的对策，在对待两者的态度上显示出双重标准的特性。伊藤博文主张信教自由，尊重庶民的信仰态度，不过，透过当时的时代背景我们可以看出，他希望通过将宗教与国家相分离，实现把宗教赶出公共场所回归个人领域的打算。

综上所述，伊藤博文虽然主张尊重传统、旧习，但是并没有打算将这一方针作为其统治韩国的前提，或者我们可以说，从长远来看，这一方针是通过文明在潜移默化中消灭传统、旧习的对策。透过伊藤博文的这些主张，可以看出他

所期待的韩国初等教育是自下而上渐进地形成民众意识的改革。

爱国启蒙运动与私立学校

伊藤博文尽管主张渐进主义，但是在现实的改革过程中，又不得不背离渐进的路线。其中最主要的原因在于各地的抗日运动，具体来说就是爱国启蒙运动、义兵争斗。① 对于当时伊藤博文的政策，个别韩国知识分子通过教育热与设立学校运动，与伊藤博文的改革构想进行对抗和斗争。② 在这里我想简单介绍一下爱国启蒙运动与伊藤博文教育观的对立。

如字面意思所示，爱国启蒙运动的教育目标就是推广爱国主义的民族主义意识。在运动中所设立的私立学校，不仅培养学生社会实用的读写能力，而且还进行政治教育，志在唤醒民众的政治意识，生成民族主义情绪。

---

① 关于爱国启蒙运动，参照李盛焕《伊藤博文的韩国统治与韩国民族主义》、月脚达彦《朝鲜开化思想与民族主义》；关于义兵运动，参照慎苍宇前揭著作、小川原宏幸《伊藤博文的吞并韩国构想与朝鲜社会——王权论的矛盾》。不过，后者难免会让人觉得把义兵看成是前近代民众的秩序意识过于理想化。

② 关于爱国启蒙运动以及这一时期的教育改革运动，除了参照前面李盛焕的论文之外，还有尹健次的《朝鲜近代教育思想与运动》、金泰勋的《近代日韩教育关系史研究序说》、佐藤由美的《殖民地教育政策研究》。

所以，爱国主义启蒙运动很明显与伊藤博文的教育观水火不容。如前所述，1879 年（明治十二年）的“教育议”之后，伊藤博文科学地进行教育改革，他坚定地将政治言论排斥于教育之外，并一贯坚持“政谈之徒过多，非国民之幸福”。因此，对于韩国国民民族主义情绪高涨，伊藤博文不得不冷静下来，他大声地向韩国号召说：

> 今日之急务乃让韩人先无穷衣食，而后进其能力施之教育。徒唱独立叫爱国，若游食惰眠，无所为国家有任何之利也。（演说笔记，1908 年 6 月 17 日，《集成》中，第 926—927 页）

从这里我们可以看出，伊藤博文把“徒唱独立叫爱国”的政治言论排除在学校教育之外，主张提高人们物质生活的水平，学习科学知识。这些曾在日本就提出的主张，他仍然想用在韩国身上。从这个角度来说，这是伊藤博文在教育问题上与私立学校的“再会”。

1880 年代的日本，自由民权运动空前高涨，庆应义塾、早稻田（当时为东京专科学校）等私立法律学校为运动提供人才储备，成为其基础。对此，伊藤博文创立了帝国大学，引入国家学作为行政主体，并将接受高等教育的学生招募到政府机构担任官员，他通过推进这一制度和理论的改革，打算在潜移默化中消除私立学校的政治教育，且卓有成效

（第二章第 4 节）。在韩国，伊藤博文想采取同样的方法，不过，这次却没有达到预期设想。最后，我想对伊藤博文担任统监时期教育改革的演变过程进行进一步的分析。

在第一次施政改善协议会上，伊藤博文针对教育问题就明确指出"追岁月不应不图普及"，不过他很快又在三个月后修正了教育改革的方针路线。从为期两个月暂时归日，到重新赴韩后的 1906 年 6 月 23 日第六次协议会，伊藤博文更换了负责教育改革的学政参与官币原坦，由三土忠造来负责。对于这次人事调整的原因，伊藤博文解释说，币原坦"作为教官或适任，作为著述家则不适任"，表达了他对币原坦拖延编纂教科书工作的不满。但是，其背后则体现了伊藤博文"教育扩张之事亦尽快着手，若不推进儿童之教育，则到底不能得韩国发达之企划"的迫切心情。［施政改善协议会，1906 年 6 月 25 日（第 6 次），《集成》上，第 221 页］

从上文论述中，可以判断伊藤博文之所以放弃三个月前渐进的态度转而要求迅速推动教育改革的主要原因就是韩国不稳定的政治情势。在伊藤博文归日期间，韩国各地发生了多起骚乱，在重新赴韩后他又目睹了政治情势的恶化，为此他甚至给自己写好了遗书。（《伊藤传》下，第 717—718 页）在这样的形势下，伊藤博文不得不重新调整最初的方针。

然而，之后的状况并没有好转的迹象。1908 年 6 月，

伊藤博文向来自韩国各地的观察使表示，韩国兴起的私立学校绝对不会有益于国民的富强，反而会陷入“徒推进空论”的误区，除非必须“施可让国民就实业之教育”。（演说笔记，《集成》中，第926—927页）

于是，伊藤博文接着通过立法开始对私立学校进行管控。1908年8月，统监府先后制定了私立学校令、私立学校补助规程、学会令、教科书检定规程。通过这些法令，从法律上明确规定由政府来认定私立学校的资格，审核教科书的编纂，加强对私立学校的管控，最终让私立学校的数量逐步减少。（佐藤由美：《殖民地教育政策研究》，第233页）

但是，韩国人民的民族主义情绪空前高涨，抗日运动也看不到任何衰减的势头，就连伊藤博文也感到手足无措了。在这一年的年末，统监府越出台政策越是人心离散。伊藤博文认为有必要重新修正在教育上的方针，他指出：“韩国之改善，今日人心一变，不能充分进行，故不宜急进施设。”［施政改善协议会，1908年12月25日（第65次），《集成》下，第1142页］

伊藤博文虽然已经意识到需要修正教育改革的方针，但涉及具体要怎样修正的问题时，他也是一头雾水，又或可以说伊藤博文等人是在静观形势的走向，以便积极地制定相关政策。对于主张设立实业学校的声音，伊藤博文认为必须注意到整个社会的需要与供给关系。他指出即便是振

兴实业教育，仍然需要回答韩国社会是否能够满足学校毕业生需要的问题。同时，关于向日本派遣留学生的政策，在国民中形成殖产兴业氛围比教育更加重要。（同前，从第1138页开始）在伊藤博文的这些观点中，我们能够看到其合理性的一面，却很难把握他教育论的系统性。伊藤博文一开始希望通过有条不紊地推行初等教育，让接受过实业教育的韩国人渐进地培养起国民性，但是时至今日他也不得不放弃当初的方针了。不过，通过上述分析我们也可以看出，较之于这种渐进主义的初衷，在遇到教育改革瓶颈时，伊藤博文的改革对策所显示出来的更多是一种手足无措的样子。

对韩国知识分子的对策

虽然伊藤博文在教育改革的方针问题上产生了动摇，但在涉及推广普通教育的初衷时他却始终坚定如一。然而，伊藤博文对普通教育的态度却与他在日本所采取的方针政策、对中国的改革建议大相径庭，在日本，伊藤博文首先是从高等教育的改革开始，对于知识分子，他着重培养能够担负起国家治理职责的精英；对于中国也一样，他主张“得国家急用之人才，当国家要急之事业”，首先要弥补专业高等教育的缺失。在了解完伊藤博文对日本、中国知识分子的政策以后，接下来我们再详细探讨一下他对韩国知识

分子的对策。

伊藤博文认为:"人类社会之事,不应忘皆在于人也。"[施政改善协议会,1908 年 4 月 29 日(第 39 次),《集成》中,第 839 页]那么,在伊藤博文眼中"人"到底是什么样的呢?一言以蔽之,"有技能之人物"。(同前,第 836 页)伊藤博文主张无论有任何主义倾向,只要有行政手腕者皆应广泛招募,在他看来,过去韩国地方官员的人事为人情所左右。关于这一点,伊藤博文认为就连那些暴徒的话都有一定道理。他指出为了能够让政界焕然一新,掌控民心动向,必须要"断然开放门户,大量登用人才"。(同前,第 836 页)

那么,伊藤博文所说的"有技能之人物"具体来说到底是什么样的人才呢?他认为是"多少要有洋学,得取事务之人物"。(同前,第 837 页)另一方面,对儒林,伊藤博文认为"儒生亦无须见怪,若不举事务,单有人望则不可也",可见他对于招募儒学知识分子是存有疑虑的。在伊藤博文看来,儒林中的老人们只是"口之达者,不能让其动手足"的人,与之相比,他更愿意"拔擢有为之青年"。(同前,第 836 页)一开始伊藤博文还从反日运动者中选拔人才,希望借此革新由儒林控制的国家体制。

本来伊藤博文就擅长通过体制内化的手段将政敌、在野党政治家等被政府视为危险分子的人拉拢到政权中来。被当时政府看作是危险人物的西园寺公望、森有礼、陆奥宗

光、板垣退助、大隈重信等都是经由伊藤博文的关系才得到政府的招募，官复原职的。如前文所指出的一样，伊藤博文的政治风格不是将敌人打倒，而是团结起来一同前进。

伊藤博文将这一风格也用在了韩国统治当中，例如，他任用有“儒生之栋梁”之称的李容植为学部大臣。（小松绿：《吞并朝鲜的背后》，从第165页开始）同时，为了能够拉拢更多具有开化思想的人士加入日本对韩国的保护政治，他甚至对投身爱国启蒙运动的反日知识分子也抛去了橄榄枝，达成相互间的妥协。

对儒林怀柔政策的失败

然而，伊藤博文的期望最终还是落空了，他与韩国爱国知识分子之间的民族主义壁垒太高、太厚，而伊藤博文本身是一个不重视民族主义的政治家。在日本进行改革的过程中，伊藤博文一贯反对排外的爱国主义，而是主张振兴产业的开国主义。与此相对，爱国启蒙运动则是主张民族独立，将排日的民族主义放在第一位。透过对民族主义的不同态度，可以看出伊藤博文与爱国启蒙运动在世界观上的对立是由于缺乏相互沟通的桥梁。

如此，本来伊藤博文与爱国启蒙运动在近代化这个问题上的思想主张极为接近，但前者对后者的拉拢却以失败告终。最后走投无路的伊藤博文又对传统统治阶层的儒林

精英们采取了怀柔政策。伊藤博文虽然不喜欢汉学，但是却具有汉学修养，精通汉诗，还能与儒学者畅谈汉学；即便他内心从本质上就排斥儒学“治国平天下的空论”，但仍然愿意与“支配今韩国人心”的儒生合作，寻找团结韩国儒学者的方法。[施政改善协议会，1908 年 12 月 25 日(第 65 次)，《集成》下，第 1141 页；崔在穆：《伊藤博文的韩国儒学观》]

1909 年 1 月 12 日，伊藤博文在大邱理事官官邸邀请了约 400 名郡守、两班、儒生进行演讲。在演讲中，伊藤博文向儒林精英们传达了自己的建议，他说：“今日日本所求于韩国，韩国从来之形势一变，导知识、导产业于民，与日本同样浴文明之恩泽，为之而合力也”，日本、中国、韩国都是“依孔孟道德维持人心之国”，无论是在肉体上还是精神上，韩国都不输给日本和中国。[“日本的目的是在扶植韩国(于大邱理事官官舍对郡守两班儒生的训示)”，1909 年 1 月 12 日，《全集》②“政治演说”，第 488—489 页]在这里，伊藤博文拼命想通过他所主张的文明唤起儒学知识分子自主的思想变革。

但是，在演讲进行过程中，发生了不愉快的一幕，听众当中有个人想靠近伊藤博文，并对他的某些观点予以驳斥，却被逮捕了起来。伊藤博文勃然大怒，他用下面的话草草地结束了自己的演讲：

> 本统监今披赤心，奉劝诸君当服从韩皇陛下之圣

旨。韩国人须举全国不可不努力一变其方向,诸君中若欲单独抵抗日本,不妨来试。(同前,第 490 页)

最终,伊藤博文与儒学知识分子的对话不得不在这样的恫吓声中结束了。

3 韩国统治中的军队制度改革——宪法改革的延长

军令的成立是伊藤博文的让步吗?

伊藤博文在担任韩国统监的同时还是帝室制度调查局的总裁,那么他调查局总裁的身份是否也会影响到对韩国的统治呢?还有,对于伊藤博文而言,对韩国的统治是否也是日本宪法改革的一环呢?再说得具体一点的话,就像前文所显示的一样,作为制约军部的试验场,伊藤博文到底如何界定对韩国的统治呢?

在第五章第 4 节我们也曾探讨过制定公式令的真正目的,以及颁布军令的契机是在韩国的镇海、永兴两个港湾设置海军防备队问题,而恰好这一点在伊藤博文如何界定对韩国的统治问题上是最具象征意义的。伊藤博文在公式令的基础上,将军事行政全权交由内阁,进行一元化的管理,他把这一体制也用在了统治韩国上。1907 年(明治四十

年)，伊藤博文就希望在韩国体制内进行军政关系的改革，从这一意义上来看，可以说伊藤博文对韩国的统治是日本统治改革的尝试。在这一结论的前提下，我想对军令的成立及其运用进行再探讨。

回到第五章结尾处的疑问，果真军令的成立是伊藤博文等人的让步吗？难道在军令成立问题上伊藤博文与山县有朋在进行首脑磋商时没有任何一点默契吗？对于这些疑问，我们可以在《原敬日记》中找到答案。1907 年 9 月 11 日天皇批准了“关于军令事宜”。

> 上午出席定例之阁议，自首相报告关于军令之规定，此事乃曾有议论，事关帷幄上奏，因自山县元帅直接上奏较从前无限扩张之案，尚笃有命令，伊藤博文、山县有朋亦应协议上奏，由西园寺公望对伊藤博文、山县有朋协议之事，伊藤博文唱宪法上不许者之正论，首相亦同意、奉达之，遂有答奏之裁可，较之从前其权限缩小者也……（《原日记》②，第 257 页）

当时山县有朋向天皇上奏无限扩大帷幄上奏范围的提案，但是却遭到伊藤博文“宪法上不许者”的反对，最终通过天皇敕裁，反而较之于从前大大缩小了帷幄上奏的权限。原敬在这里不仅对于军令的成立没有感到任何意外，反而是肯定了制约军人过去权限的做法。虽然我们不知道原敬

在这场政治较量的背后了解多少内情，但是从作为内阁成员、政党人士的身份(原敬是当时第一次西园寺公望内阁的内务大臣)来说，他的军令观是十分值得研究的。因为，在原敬的日记中，他还提到不少当时身居要职的人都认为军队行政在一定程度上实现了立宪化。

军令的成立与伊藤博文、山县有朋的会谈

关于这一点，我想重新探讨一下军令成立的过程。事情的起因是 1907 年(明治四十年)3 月末，海军大臣斋藤实向天皇上奏在韩国镇海、永兴两个港湾配置防卫队的条例提案，天皇因为手续与之前不同而垂询担任韩国统监的伊藤博文，对此，伊藤博文明确主张该提案应严格按照公式令进行办理。

在伊藤博文看来，任何条例的成立必须要有首相的副署，在这样的公式令面前，陆军总帅山县有朋却猛烈回击说:若按照公式令的规定行事则会导致统帅系统的混乱。在山县有朋的带领下，陆军当局也进一步作出回应，拟定了适用于公式令之外的例外法军令提案，并于 1907 年(明治四十年)8 月 19 日向天皇上奏。天皇在收到奏报后，命令首相西园寺公望分别向伊藤博文与山县有朋咨询，除此之外，他还在 22 日派遣侍从长官德大寺实则到陆军大臣寺内正毅处就军令案进行垂询。当时令天皇迷惑不解的是“过

去帷幄上奏之类悉应为军令乎？抑或分割区分应由内阁提出乎？”(《明治天皇纪》⑪，第787页)实际上，这是天皇对就此维持还是缩小过去的帷幄上奏范围所提出的疑问。

对于天皇的垂询，第二天23日寺内正毅进宫进行奉答(同前)，不过，其内容尚不明确。是否陆军要求将过去的惯例原封不动进行法定化呢？关于这个问题，谋求当事人之间一致意见的是9月2日伊藤博文与山县有朋的会谈吧。如前所述当时伊藤博文向山县有朋妥协。但是，这一妥协是单方面的吗？两巨头之间就没有进行任何交易吗？在山县有朋写给寺内正毅的信中，我们可以管窥当时会谈的情况：

> 今朝春亩(伊藤博文)来庵，调解韩国其他内外之事，老夫自军令事件谈起。迨至今日之结果及军令与行政之区域，颇为纷难也。区划判然对立，当局者上奏以概略陈辩。若行政与军令之区划判然相互确定，则可共存。谓如何有副署之事哉，皆在陆军大臣奉命之中。一般军队军人不致传达陆军大臣之署名，而失机关之运用活动，事难调停。(1907年9月2日山县有朋给寺内正毅书信，《寺内文书》360—62)

从上面可以看出以下三点：第一，在明确军令与行政的区别方面伊藤博文与山县有朋两者之间相差无几；第二，伊

藤博文在意的是副署问题,换句话说,他一直在意的就是在军政事项上应该由首相副署的问题;第三,山县有朋在接受副署问题时所说的"总而言之"等话多少有点推卸责任的嫌疑。对于伊藤博文强烈要求总理副署的态度,山县有朋则主张若无陆军大臣的署名则会影响军队的统率、士气,因此,虽然他表示不能答应伊藤博文的要求,不过也没有当面直接拒绝。接着山县有朋又作了如下记录:

> 整体虽未强而议论,细缕之处可由贵官申陈之,过于烦琐之处无需再议论之。

通过山县有朋的记录,我们可以看到,他在是否保留副署的问题上态度几近暧昧,但整体上与伊藤达成了一致意见;他还指出关于细节问题由伊藤博文进行说明,太过烦琐的问题就不要继续深究。

废除统帅事项

透过山县有朋所记载的整个会谈过程,我们很难想象出山县有朋单方面胁迫伊藤博文作出让步的画面。反而,我认为山县有朋为了摆脱副署问题,极有可能在伊藤博文咄咄逼人的攻势下不得不妥协。

按照前文所提及 1907 年 8 月 22 日天皇向寺内正毅的垂询,山县有朋已经放弃了此前帷幄上奏的诸多事项皆成

为军令的想法，同意让内阁分摊处理一部分事项。当然，山县有朋还是希望分摊的范围不要太大，而伊藤博文则要求尽可能扩大分摊的范畴，于是山县有朋就用“总而言之”等话来敷衍伊藤博文。不过，尽管如此，在伊藤博文看来，在军令的成立问题上山县有朋已经妥协，在军令的实施上他也成功让山县有朋做出让步。最后，通过公式令很大程度上限制了过去帷幄上奏的权限，为内阁介入军队的行政事务奠定了基础，对此伊藤博文应该感到十分满意。

对于上述结论我还想举出另外一个佐证，那就是进入昭和时期以后，当时的相关责任人对公式令等相关事件的回忆。当时负责陆军省军事课职务的林弥三吉少佐在回忆公式令的颁布过程时说：“现在说起来，我觉得就像打响了发令枪一样，当时我们的心态还是非常平和的，〔笑声〕我们就想着无论如何也要对它进行修改。”林弥三吉的话反映出当时军令成立过程的另一面；而且在他将制定好的军令交给山县有朋后，又被山县有朋修改成下面的内容。

> 我一开始想一定能够得到元帅的表彰，孰料元帅却没有任何表示，还训斥说：“汝等可思调法已经出，若有滥用必可得知。”〔中略〕经过山县有朋的呵斥，在与法制局进行商谈之后，才有今天重新对敕令进行探讨，认定多与统帅相关的是军令，多与国务相关的是敕令，如此一来敕令与军令恰如其分、清楚地区分开来了。

（林弥三吉:“关于兵权政权的分解运用”,《牧野文书》126）

透过林弥三吉的记载可以看出,山县有朋直接是不允许部下滥发军令的,而且,正是由于山县有朋的呵斥,军队当局才与内阁法制局进行协议商讨并最终正式划分了敕令与军令的区别。实际上,在军令成立以后,之前由陆军大臣单独裁决的敕令绝不在少数,但在不依据军令的情况下,改由通过公式令所制定的敕令,即有总理大臣联署的敕令却得到修正(陆军给与令、宪兵令、陆军服制、陆军武官官等表、陆军补充条例等)。军令自身的数量也得到了抑制,林弥三吉的证言就是对该事态的真实反映。

这样一来,我们可以认为军令的成立与其说是1907年宪法改革的失败以及在法律上确立了扩大统帅权的根据,不如看成是在废除现存统帅事项的基础上军部维持既得权益的尝试。

虽然伊藤博文同意军令的成立确实是妥协之举,不过,宪法改革的成果在之后得到进一步的发展,对帷幄上奏也进行了更大范围的制约,最终渐进地推行了军队行政的立宪化改革。同时,韩国也成为立宪改革的试验场,伊藤博文从一开始就自行担任韩国统监,推进韩国的保护国化的重大原因正是1907年的宪法改革及其相关行动。

军队行动的法治化

首先我想再回顾一下伊藤博文就任韩国统监的过程。虽然由伊藤博文起草并创建的统监府及理事厅官制度确立了对驻韩日军的指挥命令权，但是作为文官的伊藤博文仍然坚持自己就任初代韩国统监，这一举动造成陆军的强烈反击。

在伊藤博文对韩国进行统治的过程中，他与军队之间的关系从一开始就十分紧张。前文中提到的防卫队条例事件就是在这种紧张氛围中发生的。不仅如此，伊藤博文还在这一时期做出了一系列的举动来牵制军队的膨胀，因此，我们可以说对韩国的统治正是伊藤博文与军队之间斗争的最前线。接下来我们就伊藤博文的一系列举措进行分析。

首先，伊藤博文希望让军队在韩国的行动法制化。1906 年（明治三十九年）7 月，在与韩国阁僚的协议会上出现了关于陆军征用土地问题的讨论。席间，伊藤博文明确批判了过去陆军在征用军用土地问题上的做法，并主张“赔偿金由郡守、日本官宪与立会直接将之交付与所有主”。[施政改善协议会，1906 年 7 月 12 日（第 8 次），《集成》上，第 271 页]在征收土地过程中，伊藤博文强调必须采取补偿的方针，他的这一发言内容针对的是海军征用镇海湾附近固定区域土地的要求。对伊藤博文而言，在镇海湾设置防

备队是他实现担任统监理想的高潮。

而且，在接下来的8月伊藤博文又重新调整了此前日本军队为了维持治安而出台的军律，其中除了减少了处罚项目外，还废除了死刑。（松田利彦：《日本的朝鲜殖民地统治与警察》，第47页）伊藤博文一刷韩国统治的军政风气，企图促进民主政治化进程。一方面伊藤博文的改革是对韩国民众怀柔政策的表现之一；另一方面让军队遵循法治主义，遏制军人的自立，这都是与日本本国的宪法改革同步并行的。

伊藤博文掌握了军队的司令权，在军队的统治制度上发挥了他的领导权。1907年6月9日海军大臣斋藤实向伊藤博文咨询由宫冈直记少将兼任镇海防备队司令官事宜，伊藤博文回复说："适当至极。"对于这件事，伊藤博文认为："韩国国内之事，亦与海军之人事相关。"（伊藤之雄：《伊藤博文》，第503页）

不仅如此，司令官长谷川好道在为镇压暴徒增派人手之际曾向部下发布训令，对此，伊藤博文要求他删除与自己设想相悖的地方，最终长谷川好道只好暂时撤回并重新修正训令后才得以发布。换句话说，伊藤博文不仅严格控制驻留日军的组织构成，对军队内部的指挥传达也进行了严密的监视。对于伊藤博文的这些行为，长谷川好道说："近来统监对军队之态度不甚理想者有之。"（1907年7月2日

长谷川好道给寺内正毅的书信,《寺内文书》38—24)从他的言语中确实很难理解当时行政与军事之间的关系。

抑制日本军队膨胀

最后,让我们再来看一下伊藤博文在具体军事行动上的主张吧。在日韩缔结第三次协约,解散韩国军队以后,反日义兵斗争甚嚣尘上。伊藤博文为了镇压反日运动,向日本本国请求增派日本军队;但另一方面他又要求严格约束军队的行为。

1908年6月12日,伊藤博文召集陆军将校进行演讲。(《仓富文书》30—1)其中,他说:“本官作为统监代表日本国,直隶于莅此之陛下,从事韩国保护之任务,以之将本官之所见吐露于诸君,深信此乃作为统监当然之任务也”,明确表明了统监对于驻留军队拥有监督权的立场。其训诫内容如下所示。

首先,第一条是“限条约上之明文,绝不能有于平时提兵越境者”,即绝不能率军队跨越国境。第二条是“暴徒绝非内乱,不过仅地方之骚扰,然讨伐之际,如有加危害于良民,不应不最慎之”,在镇压暴徒的时候不能危害到一般居民。第三是命令讨伐义兵的行为不能矫枉过正,在伊藤博文看来,参加义兵斗争的人当中,“多胁迫下投其群者,至一般之国民,其脑里虽多少抱有排日思想,却非公然执干戈反

抗日本者也”。也就是说伊藤博文认为有很多人是被胁迫不得不加入义兵斗争的，一般的韩国人并没有公然抗日的意识。因此，在讨伐义兵的时候，伊藤博文要求禁止日本军队的过度行为，对韩国国民要保持军队纪律。

综上所述，伊藤博文在韩国一直监视着日本军队的行为，可以说这与日本国内的军队制度改革是紧密联系在一起的。

4 韩国统治的失败

日本、韩国统治的两副面孔

伊藤博文作为韩国统监同时具有“亚努斯”的两副面孔，其中一个是“文明”的传道士，这是对韩国的统治而言。

伊藤博文的政治信条是宣传以国民为中心的政治，让国家成为文明国家。这一点充分地体现在韩国的施政方针上。因此，伊藤博文的方针政策涵盖了民本主义、法治主义、渐进主义三个方面。关于伊藤博文统治韩国的方针，有学者指出，从第三次日韩协约开始，伊藤博文将之前的“文化政策”改为“自治育成政策”。（森山茂德：《近代日韩关系史研究》）

不过，另外一方面，在伊藤博文的韩国统治中一直保留下来的是更为基础的“文明政策”。在这里，伊藤博文坚信

只有让国民开化，推行文明政治，才能自然而然地提高国家实力。就像前文中我们详细论述的一样，伊藤博文凭借这一信念在日本进行政治改革，可以说这是他在日本和韩国进行改革的共同政治哲学。自始至终伊藤博文都在坚持他的“文明政策”，在担任统监末期，伊藤博文为支持有决断能力的纯宗皇帝进行韩国国内南北巡幸时还在大声呼吁“文明政策”。

> 今日日本所求于韩国，韩国从来之形势一变，导知识、导产业于民，与日本同样浴文明之恩泽，为之而合力也。（《伊藤传》下，第 818 页）

从伊藤博文“文明政策”的主张来看，他格外用心的政策之一就是宫中的改革。即便在日本，他在宪法制定期间也是希望实现宫中的非政治化，1907 年（明治四十年）他也在推进皇宫的国家机构化。本来日本的天皇制是与西欧君主制一样的立宪君主，通过上述过程，伊藤博文希望实现对日本天皇制的改革。对于韩国皇帝和皇室，伊藤博文采取了同样的方法，他首先通过在皇宫推行制度、生活方式的近代化，希望把宫中打造成为国民的楷模。

1905 年 11 月伊藤博文胁迫高宗和韩国阁僚们缔结了第二次日韩协约。为了能够达到皇室改革的目的，伊藤博文在请假回国时，高宗皇帝对他说：

> 卿今须发半白，想来全乃尽瘁国事之结果。希日本之政治委之后进政治家，今以其余全半黑髯耗费于朕之辅弼。盖见其须发霜白之时，与我国家伟大之贡献，期其成效也。朕不顾卿之老体，斯所以强者，朕信赖卿，实乃无出朕政府大臣之右者也。(《集成》上，第74—75页)

高宗皇帝的态度发生了重大转变，在这里他努力尝试宽慰挽留伊藤博文，并感慨说伊藤博文的胡须白了一半是因为操心日本国事，另外一半则是为了韩国。听到高宗的话，伊藤博文大为感动。

在伊藤博文赴韩国就职时，亲信小松绿问伊藤博文说：“在现在的这些人当中，阁下最为尊重的是哪位?”据说伊藤博文当即回答说“天子”和“此国之王”，并举出刚才高宗的话。(《春亩公与含雪公》，第30页)在制定宪法时期，明治天皇听从伊藤博文的建议进行立宪君主改革，之后，他还成了最能理解伊藤博文施政方针的人，更是国家体制构想的支柱。(伊藤之雄:《明治天皇》)由此可知，当初伊藤博文一定觉得高宗皇帝也会像明治天皇一样有所改变，一起努力实现韩国的近代化。

但是，伊藤博文的这一幻想很快就被高宗皇帝打碎了。如前文所述，高宗皇帝只要一有机会就反对伊藤博文的政策，甚至还联系并支持抗日运动。伊藤博文制定了宫禁令，

希望首先实现皇宫的近代化，但是由于没有足够重视韩国的宫廷文化，并没有成功。① 伊藤博文在这里摔了一个大跟头，在对韩国的通知中，他最大的失误就是没能在韩国找到支持他改革的搭档。

统监伊藤博文的另外一副面孔就是日本宪法的改革者。如前文所述，可以说 1907 年宪法改革的试验场是在韩国，而镇海、永兴两个港湾的海军防备队设置问题则反映出伊藤博文从韩国向日本发出了进行军事行政改革的信号。根据统监府的国家机构制度，身为文官的伊藤博文却掌握了军队的指挥命令权，控制了驻留韩国的日本军队的行动、军事行政；此外，他还希望把 1907 年体制改革中理想的行政军事关系反映在韩国身上，并成为日本改革的先例。

于是，伊藤博文在韩国的统治就不仅仅将注意力放在韩国，他还瞄准了日本，因此他才拥有两副面孔。这两副面孔与他担任韩国统监之前准备对日本进行国家体制改革的思想颇有渊源。可以说，对于伊藤博文而言，对韩国的统治

---

① 日韩国家体制改革的并行性也体现在内阁制度上。1907 年 6 月制定了韩国内阁国家机构制度，这大大缩小了皇帝的权限，扩大了作为内阁首班的内阁总理大臣的权限。首相负责机务的奏宣，统一行政各部门，拥有阁令发布权与所属判任官的专行任免权、对行政各部门进行处分以及中止命令的权限。上奏军机军令的时候，军部大臣要事先告知内阁总理大臣。从上述各项权限来说，韩国的内阁制度改革与早先进行的日本内阁制度改革如出一辙。

就是日本国内改革的问题。

那么,伊藤博文对于吞并韩国是怎么想的呢?在这一章的最后,我想再就这一问题进行分析。

对吞并韩国的慎重态度

目前不少研究都认为伊藤博文在担任统监之初,就主张立刻吞并韩国,这一观点的论据是 1907 年(明治四十年)4 月 13 日他给外务大臣林董的电报。电报中伊藤博文说:"若如今日韩国形势之推移,不出数年,'吞并'(annexation)则至日益困难。"为了从根本上解决韩国问题,他主张立即吞并。[《外文》㊵(1),第 124 页]

不过,如果把该处的上下文合起来读的话,就会觉得上面的观点过于武断。我认为伊藤博文在这里关心的是对俄国在满蒙问题上的让步,当时日本坚持想在满蒙扩大自己的势力,一旦刺激了俄国,韩国的保护政策也极有可能受到影响,因此,这才是他真正担心的问题。所谓"吞并"不过是为了说服外务省所采用的说辞罢了。

实际上,较之韩国问题,当时的伊藤博文在外交上更加关心的是"满洲"问题的最终解决。

不仅如此,当时最有名的一个例子是 1906 年 5 月"关于满洲问题的协议会"。会上伊藤博文批判了陆军驻外机构统治"满洲"的做法,将驻"满洲"关东总督机构改为普通

组织，决定依次废除军政署。于是，伊藤博文用“满洲”经营否认论封杀了参谋总长儿玉源太郎的积极经营论。（小林道彦：《日本的大陆政策》，第163页）

除了上面提到的吞并论，伊藤博文再也没有说过吞并之事，在他看来，在国家层面上“无合并之需要，合并甚难处理也”。（1907年7月29日，在汉城日本人俱乐部的演说，《全集》②“政治演说”，第459页）因此，在吞并韩国问题上，他一直主张慎重的论调。

改变主意

伊藤博文改变主意同意吞并韩国是在1909年（明治四十二年）4月。这一年的3月30日，外务大臣小村寿太郎向首相桂太郎提出“对韩大方针”以及“对韩施设大纲”，其中主张“于适当之时机，断行韩国之合并”，强迫内阁决定吞并韩国。首相桂太郎本身并没有任何异议，他担心的是伊藤博文的想法，因为桂太郎与小村寿太郎一直以来都知道伊藤博文反对吞并韩国。

于是，二人决定直接找伊藤博文就吞并事宜进行谈判，4月10日，桂太郎与小村寿太郎做好充分的心理准备拜访了晋京中的伊藤博文。万万没想到的是伊藤博文爽快地答应了吞并事宜，这反而让二人丈二和尚摸不着头脑。（《伊藤传》下，第838页）在最大的阻碍也没有了之后，7月6日

内阁会议正式通过了吞并韩国的决议。

伊藤博文在这时候为什么会同意吞并韩国呢？对于解决“满洲”等一系列问题，中国政府态度坚决。如此一来，日本只能做出让步，打定主意甩掉“满洲”问题的包袱以确保在朝鲜半岛的统治。（李盛焕：《近代东亚的政治力学》，从第 91 页开始）因此，可以说吞并韩国是为了暂时放弃在“满洲”的权益而做出的决定。

我想伊藤博文同意吞并韩国就是在上述背景下发生的吧。如前所述，伊藤博文对外交政策关注的核心在于防止日本军事力量在“满洲”的扩张，他作为韩国统监同意日本吞并韩国成为他让日本军队留在韩国的砝码，也正是日本政府接受放弃对“满洲”的扩张计划，伊藤博文才同意吞并韩国的。

对统治韩国的构想

那么，在日本吞并韩国之后，伊藤博文对于统治韩国又是怎么构想的呢？对于伊藤博文而言，恐怕与当时的韩国再也无法回到过去亲密的关系了。

在这里有一段文字记录，是伊藤博文的女婿末松谦澄留下来的文书，全文内容如下所示：

自韩国八道各选出十人之议员组织众议院

自韩国文武两班之中互撰以选出五十人之元老组

织上院

韩国政府大臣乃以韩人组织为责任内阁

政府属于副王之配下

若完全合并则无协商之必要，足以宣言

韩皇室当如何处分乎

对各国当如何处置

（堀口修、西川诚监修、编纂：《末松子爵家所藏文书》下，第 387 页）

读完这段我们就能够明白，其中描写的是吞并韩国的过程以及之后的统治构造。根据伊藤之雄考证的结果，该内容记载的是 1909 年（明治四十二年）4 月伊藤博文同意日本吞并韩国以后的事情。（伊藤之雄：《伊藤博文》，从第 551 页开始）通过前半部分对政体的构想，可以看出韩国人的内阁由包括国民代表机构上下两院的议会和代替统监的副王来监督，是主要的统治机构。特别应该注意的是伊藤博文在吞并韩国之后开设议会，打算由韩国人自己组成责任内阁。透过上述内容我们可以看出，即便韩国作为国家消失了，但伊藤博文仍然希望在韩国设立独立的殖民地议会，保证其最大限度的自治。

承认议会意味着让其拥有表达政治主张的权利，也就承认了殖民地可以根据自己的意志处理相关事务的权利。

无论是在日本还是在韩国,伊藤博文都主张文明政治,他希望让有能力的人来组建政府,国民拥有监督政府政治的权利。我不禁想上文中伊藤博文的构想可以提高韩国国民的文明程度,具备自治能力,生成议会政治,当这一切成为现实以后,韩国再走上独立的道路,真正与日本建立起日韩同盟,这难道不才是伊藤博文的真正梦想吗?还是说,他早就想要摆脱韩国统治的噩梦了呢?这个答案伴随着 1909 年(明治四十二年)10 月 26 日哈尔滨的枪声一起淹没在了历史当中。

后记

——学者型政治家

2009年是伊藤博文去世100周年，同时恰逢由伊藤博文起草的《大日本帝国宪法》颁布120周年，至此之际，却看不到任何表彰或进一步探讨伊藤博文和帝国宪法的活动。虽然在伊藤博文的就学地山口县获市以及出生地光市等召开了纪念他的研讨会，但是据我所知，目前学界并没有计划对伊藤博文、《明治宪法》的历史意义举行全国范围内的再探讨。

当然，造成这一现象的原因很简单，本身只要一提起伊藤博文、《明治宪法》，首先给人的印象是《明治宪法》确立了强大的天皇大权，之后又开辟了军国主义的道路，是一部恶法；而伊藤博文则是该宪法的罪魁祸首。此外，伊藤博文作

为初代韩国统监开创了日本吞并韩国的道路，是战前日本统治韩国的代表性人物。

在本书中我想塑造一个与此前印象有所不同的伊藤博文形象。在整个分析过程中，虽然我用了各种各样的标语（“制度的政治家”“国民政治”“文明政策”等）来形容伊藤博文，但是我想真正能够涵盖伊藤博文价值的词语只有“学者型政治家”。

说到伊藤博文的性格，很多喜欢历史的人首先会想到他是一个“游手好闲”的人。的确，他是一个丑闻缠身的政治家。不是“知”而更让人觉得是“痴”吧。

然而，从另外一个角度来说，伊藤博文是一位比一般人对“知”更有憧憬的政治家。在幕末时代，伊藤博文为了能够进一步掌握新的文明知识秘密远赴海外学习，在打开了自己的国际视野后重新回到日本，于是他用自己掌握的知识突破了身份制度的藩篱，活跃在政治舞台之上。基于这样的经历，伊藤博文希望让国民接受教育，摆脱身份的束缚，自由选择自己的职业，发挥自己的才能，并且他还想让这一理念成为日本的立国之根本。为了达成这一目标，伊藤博文在明治维新之后积极推进相关制度的建设，并且最终创立了宪法、帝国大学、帝国议会、立宪政友会、责任内阁、帝室制度调查局、韩国统监府等诸多制度。

总的来说，这些制度都是伊藤博文为了实现“国民政

治”所进行的构想，他早在明治初年就力主引入保证国民参加政治的议会制度，可以说他是代表近代日本民主主义的政治家。在第一章中，我曾经提到津田梅子证实伊藤博文喜欢读托克维尔的《论美国的民主》一书。众所周知，《论美国的民主》作为古典民主主义论并没有大肆地赞美民主主义，作者托克维尔出自旧体制的贵族，一方面认同了民主主义的不可避免性，但是在涉及人类精神的影响时，他又转向了悲观主义。

与托克维尔不同，伊藤博文出身于贫穷的农民之家，他主张在平等社会的基础上推进民主主义的发展。他希望通过确立政治体制以积极地推动托克维尔所说的民主主义的历史趋势。

从这个意义上来说，伊藤博文是自由民权运动的理论家，继承了福泽谕吉等启蒙思想家的衣钵。不过，伊藤博文的政治思想、国家构想与自由民权的运动家、福泽谕吉等启蒙思想家有以下几个不同点。

第一，伊藤博文坚持渐进主义秩序观的世界观，他作为一个有责任心的政治家，并不主张当即开设议会，也不赞成直接给予全国范围内的人民以选举权。在伊藤博文看来，引入一种制度必须要时刻提防出现水土不服的情况，因此，他能够在变幻莫测的历史潮流中敏锐地把握住民主主义发展的趋势，他强调在综合考虑国内外的政治形势、国民的政

治成熟度、经济能力等各个方面的同时，渐进地引入议会制度并最终确立下来。

第二，关于“知识”的定位问题。伊藤博文所强调的知识指的是“实学”，他极度厌恶只用于思辨概念的学术思想，热衷于能够服务且丰富人的经济生活、经验主义的实用知识。所以，伊藤博文非常排斥民权运动家、教条的儒学者、国学者议论政治。

在这一点上可以说伊藤博文与福泽谕吉极为相似，但即便如此，二者在实现实学知识的方式上也存在分歧。福泽谕吉固执地认为要区分官员和国民，他的立脚点是把官员排除在民间的自由经济活动之外；伊藤博文则是主张以知识为媒介将官民紧密联系在一起，形成一个公共圈。就像本书所论述的一样，伊藤博文通过民间实业组成政友会，让其成为献计献策的智库，在这一基础上他再制定相应的政策，在这里政友会是他向议会提交政策提案的智囊团。同样，帝国大学的作用也在于此，伊藤博文为了能够汇集包括学者、政治家、官员、实业家等具备治理国家方针的所有人的观点，希望设立一个可以相互交流、公开讨论的地方（国家学会）。对于伊藤博文而言，知识应该是人与人之间相互交流相互沟通的，而他理想中的国家本身就是一个可以不断交流知识的讨论会，在这里，官员与国民不过是相对不同而已。

综上而言，伊藤博文作为政治家的局限性在于过度的主知主义思想，其中最为明显的就是他对民族主义的认识不够充分。从在日本的时候开始，伊藤博文就极力反对排外的民族主义情绪。在赴韩担任韩国统监之后，由于他无法理解韩国人反日的民族主义情绪，这最终反倒成为他统治韩国的绊脚石。在伊藤博文看来，像民族主义这种不正常的情绪，随着文明的进步也会自然而然地化解。无论是对日本的统治还是对韩国的统治，伊藤博文毫无分别地主张文明，并按照文明制定了相应的统治制度。然而，对于韩国人而言，伊藤博文是一个从外面来的“他者”，他们很难接受被一个他者逼着扣上一顶文明的帽子。不过，伊藤博文并没能领会到这一点。在伊藤博文进行统治的过程中，实际上日本人与韩国人并无本质上的区别，对他来说不管是日本人还是韩国人都是他者，是可以相互理解的搭档。

如此一来，伊藤博文的思想不仅得不到韩国人的理解，在日本尽管他名声在外，但也被看成是一个无法理解的政治家。从以宪法体现国民政治的理念到通过政友会矫正政党政治，再到作为帝室制度调查局总裁、韩国统监尝试宪法改革，本书中详细说明的伊藤博文这一系列行为在当时到底有多少人能够明白他的真实意图呢？从这一意义来说，尽管伊藤博文生前在国民当中非常受到欢迎，但是他仍然

是一位孤傲的政治家，或者可以说是被现在所遗忘的政治家。不过，我认为在政权更替、统治构造不断变迁的今天，伊藤博文的思想、理念终于迎来了可以进行正确审视的时代。

*

流年似水，岁月蹉跎，对伊藤博文的研究是我进入研究生院就读博士课程以来一直在不断挑战的学术高峰，从这个意义上来说，本书虽然以新书的形式出版，但却是包含了我 15 年研究的集成。

一般说来，“新书”应该是学术精湛的专家就自己擅长的领域为普通读者所著述的启蒙读物。但是，本书却另辟蹊径，成一家之言。在本书的写作过程中，我在翻阅大量史料的同时，还以自问自答的形式不断丰富文字，反复推敲内容。因此，我写作这本书的初心并不是要把读者已知的事情说得更简单明了，而是希望从学术研究的角度让那些学界都未曾触及的文献资料成为可供读者仔细回味的内容。尽管我力图让论述、论点更加浅显易懂，但确实也存在不少比较生硬的表达，敬请各位读者指正。

在完成本书的创作之前，我得到了来自各个领域的专家学者的帮助和意见，比如，有在执笔过程中为我提供机会进行报告的相关研究会、学会以及伊藤纪念研讨会的负责

人;也有在调查史料时给予我许多便利的同仁;还有在我无法阅读中文资料时帮我查找、解读文献的学友和老师等,我想要感谢的人还有很多,本书在这里就不一一列举了。

不过,接下来我还想对以下三位先生进行重点介绍。

首先是京都大学的伊藤之雄先生。伊藤先生赴任京大,最早在研究生院展开研讨会活动,这是我将目光由之前的德国法制史专业转向日本的一大契机。与伊藤先生的相遇,使我在研讨会上聆听到先生关于伊藤博文别具一格的见解,更是我在继硕士论文中触及劳伦斯·冯·施泰因之后,决心从不同领域对伊藤博文进行探讨的原因之一。

在伊藤博文去世100周年之前,伊藤先生就已经正式出版了可称为伊藤博文正传的评传(《伊藤博文——创造近代日本的男人》),书中涵盖了大量的史料,不仅明确分析了伊藤博文的政治家形象,还涉及了他的家人,为我们塑造了一个立体的、活生生的伊藤博文,这是其他相关著作无法企及的。伊藤先生的大作问世以后,对后续的研究者自然会形成相当大的压力,但是反过来也是一种宽慰。一方面我们会感慨自己无论如何也写不出如此深刻的关于伊藤博文的著作,另一方面,我们也终于形成了自己在之前关于伊藤博文的论文中未能触及的伊藤博文形象。在我心中伊藤博文的形象就是作为"政治家"的伊藤博文。因此,我认为把伊藤博文作为政治家来探讨才能够更加清晰地呈现一个可

以与福泽谕吉比肩的近代日本政治思想家形象。拙作能否做到这一步,还需要各位读者来评判。

第二位我想感谢的是北九州市立大学的小林道彦先生。之前我曾与伊藤先生一起多次参加过小林先生的研究会;在写作本书的过程中,小林先生除了与我一同去日铁八幡制铁所调查史料,还给予我许多宝贵的建议。特别是对于我不熟悉的中日关系史,小林先生向我建议说:“伊藤博文和张之洞之间的关系或许非常重要。”这一提示成为本书第六章的关键。在小林先生的大作《日本的大陆政策》的后记中有一段关于“刚性结构的论文”的文字,令人印象深刻,他说:“所谓‘好论文’就是要用实证的理论形成紧密的联系,在这一联系中只要有一环脱节,那么整篇论文的结构也会随之崩坍,只有将这种紧密的联系贯穿始终才称得上‘刚性结构的论文’。”我希望本书也能够成为小林先生所说的刚性结构的著作。

最后,我想感谢的是中公新书编辑部的白户直人先生。回想起来,第一次见到白户直人先生是在2005年春天我答应创作本书的时候。当时白户先生热情地劝说我为伊藤博文去世100周年写评传,但是我当时真的没想过自己会写关于伊藤博文的作品,记得那时候我还非常含糊地回答说:嗨!从现在数还有4年呢!自那之后,白户先生多次莅临关西,盛情难却,这让我也慢慢地产生了创作本书的念头。

不过，由于伊藤博文太过复杂以及我自身的研究能力不足，实在没有办法完成白户先生的期待，未能在2009年如期交稿。因此，我想在这里用这部书来回馈白户先生对我的殷切期待和热情帮助。

泷井一博

于伊藤博文担任初代知事时兵库县西宫市寓所

2010年3月

文献略记

本文中引用的主要文献，采用了下面略记的方式，复数卷文献用带有圆圈的数字以及上中下来表示卷数。例，小松绿编《伊藤公全集》第一卷（伊藤公全集刊行会，1927 年）“书翰部”从第 117 页开始引用，记作：《全集》①“书翰”，第 117 页。

《伊藤传》：春亩公追颂会编《伊藤博文传》

《伊藤文书》：《伊藤博文文书》

《伊藤文书〈二〉》：《伊藤博文文书（二）》

《伊藤文书〈塙〉》：伊藤博文关系文书研究会编《伊藤博文关系文书》

《伊东巳代治》：晨亭会《伯爵伊东巳代治》

《伊东日记》：伊东巳代治《伊东巳代治日记・记录——未刊翠雨庄日记》

《伊东文书》：《伊东巳代治关系文书》

《井上馨文书》：《井上馨关系文书》

《井上毅传》：井上毅传记编纂委员会编《井上毅传 史料篇》

《岩仓文书》:日本史籍协会编《岩仓具视关系文书》

《演说集》:伊藤博文《伊藤侯演说集》

《演说全集》:博文馆编辑局编《伊藤公演说全集》

《大久保文书》:日本史籍协会编《大久保利通文书》

《大限重信》:早稻田大学大学史资料中心编《大限重信关系文书》

《外文》:外务省编《日本外交文书》

《木户日记》:木户孝允《木户孝允日记》

《木户文书》:木户孝允关系文书研究会编《木户孝允关系文书》

《仓富文书》:《仓富勇三郎文书》

《实记》:多田好问编《岩仓公实记》

《涩泽传记资料》:涩泽青渊纪念财团龙门社编《涩泽荣一传记资料》

《集成》:金正明编《日韩外交资料集成》第6卷

《世外传》:井上馨侯传记编纂会编《世外井上公传》

《全集》:小松绿编《伊藤公全集》

《寺内文书》:《寺内正毅关系文书》

《日日》:《东京日日新闻》

《原日记》:原奎一郎编《原敬日记》

《秘录》:平冢笃编《伊藤博文秘录》

《保古飞吕比》:佐佐木高行《保古飞吕比》

《牧野文书》:《牧野伸显关系文书》

《松方文书》:松方峰雄等编《松方正义关系文书》

《明治天皇纪》:宫内厅编《明治天皇纪》

《山县传》:德富苏峰《公爵山县有朋传》

《山县文书》:尚友俱乐部山县有朋关系文书编纂委员会编《山县有朋关系文书》

参考文献

未出版史料

宪政纪念馆所藏“1891年10月11日伊藤博文写给伊东巳代治的书信”，整理编号11-3-5-S-10

国立国会图书馆宪政资料室所藏《伊藤博文文书》

同《伊藤博文文书 二》

同《井上馨关系文书》

同《仓富勇三郎关系文书》

同《三条家文书》

同《伊东巳代治关系文书》

同《寺内正毅关系文书》

同《牧野伸显关系文书》

国立公文书馆所藏“委任伊藤参议雇佣奥国学士施泰因氏并给与同氏薪资事宜”《公文别录》micro第1期，R3

国立公文书馆亚洲历史资料中心(http://www.jacar.go.jp/index.html)

出版文献

青木周藏《青木周藏自传》(平凡社,1970年)

秋田·乔治(荒井孝太郎、坂野润治 译)《明治宪政与伊藤博文》(东京大学出版会,1971年)

有泉贞夫《星亨》(朝日新闻社,1983年)

有贺长雄《大臣责任论》(明法堂,1890年)

同《国法学》(东京专门学校出版部,1901—1902年)

同"国家与皇宫的关系",《国家学会杂志》第167号(1901年)

五百旗头薰《大隈重信与政党政治——复数政党制的起源 明治十四年—大正三年》

同"开国与不平等条约改正",川岛真、服部龙二编《东亚国际政治史》(名古屋大学出版会,2007年)

石川县《石川县史》(石川县图书馆协会,1974年)

泉三郎《高傲的日本人——背负国家命运的岩仓使节团物语》(PHP研究所,2008年)

一坂太郎《年轻时代的伊藤博文》(获物语,2008年)

伊东昭雄"变法维新运动与其思想",西顺藏编《原典中国近代思想史》第2册

伊藤真一"父亲说博文",村松刚《日本文化考〈对谈集〉》(日本教文社,1979年)

伊藤孝夫《大正民主主义期的法律与社会》(京都大学学术出版会,2000年)

伊藤博文《伊藤侯演说集》(东京日日新闻,1899年)

伊藤博文"帝国宪法制定的由来",大隈重信撰《开国五十年史》上(开国五十年史发行所,1907年)

伊藤博文关系文书研究会编《伊藤博文关系文书》(塙书房，1973—81年)

伊东巳代治“清朝宪法与日本”,《国民新闻》,1910年10月5日号

伊东巳代治《伊东巳代治日记·记录——未刊翠雨庄日记》(ゆまに书房,1999年)

伊藤之雄《立宪国家的确立与伊藤博文》(吉川弘文馆,1999年)

同《立宪国家与日俄战争》(木铎社,2000年)

同《明治天皇》(ミネルヴァ书房,2006年)

同《伊藤博文——创造近代日本的男人》(讲谈社,2009年)

同/李盛焕编《伊藤博文与韩国统治》(ミネルヴァ书房,2009年)

稻田正次《明治宪法成立史》上下(有斐阁,1960年)

稻页继雄《旧韩末期“日语学校”的研究》(九州大学出版会，1997年)

同《旧韩国的教育与日本人》(九州大学出版会,1999年)

犬冢孝明《密航留学生们的明治维新——井上馨与幕末藩士》(日本放送出版协会,2001年)

井上馨侯传记编纂会编《世外井上公传》(原书房,1968年)

井上馨文书讲读会“资料介绍‘井上馨关系文书’所收伊藤博文书翰翻刻——从明治十五年3月到明治二十六年4月”,《参考书志研究》56号(2002年)

同“‘井上馨关系文书’所收伊藤博文书翰翻刻(续)”,《参考书志研究》68号(2008年)

井上毅传记编纂委员会编《井上毅传 史料篇》(国学院大学图书馆,1966年)

于乃明《小田切万寿之助研究——明治大正期中日关系史的一个方面》(1998年筑波大学法学博士学位论文)

海野福寿《韩国吞并史的研究》(岩波书店,2000年)

同《伊藤博文与韩国吞并》(青木书店,2004年)

大石真《日本宪法史(第2版)》(有斐阁,2005年)

同《对宪法秩序的展望》(有斐阁,2008年)

大石真、高见胜利、长尾龙一编《宪法史的趣味》(信山社,1998年)

大久保利通《大久保利通日记》(东京大学出版会,1969年)

大隈侯八十五年史会编《大隈侯八十五年史》(原书房,1970年)

小川原宏幸《伊藤博文的韩国吞并构想与日本最后的内战》(中公新书,2007年)

尾崎三良《尾崎三良日记》(中央公论社,1991—1992年)

尾崎行雄《咢堂自传——语说日本宪政史》(尾崎咢堂全集第11卷)(尾崎咢堂全集刊行会,1962年)

小野川秀美《清末政治思想研究》(みすず书房,1969年)

小山博也《明治政党组织论》(东洋经济新报社,1967年)

海原彻《吉田松阴与松下书塾》(第3次印刷,〈改订〉)(ミネルヴァ书房,1999年)

同《松下书塾的人们——近代私塾人物塑造》(ミネルヴァ书房,1999年)

同《松下书塾的明治维新——撑起近代日本的人们》(ミネルヴァ书房,1999年)

同《吉田松阴》(ミネルヴァ书房,2003年)

外务省编《日本外交文书》(日本国际联合协会,1947年)

同《日本外交年表并主要文书》上(原书房,1965年)

鹤友会编《鹤翁余影》(鹤友会,1929年)

金子坚太郎(大渊和宪校注)《欧美议院制度调查巡视记》(信山社,2001年)

上垣外宪《暗杀・伊藤博文》(筑摩书房,2000年)

川尻文彦"'中体西用'论与'学战'——清末'中体西用'论的一个方面和张之洞《劝学篇》",《中国研究月报》48卷8号(1994年)

川田敬一《近代日本国家的形成与皇室财产》(原书房,2001年)

菊池秀明《末代王朝与近代中国》(讲谈社,2005年)

木户孝允《木户孝允日记》(东京大学出版会,1967 年)

木户孝允关系文书研究会编《木户孝允关系文书》(东京大学出版会,2005 年)

金正明编《日韩外交资料集成》第 6 卷上中下(岩南堂书店,1964—65 年)

金泰勋《近代日韩教育关系史研究序说》(雄山阁出版,1996 年)

木村干《高宗・闵妃》(ミネルヴァ书房,2007 年)

桐原健真《吉田松阴的思想与行动——幕末日本自他认识的反转》(东京大学出版会,2009 年)

宫内厅编《明治天皇纪》(吉川弘文馆,1968—1977 年)

后藤新八郎《法制史・军事史研究成果集》(私家版,1996 年)

小林龙夫编《翠雨庄日记》(原书房,1966 年)

小林道彦《日本的大陆政策(1895—1914)——桂太郎与后藤新平》(南窗社,1996 年)

小林雄吾编(山本西四郎补订)《立宪政友会史》第 1 卷(日本图书中心,1990 年)

小松绿编《伊藤公全集》(伊藤公全集刊行会,1927 年)

同《春亩公与含雪公》(学而书院,1934 年)

同《吞并朝鲜的背后(复刻版)》(龙溪书舍,2005 年)

崔在穆"伊藤博文的韩国儒学观",收入前揭伊藤之雄、李盛焕编《伊藤博文与韩国统治》

三枝博音、饭田贤一编《日本近代制铁技术发展史——八幡制铁所的成立过程》(东洋经济新报社,1957 年)

爱德华・W・萨义德(今泽纪子译)《东方主义》上下(平凡社,1993 年)

斋藤隆介《工匠们的故事》(文艺春秋,1967 年)

坂本一登《伊藤博文与明治国家的形成》(吉川弘文馆,1991 年)

同"伊藤博文",御厨贵《历代首相物语》(新书馆,2003 年)

同"伊藤博文与山县有朋",伊藤隆编《山县有朋与近代日本》(吉

川弘文馆，2008年）

佐佐木隆《藩阀政府与立宪政治》（吉川弘文馆，1995年）

同《伊藤博文的情报战略》（中公新书，1999年）

同《明治人的力量》（讲谈社，2002年）

佐佐木高行《保古飞吕比——佐佐木高行日记》（东京大学出版会，1970—79年）

同《佐佐木高行日记 插在头上的樱花》（北泉社，2003年）

佐藤由美《殖民地教育政策研究》（龙溪书舍，2000年）

西门子·J（本间英世译）《日本国家的近代化与罗斯勒》（未来社，1970年）

司马辽太郎、坂野润治“日本这个国家”，《世界》第609号（岩波书店，1995年）

同《山坡上的云（新装本）》全8卷（文春文库，1999年）

同《宛若飞翔（新装本）》全10卷（文春文库，2002年）

涩泽青渊纪念财团龙门社编《涩泽荣一传记资料》（涩泽荣一传记资料刊行会，1955—60年）

清水唯一朗《政党与官僚的近代——日本立宪统治构造的矛盾》（藤原书店，2007年）

劳伦斯·冯·施泰因（森田勉译）《社会的概念与运动法则》（ミネルヴァ书房，1991年）

春亩公追颂会编《伊藤博文传》（原书房，1970年）

尚友俱乐部山县有朋关系文书编纂委员会编《山县有朋关系文书》（山川出版社，2005—2008年）

慎苍宇《殖民地朝鲜的警察与民众世界（1894—1919）——围绕“近代”与“传统”的政治文化》（有志舍，2008年）

晨亭会《伯爵伊东巳代治》（晨亭会，1938年）

枢密院《枢密院会议议事录》（东京大学出版会，1984年）

末松谦澄《孝子伊藤公》（マツノ书店，1997年）

铃木博之《日本“地灵”（Genues Loki）》（讲谈社，现代新书，

1999年)

周布公平监修《周布政之助传》上下(东京大学出版会,1977年)

税务大学校研究部编《税务署的创设与税务行政的100年》(大藏财务协会,1996年)

曾田三郎《立宪国家中国的始动——明治宪法与近代中国》(思文阁出版,2009年)

高田早苗“已故有贺博士回忆录”,《外交时报》第543号(1927年)

高桥是清《高桥是清自传》上下(中公文库,1976年)

高桥秀直“废藩政府论”,《日本史研究》第356号(1992年)

同“征韩论政变的政治过程”,《史林》第76卷第5号(1993年)

同《日清战争的道路》(东京创元社,1995年)

泷井一博“捷克保留的伊藤博文书信——探访布尔诺的《克鲁姆斯基文书》(1)”,《书斋之窗》第475号(有斐阁,1998年)

同“同上(2·完)”,《书斋之窗》第476号(有斐阁,1998年)

同“再访《格耐斯特文书》”,《书斋之窗》第480号(有斐阁,1998年)

同《德国国家学与明治国家体制——施泰因国家学的轨迹》(ミネルヴァ书房,1999年)

同《文明史中的明治宪法》(讲谈社,2003年)

同“伊藤博文的立宪设计——宪法与‘国家形态’”,《外交研讨会》第205号(都市出版,2005年)

同“伊藤博文描绘的‘国家形态’——之一:对明治宪法制定的思考”,五百旗头真、伊藤正直、泷井一博、小仓和夫著《日本的近现代史述讲 创造的历史》下

同“明治后期的国家体制改革——明治四十年体制与有贺长雄”,伊藤之雄、川田稔编《20世纪日本与东亚的形成1867—2006》(ミネルヴァ书房,2007年)

同“伊藤博文的宪法宣传——什么是立宪政治”,《拉齐奥》第4号(讲谈社,2007年)

同“明治国家的‘建国之父’们”，苅部直、片冈龙编《日本思想史手册》(新书馆，2008 年)

同“明治宪法的思想”，苅部直、片冈龙编前揭《日本思想史手册》

同“作为韩国统治的知识向导”，前揭伊藤之雄、李盛焕《伊藤博文与韩国统治》

同“文明・立宪制・国民政治——伊藤博文的政治思想”，《明治圣德纪念学会纪要》复刊第 46 号(明治圣德纪念学会，2009 年)

同“长州五杰的伊藤俊辅——‘博文’的诞生(创造明治国家的人们 11)”，《本》第 34 卷 6 号(讲谈社，2009 年)

同“立宪君主国家夏威夷——另外一个模范国家(创造明治国家的人们 11)”，《本》第 35 卷 1 号(讲谈社，2010 年)

多田好问编《岩仓公实记》(原书房，1968 年)

丁文江、赵丰田编(岛田虔次编译)《梁启超年谱长编》(岩波书店，2004 年)

月脚达彦《朝鲜开化思想与民族主义——近代朝鲜的形成》(东京大学出版会，2009 年)

津田梅子《津田梅子文书》(津田塾大学，1980 年)

津田茂麿《明治圣上与臣高行》(原书房，1970 年)

土屋忠雄《明治前期教育政策史研究》(讲谈社，1962 年)

东亚同文会编《续对华回顾录》(原书房，1973 年)

陶德民《明治的汉学者与中国——安绎・天囚・湖南的外交论策》(关西大学出版部，2007 年)

德富猪一郎(苏峰)《苏翁梦物语》(中公文库，1990 年)

德富苏峰编述《公爵山县有朋传》(原书房，1969 年)

岛海靖《日本近代史讲义——明治立宪制度的形成及其理念》(东京大学出版会，1988 年)

同“伊藤博文的立宪政治调查——以新史料为线索”，岛海靖等编《日本立宪政治的形成与变质》(吉川弘文馆，2005 年)

长尾龙一《历史挑刺》(信山社，2000 年)

奈良冈聪智《加藤高明与政党政治——两大政党制的道路》(山川出版社,2006 年)

同"战前存在民主主义吗——明治宪法下的'宪政'",《拉齐奥》第 4 号(讲谈社,2007 年)

同"从英国看伊藤博文统监与韩国统治",前揭伊藤之雄、李盛焕《伊藤博文与韩国统治》

西顺藏编《原典中国近代思想史》第 2 册(岩波书店,1977 年)

新渡户稻造《新渡户稻造全集》第 5 卷(教文社,1970 年)

日本史籍协会编《岩仓具视关系文书》(东京大学出版会,1968—69 年)

同编《大久保利通文书》(东京大学出版会,1967—69 年)

农商务省(八幡)制铁所东京办事处《制铁所对汉冶萍公司关系提要》(1917 年)

埃德蒙・伯克(中野好之译)《美洲三书・致布里斯托尔官员的信》(みすず书房,1973 年)

博文馆编辑局编《伊藤公演说全集》(博文馆,1910 年)

狭间直树编《共同研究梁启超——西洋近代思想受容与明治日本》(みすず书房,1999 年)

林权助《我语七十年》(ゆまに书房,2002 年)

原奎一郎编《原敬日记》(福村出版,1965—67 年)

原武史《直诉与王权》(朝日新闻社,2003 年)

坂野润治《明治宪法体制的确立——富国强兵与民力修养》(东京大学出版会,1971 年)

平冢笃编《秘书类纂 外交篇(下)》(原书房,1969 年)

同编《伊藤博文秘录》(原书房,1982 年)

平野聪《大清帝国与中华的混迷》(讲谈社,2007 年)

兵库县企划管理部管理局文书科"初代兵库县知事伊藤博文的两尊铜像",同科"文书便"第 58 号(2002 年)

彭泽周《中国的近代化与明治维新》(同朋舍出版部,1976 年)

堀口修、西川诚监修、编集《末松子爵家所藏文书》(ゆまに书房，2003年)

增田知子“立宪政友会之路”，井上光贞等编《明治宪法体制的展开》上(山川出版社，1996年)

升味准之辅《日本政党史论》(东京大学出版会，1965—80年)

松方峰雄等编《松方正义关系文书》(大东文化大学东洋研究，1979—97年)

松田利彦《日本的朝鲜殖民地支配与警察，1905—1945年》(校仓书房，2009年)

三浦梧楼《观树将军回顾录》(中公文库，1988年)

三谷太一郎《日本政党政治的形成——原敬政治指导的展开(增补版)》(东京大学出版会，1995年)

宫地ゆう《追踪密航留学生“长州五杰”》(荻物语，2005年)

村井良太《政党内阁制的成立》(有斐阁，2005年)

村田雄二郎“康有为与‘东学’——围绕《日本书目志》”，《外国语科研究纪要(东京大学教养学部外国语科)》第40卷5号(1992年)

山本幸彦《政党政治的始动》(ミネルヴァ书房，1983年)

森靖夫《日本陆军与中日战争之路——围绕军事统制系统的攻防》(ミネルヴァ书房，2010年)

森山茂德《近代日韩关系史研究》(东京大学出版会，1987年)

同《日韩合并》(吉川弘文馆，1992年)

山口县教育委员会编《吉田松阴全集》(岩波书店，1986年)

山崎丹照《内阁制度的研究》(高山书院，1942年)

山崎浑子《岩仓使节团中的宗教问题》(思文阁出版，2006年)

山室信一《法制官僚时代——国家的设计与知识的历程》(木铎社，1984年)

山本四郎《初期政友会的研究——伊藤总裁时代》(清文社，1975年)

同“韩国统监府设置与统帅权问题”，《日本历史》第336号，

1976 年

山本有造《从两到円——幕末・明治前期货币问题研究》(ミネルヴァ书房,1994 年)

由井正臣《军部与民众统合——从甲午中日战争到满洲事变》(岩波书店,2009 年)

熊达云《近代中国官民的日本视察》(成文堂,1998 年)

尹健次《朝鲜近代教育的思想与运动》(东京大学出版会,1982 年)

李盛焕《近代东亚政治力学》(锦正社,1991 年)

同"伊藤博文的韩国统治与韩国民族主义",前揭伊藤之雄、李盛焕编《伊藤博文与韩国统治》

早稻田大学史资料中心编《大隈重信关系文书》(みすず书房,2004 年)

早稻田大学大学史编集所编《早稻田大学百年史》全 5 卷(早稻田大学出版,1978—97 年)

渡边行男《守卫长看到的帝国议会》(文春新书,2001 年)

西文

Beasley, William G., *Japan Encounters the Barbarian*, Yale University Press, 1995

Breem, John, "The Imperial Oath of April 1866-Ritual, Politics, and Power in the Restoration", in *Monumenta Nipponica*, 51 (4), 1996

Matheson, Hugh, *Memorials of Hugh M. Matheson*, London: Hodder & Stoughton, 1899

Piggott, Francis, "Personal Recollections of Prince Ito", in *The Nineteenth Century and After*, vol. LXVII, 1910

Bieβ, Ludwig, Fürst Ito, in Marcks, Ericks/Müller, Karl

Alexander von, Meister der Politik: eine weltgeschichtliche Reihe von Bildnissen, Bd. 3, Stuttgart, 1924

Siebold, Alexander Freiherrn von, Persönliche Erinnerungen an den Füresten Ito Hirobumi, in Deutsche Revue, Jg. 35, Bd. 2, 1910

中文

吴剑杰编著《张之洞年谱长编》下卷（上海交通大学出版社，2009年）

王晓秋《近代中日启示录》（北京大学出版社，1987年）

胡钧撰《张文襄公（之洞）年谱》（文海出版社，1967年）

辜鸿铭《张文襄幕府纪闻》（山西古籍出版社，1995年）

伊藤博文年谱

1841年9月伊藤博文诞生。

1857年9月在来原良藏的介绍下进入松下村塾，跟随吉田松阴学习。

1859年10月27日吉田松阴被判处死刑，同月29日伊藤博文与其他志士将吉田松阴的遗骸埋葬在冢原回向院。

1862年12月12日与高杉晋作等火攻英国领事馆，同21日与山尾庸三斩杀国学者塙次郎。

1863年3月被擢升为武士；5月与井上闻多(井上馨)、野村弥吉、远藤谨助、山尾庸三一起秘密留学英国；9月23日抵达伦敦。

1864年3月伊藤博文与井上闻多从伦敦出发踏上回国归途；6月10日伊藤博文与井上闻多回到日本；7月带领长州藩兵在京都诸门与幕府军交战(禁门之变)；幕府接受长州藩追讨敕命(第一次长州征讨)；8月在四国舰队的攻击下下关遭到炮击。

1866年1月萨长结盟，3月与澄子离婚；4月与下关城之腰木田

久兵卫的长女梅子结婚，同月 22 日与高杉晋作一起得到英国留学的许可；长幕关系紧张，放弃外出计划；6 月 5 日，幕府针对诸藩的藩兵命令向长州进军，第二次长州征伐；8 月与哥拉巴一起去上海，并采购轮船。

1867 年 1 月 9 日明治天皇登基；10 月 14 日大政奉还；12 月 9 日颁布王政复古大号令。

1868 年鸟羽伏见之战，同月 10 日负责处理外国事务，初次在新政府任职；3 月 14 日宣布五条誓文；5 月 27 日担任兵库县知事；8 月 27 日明治天皇正式即位；9 月 8 日改元明治；11 月姬路藩主酒井忠邦接受版籍奉还建议，并提议版籍奉还。

1869 年 1 月提交国是纲目(兵库论)；6 月实施版籍奉还；7 月颁布新的国家机构制度，担任大藏少辅。

1870 年 11 月为进行财政币制调查，与芳川显正、福地源一郎、吉田二郎、木梨平之进一起赴美(1871 年 5 月 9 日回国)。

1871 年 5 月制定新货条例，在伊藤博文的建议下日本制定了最早的货币法；7 月 14 日颁布了废藩置县的诏书；11 月 12 日岩仓使节团出发；12 月 14 日在旧金山进行日之丸演说。

1872 年 2 月 12 日伊藤博文与大久保利通一起去往华盛顿，后由于颁发了条约改正谈判全权委任状，暂时回到日本；6 月 17 日伊藤博文与大久保利通抵达华盛顿，同日决定中止条约改正谈判；7 月抵达伦敦；12 月 3 日更改历法，这一天成为明治六年 1 月 1 日。

1873 年 3 月 9 日抵达柏林，同月 11 日谒见了德国皇帝，会见了俾斯麦；5 月 11 日抵达罗马，写信给事先回国的木户孝允、大久保利通赞叹意大利文化；9 月 13 日与岩仓具视等人一起回国；10 月 24 日西乡隆盛辞去参议职务，同月 25 日伊藤博文担任参议兼工部卿；11 月 19 日奉命考察政治体制。

1874 年 1 月板垣退助、副岛种臣等向左院提出民选议院设立提议书。

1875 年召开大阪会议(至 2 月初)；4 月颁布渐次立宪政体树立

之诏;6月20日在浅草本愿寺召开地方官会议;7月5日召开元老院。

1877年西南战争爆发;9月24日西乡隆盛自杀,西南战争结束。

1879年9月上奏教育议,同月29日颁布教育令。

1881年1月伊藤博文、井上闻多、大隈重信在热海进行会谈;3月参议大隈重信希望通过左大臣有栖川宫炽仁亲王向天皇秘奏主张英国式的议院内阁制宪法意见书;6月井上毅向岩仓具视提出宪法意见书,主张普鲁士式的钦定宪法主义;7月30日天皇听取开拓使官有物拂下事件;10月12日明治十四年政变,大隈重信提出辞呈,下野,颁布取消官有物拂下令与开设国会的敕谕。

1882年3月14日为了考察宪法出发赴欧洲。

1883年8月3日伊藤博文回国,同月6日进宫上奏宪法考察过程。

1884年3月设置制度调查局,伊藤博文担任宫内卿;7月制定华族令。

1885年2月伊藤博文被派往中国(甲申事变的善后处理工作);4月18日伊藤博文与李鸿章签订《天津条约》;12月创立内阁制度,废除参事院与制度调查局,设置内阁法制局。

1886年2月公布公文式,制定各省的机构制度;3月创立帝国大学;6月伊藤博文传达了皇族、大臣、敕任官、有爵者夫人的礼服要洋装化的通知。

1887年3月创立国家学会;5月布瓦索纳德提出条约改正的反对意见;7月谷干城外,关于条约改正案提出政府批判书,同月26日伊藤博文辞任农商务大臣,外务大臣井上闻多通知各国条约改正会议无限期延期;9月17日井上闻多辞任外务大臣(截至第2年2月大隈重信入阁,一直由伊藤博文兼任)。

1888年4月28日开设枢密院,伊藤博文辞任首相担任初代议长。

1889年2月11日颁布《大日本帝国宪法》,同月26日在华族同

方会进行“关于宪法的演说”(《华族同方会演说集》第 5 号),同月 27 日进行“对各亲王殿下及贵族的演说”;6 月出版《宪法义解》;12 月 24 日公布内阁机构制度。

1890 年 11 月 25 日召开第一次帝国议会。

1891 年 5 月 11 日天津事件;9 月 21 日在山口进行关于立宪政治的状况的演说。

1892 年 1 月伊藤博文计划把吏党的大成会作为团结政党的基础,但遭到天皇的反对,该计划流产;8 月 2 日成立伊藤博文内阁。

1894 年 8 月甲午中日战争爆发。

1895 年 4 月与清政府缔结《马关条约》,遭到德国、法国、俄国的干涉,并在 5 月接受了三国的干涉意见。

1896 年 8 月 31 日伊藤博文辞任首相。

1898 年 1 月成立第三次伊藤博文内阁;6 月 10 日解散众议院,在内阁会议中明确表达了结成政党的意愿,同月 14 日伊藤博文在帝国大酒店招待实业家,召开创设新政党的发起人会议,同月 22 日自由、进步两个政党合并,结成宪政党,同月 24 日伊藤博文在元老会议中为了能够抵抗宪政党,主张结成新政党,却遭到山县有朋等人的反对,伊藤博文当天入宫向天皇提交辞呈,同时还想奉还自己的勋位爵,奏请板垣退助、大隈重信来继任,同月 30 日成立隈板内阁;8 月 19 日伊藤博文从长崎出发开始中国、韩国之行,同月 25 日抵达韩国汉城,会见了高宗皇帝;9 月 14 日抵达北京,同月 15 日与庆亲王、康有为等进行面谈,同月 20 日谒见光绪皇帝,同月 21 日西太后发起戊戌政变,康有为等变法失败,梁启超在伊藤博文的帮助下乘坐日本军舰流亡日本,同月 29 日伊藤博文从北京出发赴天津;10 月 2 日自天津去上海(5 日抵达),同月 13 日从汉口出发与张之洞会面,同月 19 日赴南京与刘坤一会面,同月 31 日大隈重信首相提出辞呈,同月 8 日山县有朋内阁成立。

1899 年 3 月改定府县郡制,改定文官任用令,制定文官分限令、文官惩戒令;4 月为了成立新政党,推广立宪思想,着手全国巡游,同

月 9 日向长野出发，同月 13 日从长野回京；5 月 8 日出发向关西、九州地区进行游说；7 月 17 日实施改正条约，允许内地杂居；8 月 24 日在皇宫设置帝室制度调查局，伊藤博文担任总裁；9 月 21 日在全国开始府县会议员选举；10 月 5 日关于康有为事宜，清政府派遣李盛铎使节来访，同月 14 日开始游说北陆地区。

1900 年 2 月通过了对选举法的改正，遭到山县系官阀的反对，后又遭到有权阶层的阻挠；7 月 28 日伊藤博文、伊东巳代治明确将新党的名称命名为立宪政友会；8 月 25 日在芝红叶馆创立立宪政友会创立委员会；9 月 15 日举行立宪政友会成立典礼，在政友会创立之前，伊藤博文就辞任帝室制度调查局总裁的职务（14 日），由副总裁土方久元继任；10 月 19 日成立了第四次伊藤博文内阁，除了陆军、海军、外务大臣外皆由政友会会员担任。

1901 年 5 月 2 日伊藤博文首相出于阁内不统一的原因，提出辞呈；6 月成立了第一次桂太郎内阁；7 月 11 日伊藤博文从大矶出发到关西进行游说；9 月 18 日因为耶鲁大学授予名誉博士称号前往美国；12 月 2 日同俄国外交大臣拉姆斯道夫就日俄协商进行交涉，同月 7 日元老会议承认日英同盟修正案。

1902 年 1 月日英同盟在伦敦签字。

1903 年 5 月政友会议员总会，承认了围绕预算案的伊藤博文总裁与政府之间的妥协案，对此有会员不服，不断有人退党；7 月 13 日伊藤博文就任枢密院议长（为此辞任政友会总裁），再次担任帝室制度调查局总裁、皇室经济会议顾问，伊东巳代治担任调查局副总裁；8 月在伊藤博文的推荐下，奥田义人与有贺长雄就任帝室制度调查局的“御用挂”。

1904 年 2 月 10 日向俄国宣战（日俄战争）；3 月 7 日伊藤博文被任命为韩国皇室慰问特派大使，同 20 日谒见韩国皇帝；5 月 31 日日本政府制定了对韩施设纲领；8 月缔结第一次日韩协约。

1905 年 4 月内阁会议决定确立对韩国的保护权；9 月 5 日签订《朴次茅斯条约》；11 月表面上伊藤博文为了慰问韩国皇室赴韩（8 日

抵达釜山），实际上是要强迫韩国皇帝签订日韩协约（剥夺韩国的外交权），同月 17 日强制要求大臣们签订第二次日韩协约；12 月设定统监府及理事厅机构制度，同月 21 日担任初代韩国统监。

1906 年 1 月第一次西园寺内阁成立，载泽率领中国考察团来日本，中间停留约一个月，期间与伊藤博文进行了会谈，并聆听了金子坚太郎、穗积八束等人的讲座，考察了日本的立宪体制；3 月 2 日伊藤博文作为韩国统监进入汉城；4 月 21 日从汉城出发暂时回国；5 月 22 日在首相官邸召开元老会议（关于满洲问题的协议会）；6 月伊藤博文向天皇上奏立储令及附式、皇族就学令、皇室服丧令、皇室丧仪令、国葬令、位阶令、华族世袭财产法、华族令施行规则、华族世袭财产法施行规则、皇统谱令施行规则，同月 23 日回到韩国，在伊藤博文回日本期间各地发生暴乱；7 月 1 日伊藤博文对末松谦澄以及井上馨嘱托遗言，同月 2 日伊藤博文迫使韩国皇帝遵守日韩协约，准备开始皇宫的近代化，同月 7 日颁布宫禁令，禁止宫内外随意出入皇宫，同月 8 日制定了教育关系法令、学部直辖学校以及公令学校机构制度、师范学校令、高等学校令、外国语学校令、普通学校令等；10 月 26 日公布土地家屋证明规则，日本人等外国人在韩国的土地所有合法化；11 月 21 日伊藤博文从汉城出发视察镇海湾然后暂时回国，提交公式令、立储令、皇族就学令草案。

1907 年 2 月 1 日公布公式令，改定内阁机构制度，公式令第 1 条第 2 项的颁布意味着删除了之前的第 4 条，同月 11 日发布皇室典范增补，宪法、皇室典范、皇室令构成最高法律，一般法律、敕令在最高法下构成国法体系。3 月 11 日伊藤博文再次前往韩国，海军计划制定防备队条例，讨论公式令需要首相副署的规定；5 月 13 日山县有朋给寺内正毅的书信，反对公式令中总理大臣联署的规定；6 月 14 日发表了韩国内阁机构制度，日本的改正内阁机构制度与公式令是韩国改革的先例；7 月海牙密使事件，同月 19 日高宗皇帝退位，同月 24 日缔结第三次日韩协约，为了维持韩国秩序，伊藤博文要求日本政府派遣军队，同月 27 日制定保安法（韩国），限制言论、集会、结社

的自由；8 月 1 日解散韩国军队，同月 20 日伊藤博文从京城出发回国，同月 19 日向天皇上奏"关于军令事宜"提案；9 月 11 日天皇裁定批准"关于军令事宜"（军令第 1 号），同月 21 日伊藤博文、山县有朋、大山岩被擢升为公爵；10 月 3 日回到汉城，皇太子访问韩国，桂太郎（东洋协会会长）负责陪同；12 月 14 日伊藤博文陪同韩国皇太子英亲王李垠回韩国。

1908 年 2 月有贺长雄向中国宪法考察大臣达寿、李家驹召开宪政讲座（一直到第 2 年 7 月，共计 60 次）；4 月伊藤博文回到韩国（16 日抵达汉城），制定新闻纸法（韩国），强化言论统制；8 月 26 日制定了私立学校令、私立学校补助规程、学会令、教科书检定规程；11 月再次回到韩国；11 月 14 日、15 日光绪皇帝、西太后去世，伊藤博文担心由于北京政府的威信降低而造成地方政府以及民众秩序混乱；12 月 21 日长谷川好道卸任驻扎韩国军队司令官。

1909 年 1 月 7 日伊藤博文陪同韩国皇帝巡幸南方，同月 27 日陪同巡幸北方；2 月 10 日踏上回日本的归途；4 月 10 日首相桂太郎与外务大臣小村寿太郎拜访伊藤博文劝说吞并韩国，并征得伊藤博文同意；5 月 21 日伊藤博文向首相桂太郎提交韩国统监辞呈；6 月 14 日伊藤博文辞任韩国统监，由曾祢荒助继任；7 月 1 日伊藤博文从大矶出发赴汉城，同月 6 日内阁会议决定吞并韩国的方针，同月 15 日伊藤博文从仁川出发回日本，同月 22 日韩国向日本交付司法权；8 月伊藤博文陪韩国皇太子去东北、北海道巡游；10 月 26 日伊藤博文在哈尔滨被安重根暗杀。

译者后记

明知此是伤心地，亦到维舟首重回，

十七年中多少事，春帆楼下晚涛哀。

——梁启超

春帆楼之于大多数中国人而言是一个陌生的名字。但如果一提起《马关条约》，相信大家就能恍然大悟。春帆楼，一个极富文人气息的名字——一百二十五年前，也就是光绪二十一年(1895)，在日本马关的春帆楼这个不起眼的河豚料理店，中日签订了丧权辱国的《马关条约》。在签订《马关条约》的整个事件中有两个不得不说的人物，一个是中方代表李鸿章，另一个则是日方代表伊藤博文。

关于李鸿章的历史评价，可以用毁誉参半一词来形容。

梁启超在作《李鸿章传》时说:"孟子曰,知人论世,世固不易论,人亦岂易知耶?"可见全面地评价一个历史人物,特别是像李鸿章这种"大人物"是一件极其困难的事情。

与之相似,学界和言论界对于伊藤博文的评价也颇具争议。尤其是司马辽太郎把他看作是一个"二流以下的政治家"。于是,基于学界对伊藤博文"模糊又难以评定"的现状,泷井一博教授尝试挖掘伊藤博文潜在的思想以揭示其学者型政治家的面目。正如刘岳兵教授在"中译本寄语"中所指出的那样,"中国学界和读书界至今还没有一本由中国学者或作家撰写的研究伊藤博文的学术专著或传记著作。这真是件令人遗憾的事"。于是,我与华东政法大学魏敏老师、大连交通大学周娜老师一同完成了泷井一博教授所著的《伊藤博文》的翻译工作,加之江苏人民出版社康海源老师的精心编辑,泷井一博教授的《伊藤博文》中文译本即将付梓,希望它的出版可以弥补学界的"遗憾",并起到抛砖引玉的作用,推动学界同仁对伊藤博文的进一步研究。

我的研究专业是日本思想史,更确切地说是日本近世儒学思想。关于伊藤博文的研究,我实属外行,因此对于本书的翻译我一直战战兢兢、如履薄冰。但是,对于伊藤博文所处的日本从前近代到近代那个思想激烈变革的时代,我一直都充满了好奇。而泷井教授的这本书大大满足了我的好奇心,一方面书中涉及幕末阳明学者吉田松阴对伊藤博文的评

价，另一方面伊藤博文在担任韩国统监时与儒学思想的对决，这些都是我此前未曾触及的知识。不过，对于泷井教授《伊藤博文》中的某些观点，我与其他二位老师一样作为该书的翻译者，而非伊藤博文的研究专家，是持一种比较慎重态度的。对此，我想用刘岳兵教授恰如其分的评价作为总结：

> 对于历史人物的评价，都难免受到时代的影响。对历史影响越大的人物越是如此。比如福泽谕吉，对其思想评价的历史几乎可以说就是日本近现代思想史的缩影。伊藤博文也属于这种“大人物”，更具多面性，而且处在激荡的明治时代这一日本历史的转型期，其影响涉及近代日本的方方面面，对他的评价可以说直接与对明治时代的评价、日本近代化的评价紧密相关。随着历史的发展和世界局势的变化，相关评价不可能不变化。因此，对这股新的研究潮流，我们也要历史地看。

是的，在今天如何能够全面地认识伊藤博文与其所处的那个极为复杂的时代格局，无论在中国学界还是日本学界都是一个重要课题。泷井教授的这部著作给我们提供了一个可以参考的视角重新审视伊藤博文的历史形象，希望本书的中文译本可以引发中国学界的进一步思考和讨论。

张晓明　庚子年孟冬廿二夜

于京郊退步斋

目　录

敢于为一国人民推进制度创新的人，

必须自己得确信能改变人性。

——让-雅克·卢梭《社会契约论》

图书在版编目(CIP)数据

伊藤博文 / (日) 泷井一博著 ; 张晓明, 魏敏, 周娜译. -- 南京 : 江苏人民出版社, 2021.3(2021.10 重印)

ISBN 978-7-214-25520-4

Ⅰ. ①伊… Ⅱ. ①泷… ②张… ③魏… ④周… Ⅲ. ①伊藤博文(Ito Hirobumi 1841—1909)—传记 Ⅳ. ①K833.137=43

中国版本图书馆 CIP 数据核字(2020)第 176578 号

书　　名	伊藤博文
著　　者	[日]泷井一博
译　　者	张晓明　魏　敏　周　娜
责任编辑	康海源　洪　扬
装帧设计	周安迪
责任监制	王　娟
出版发行	江苏人民出版社
地　　址	南京市湖南路 1 号 A 楼,邮编:210009
照　　排	江苏凤凰制版有限公司
印　　刷	苏州市越洋印刷有限公司
开　　本	787 毫米×1 092 毫米　1/32
印　　张	11.875　插页 4
字　　数	220 千字
版　　次	2021 年 3 月第 1 版
印　　次	2021 年 10 月第 2 次印刷
标准书号	ISBN 978-7-214-25520-4
定　　价	68.00 元(精装)

(江苏人民出版社图书凡印装错误可向承印厂调换)

ITO HIROBUMI

伊藤博文

いとう ひろぶみ

[日] 泷井一博 著

张晓明 魏敏 周娜 译

江苏人民出版社